LE TRÔNE

DU MÊME AUTEUR
CHEZ POCKET

LA LÉGENDE DES TEMPLIERS

1. L'ÉPÉE
2. LA CROIX
3. LE TRÔNE

PAUL CHRISTOPHER

LA LÉGENDE DES TEMPLIERS

LE TRÔNE

Traduit de l'anglais (États-Unis)
par Philippe Szczeciner

CHERCHE MIDI

Titre original :
THE TEMPLAR THRONE

MIXTE
Papier issu de sources responsables
FSC® C003309

Pocket, une marque d'Univers Poche, est un éditeur qui s'engage pour la préservation de son environnement et qui utilise du papier fabriqué à partir de bois provenant de forêts gérées de manière responsable.

ISBN : 978-2-266-25094-8

Le mot même de « secret » est détestable dans une société libre et ouverte, et nous sommes en tant que peuple, de par notre nature et notre histoire, opposés à tout ce qui est sociétés secrètes, serments secrets, procédures secrètes.

John FITZGERALD KENNEDY

Comme un loup dévorant qui dans la bergerie
S'élance, de sang altéré,
Sur nous l'Assyrien fondit avec furie,
De haine et d'orgueil enivré.
La pourpre et l'or couvraient ses troupes magnifiques,
Et jusqu'à l'horizon, d'une forêt de piques
On voyait scintiller le fer
Comme les pâles feux de la voûte étoilée
Qu'au rivage de Galilée
Reflètent agités les flots bleus de la mer.

Lord BYRON
Destruction de Sennacherib
(Traduction D. Bonnefin, 1841)

1

Le colonel à la retraite Peter « Doc » Holliday, ancien ranger et ex-professeur à l'académie militaire de West Point, où il enseignait encore récemment l'histoire militaire médiévale, était attablé à la terrasse du Malakoff, une brasserie chic du seizième arrondissement de Paris, en compagnie de Maurice Bernheim, le directeur du musée national de la Marine.

Les deux hommes déjeunaient d'une salade et d'un croque-monsieur – un délice d'un tout autre ordre que le « Reuben sandwich », son équivalent américain. Si les Parisiens regardaient de haut le reste des habitants de la planète, il fallait bien avouer qu'en matière culinaire ils pouvaient se le permettre. Le moindre « Royal Cheese » servi dans un McDonald's parisien surclassait haut la main tous les Big Mac du monde. Bernheim pérorait d'ailleurs sur le sujet depuis près d'une heure, mais la bonne chère et le soleil printanier de Paris incitaient à l'indulgence.

Holliday avait déjà croisé le chemin de Bernheim alors qu'il cherchait à résoudre le mystère de l'épée des Templiers. L'historien rondouillard, fumeur invétéré de Boyards pestilentielles, l'avait aidé à l'époque, et Holliday espérait qu'il en irait de même cette fois-ci.

« Quel dommage que votre charmante nièce n'ait pas pu vous accompagner aujourd'hui ! dit Bernheim après avoir avalé sa dernière bouchée de croque-monsieur et commandé au serveur deux crèmes caramel et deux cafés.

— Ma cousine, rectifia Holliday. Elle est à Jérusalem, très occupée par sa grossesse. »

Peggy et l'archéologue israélien Raffi Wanounou s'étaient mariés l'année précédente, peu après la fin de leurs aventures dans le désert libyen. Des aventures qui avaient justement conduit Holliday à partager ce déjeuner bien peu diététique avec Maurice Bernheim.

« Une si jolie jeune femme ! soupira le quadragénaire.

— C'est aussi l'opinion de son mari, dit Holliday avec un sourire en coin. À propos, comment vont votre épouse et vos enfants ?

— Pauline va bien, merci. Heureusement pour moi, son cabinet dentaire me permet de préserver le train de vie auquel mes petites coquines et moi nous sommes habitués. Il faut absolument que les jumelles aient toutes les deux les mêmes baskets dernier cri, bien sûr. Tout est si cher, mon pauvre ami ! Et bientôt, ce sera le maquillage et les Mercedes ! » s'exclama Bernheim, balayant d'une chiquenaude une peluche invisible sur le revers de son coûteux veston Brioni.

On leur apporta les crèmes caramel et le Français contempla un moment la sienne comme s'il s'agissait d'une œuvre d'art majeure, ce qu'elle était probablement à ses yeux. Écartant le dessert, Holliday goûta le café, qui se révéla aussi délectable que le reste du repas. Au moins, grâce à l'interdiction de fumer dans les restaurants, il n'avait pas à supporter la tabagie de Bernheim.

« Alors, dit le spécialiste en histoire maritime, qu'est-ce qui vous amène à Paris et à mon humble musée ? »

Il prit une cuillerée de crème, qu'il savoura paupières closes.

« Avez-vous entendu parler d'un endroit appelé La Couvertoirade ? » demanda Holliday.

Bernheim hocha la tête.

« Un bourg fortifié de Dordogne. Bâti par les Templiers, si je ne m'abuse…

— Exact, confirma Holliday. Il y a quelque temps de cela, un moine archéologue nommé Charles-Étienne Brasseur a découvert des documents cachés provenant de ce village et relatifs à l'expédition des Templiers en Égypte. »

Holliday fit une pause pour rassembler ses souvenirs.

« Les textes étaient de la main d'un certain Roland de Hainaut, moine cistercien et secrétaire de Guillaume de Sonnac, le Grand Maître qui commandait les Templiers au siège de Damiette en 1249.

— Ah oui ! La septième croisade ! Quand les croisés sont restés coincés six mois dans la ville à cause de la crue du Nil et en ont profité pour s'occuper des belles Égyptiennes.

— Ils en ont aussi profité pour faire du tourisme. En tant que Grand Maître, Guillaume de Sonnac avait son bateau personnel, le *Sanctus Johannes*, une caravelle affrétée auprès d'un armateur de Gênes du nom de Peter Rubeus. Le capitaine, choisi par Sonnac lui-même, était un de ses compatriotes, Jean de Saint-Clair.

— Un patronyme relativement courant en France, commenta Bernheim. Le genre de nom qu'on utilisait jadis pour signer les registres d'hôtel…

— Quoi qu'il en soit, pendant son séjour à Damiette, ce Saint-Clair-là s'est rendu à Rosette, où la fameuse pierre a été découverte quelques siècles plus tard par les archéologues de Napoléon…

— Avant d'être volée par les Anglais, si je puis me permettre.

— Pour ça, voyez avec la reine ! répliqua Holliday. Bref, pendant sa petite escapade à Rosette, lui et le secrétaire de Sonnac, qui l'accompagnait, tombèrent sur des documents anciens dans un monastère copte. Ces documents décrivaient un objet présenté comme un *organum sanctum*.

— Un "instrument de Dieu", traduisit Bernheim. L'expression s'applique habituellement à une personne. Moïse, par exemple, en était un.

— Il ne s'agit pas d'une personne, cette fois », dit Holliday.

Ouvrant la vieille serviette qu'il avait sur les genoux, il en sortit deux lattes de bois de vingt-cinq centimètres environ. L'une des deux, un peu plus épaisse que l'autre, était percée en son milieu d'un trou carré, la plus fine étant manifestement conçue pour s'encastrer dans ce trou et former une croix avec la première. Les deux baguettes étaient marquées d'encoches à intervalles réguliers.

« Un bâton de Jacob, commenta Bernheim. Un instrument de navigation du XVIe siècle.

— Sauf que les documents dont je parlais ont été

découverts par Saint-Clair et Hainaut au XIIIe siècle. Mieux encore, ces documents indiquaient que l'instrument en question avait été confectionné d'après un modèle plus ancien. Un modèle datant du temps des pharaons, en fait.

— Ridicule ! s'esclaffa Bernheim.

— Détrompez-vous. J'ai moi-même trouvé l'original de la copie que vous tenez là, entre les mains momifiées du vizir du pharaon Djoser, mis au tombeau plus de deux mille cinq cents ans avant la naissance du Christ et donc pas loin de quatre millénaires avant le voyage de Saint-Clair à Rosette. L'original se trouve à présent en lieu sûr au Metropolitan Museum of Art de New York. Cette copie en est une réplique exacte fabriquée par l'atelier des maquettes du musée.

— Aucune erreur de datation possible ?

— L'objet est en genévrier d'Afrique et la marge d'erreur de l'analyse spectroscopique pour ce bois est d'à peine dix pour cent. Il n'y a aucun doute, Maurice, l'instrument est vieux de quatre mille cinq cents ans. »

Bernheim jura entre ses dents. Il avait complètement oublié sa crème caramel.

« Vous vous rendez compte des conséquences de ce que vous me dites pour l'histoire de la navigation moderne ?

— Ça remet entièrement en cause le modèle admis, répondit sobrement Holliday.

— Ce truc a dû constituer une arme secrète aussi puissante que la bombe atomique ! Une nation de marins en possession d'un tel instrument jouissait d'un avantage incroyable sur celles qui ne le connaissaient pas !

— Du moins pendant les deux siècles et quelques

qui se sont écoulés entre la découverte de Saint-Clair et l'"invention" du bâton de Jacob.

— *Exit* Christophe Colomb !

— Et du coup, il n'est plus interdit de penser que les Templiers sont effectivement allés jusqu'en Amérique, comme le prétendent certaines légendes.

— Saint-Clair, Sinclair… » murmura Bernheim.

Il caressa pensivement du pouce les encoches jalonnant les côtés des deux lattes de bois, puis ajusta celles-ci l'une dans l'autre et brandit la croix ainsi constituée.

« Avez-vous déjà vu l'ancien blason des Saint-Clair ? demanda-t-il. Je parle de l'original, celui qu'ils utilisaient en France.

— Bien sûr. C'était une croix festonnée.

— Pas "festonnée", mon ami. Engrêlée.

— Ce qui signifie ?

— En héraldique, "engrêlé" veut dire "protégé par le Saint-Graal", le Graal étant représenté par des encoches figurant le V du féminin sacré, comme dans le *Da Vinci Code*, ce bouquin sans queue ni tête, et non par le "sang royal", le sang du Christ. Mais ne se pourrait-il pas que les encoches en V sur la croix des Saint-Clair renvoient à quelque chose d'autre que le Graal ? À quelque chose de beaucoup plus concret ? »

Bernheim passa de nouveau son pouce sur les indentations et Holliday comprit soudain l'allusion.

« Mais oui ! Les graduations d'un bâton de Jacob ! s'exclama-t-il. L'explication la plus simple est souvent la bonne. Les hypothèses superflues ne font qu'embrouiller les choses.

— CQFD ! dit gaiement Bernheim. Le mystère est dissipé.

— Il ne le sera pas tout à fait avant que j'en sache davantage sur ce fameux Jean de Saint-Clair. »

Bernheim, qui avait de nouveau accordé toute son attention à sa crème caramel, reposa sa cuiller, s'essuya les lèvres avec sa serviette et haussa les épaules.

« Historiquement, les Sinclair d'Écosse sont originaires d'un village appelé Saint-Clair-sur-Epte. L'Epte est la rivière qui marquait la frontière entre la Normandie et l'Île-de-France, c'est-à-dire entre les possessions anglaises et le reste du pays. C'est aussi ce cours d'eau qu'a détourné Claude Monet pour créer son célèbre bassin aux nymphéas.

— Quel rapport avec l'histoire maritime ? demanda Holliday en éclatant de rire, impressionné par l'érudition de son vis-à-vis sur des sujets aussi obscurs.

— Votre spécialité est la guerre médiévale, je ne me trompe pas ?

— C'est ce que je me plais à croire.

— La mienne est la mer et les bateaux. Or pour construire des bateaux, il faut du bois. Et pour avoir du bois, il faut des arbres. Avez-vous jamais entendu parler de la rivière Beaulieu, en Angleterre ?

— Non.

— Par conséquent, vous n'avez sûrement jamais entendu parler du village de Buckler's Hard.

— Le nom ne m'est pas familier, en effet.

— Il l'est pour quiconque s'intéresse à l'histoire maritime française. L'*Euryalus*, le *Swiftsure* et l'*Agamemnon*, trois navires anglais qui jouèrent un rôle clé dans la défaite française de Trafalgar en 1805, avaient été construits là avec le bois de la New Forest voisine, comme toute la flotte de Nelson, d'ailleurs.

— Vous voulez dire que l'Epte jouait un rôle analogue ?

— Oui, depuis les Vikings. »

Bernheim racla méticuleusement les restes de sa crème caramel, les savoura, fit claquer sa langue et soupira avant de reprendre :

« Si le Saint-Clair qui vous intéresse était un marin, il y a fort à parier que c'était de Saint-Clair-sur-Epte qu'il venait… »

Il s'interrompit pour contempler tristement son assiette vide, poussa un nouveau soupir puis poursuivit :

« Il existe dans le Perche une ancienne abbaye, l'abbaye de Tiron, où vous pourriez trouver ce que vous cherchez. Allez-y et demandez à voir le bibliothécaire, le frère Morvan. Pierre Morvan. Il pourra peut-être vous aider… Vous ne mangez pas votre crème ? » ajouta-t-il, plein d'espoir, en louchant sur le dessert intact de Holliday.

2

L'étudiant moyen a tendance à confondre « recherche » et « moteur de recherche ». Par son caractère imprévisible, toutefois, la recherche véritable a plus à voir avec le fonctionnement d'un flipper qu'avec celui de Google. Faire une recherche, c'est ricocher à droite et à gauche tout en accumulant des points dans l'espoir de décrocher enfin le bonus.

Ainsi, dénicher Pierre Morvan s'apparenta pour Holliday à une partie de flipper géographique dont les zigzags le menèrent d'abord vers le nord-ouest, de Paris à Saint-Clair-sur-Epte, puis de là à l'abbaye de Tiron, cent cinquante kilomètres au sud-ouest, d'où il gagna le petit village de Le Pin-la-Garenne et sa minuscule église, avant de mettre le cap plein ouest sur deux cents kilomètres jusqu'à Dol-de-Bretagne et sa cathédrale, non loin de Saint-Malo.

Mais ce ne fut pas du temps perdu. Ce périple apprit par exemple à Holliday que l'abbaye de Tiron passait pour le berceau de la franc-maçonnerie, alliée traditionnelle de l'ordre du Temple ; que bon nombre de Saint-Clair étaient enterrés dans la crypte de l'église du Pin-la-Garenne ; et que Dol-de-Bretagne était sans doute la patrie d'origine des rois Stuart d'Écosse, eux-mêmes très proches des Templiers, surtout après la dissolution officielle de l'ordre en 1312. Dol se trouvait également être le lieu de naissance des ancêtres de William Sinclair, premier comte de Caithness, troisième comte des Orcades, baron de Roslin et bâtisseur de la chapelle de Rosslyn, dans le Midlothian, la cachette supposée de l'ultime secret dans le *Da Vinci Code*.

La cathédrale de Dol était un édifice gothique d'aspect austère, patiné par les siècles. L'église d'origine, construite en l'an 834, fit l'objet d'ajouts successifs au cours des six siècles suivants. Pendant la construction de la cathédrale, à ce que prétend la légende, saint Samson mit en colère Satan, qui jeta un énorme bloc de pierre sur le monument, détruisant la tour nord, toujours manquante. Holliday trouva le frère Morvan à quatre pattes sur le sol de la nef, en train de décalquer par frottement une inscription en latin. Morvan portait l'habit blanc et le scapulaire noir des cisterciens, l'ordre monacal le plus fréquemment associé aux Templiers.

« Frère Morvan ? » demanda Holliday après s'être éclairci la voix.

Le moine grisonnant leva les yeux vers lui et sourit. Il avait tout d'un brave grand-père, avec son regard pétillant derrière des lunettes anciennes qui chevauchaient un nez crochu et proéminent.

« Vous êtes M. Holliday, j'imagine, dit-il. Les gens vous appellent-ils parfois Doc, comme le fameux as de la gâchette d'*OK Corral* ?

— Ils le font tout le temps, répondit Holliday. Mais

le sobriquet n'a rien d'usurpé dans mon cas. Je suis titulaire d'un authentique doctorat.

— Dans quel domaine ?

— L'histoire médiévale.

— Ce qui explique pourquoi vous avez parcouru la moitié de la France pour me trouver.

— Comment savez-vous ça ?

— Je porte peut-être une robe de moine, monsieur Holliday, mais cela ne m'empêche pas de posséder un téléphone portable. Votre réputation vous précède… grâce à SFR. »

Morvan se mit debout et épousseta son habit. Il semblait avoir une petite soixantaine.

« Comment avez-vous perdu votre œil ? s'enquit-il, désignant le bandeau sur l'œil droit de Holliday.

— Une projection de gravier sur une piste, en Afghanistan.

— Donc, on ne vous a pas toujours appelé "monsieur" Holliday.

— Que voulez-vous dire ?

— Du XIIe au XVe siècle, l'Afghanistan était sous la coupe de gens comme Gengis Khan ou Tamerlan. Pas vraiment le sujet de prédilection habituel des médiévistes… De plus, vous avez l'allure d'un officier.

— Vous êtes très fort ! concéda Holliday en riant.

— Mon portable est un BlackBerry. J'ai cherché votre nom sur Google, colonel Holliday. Vous êtes spécialisé en armement médiéval. Qu'est-ce qui vous amène dans une cathédrale ? Il y a bien ici quelques tombeaux de chevaliers, mais vous ne trouverez d'épées que sculptées dans la pierre.

— Moi aussi, j'ai un BlackBerry, dit Holliday avec un sourire. J'aurais peut-être dû y chercher votre nom avant de venir… En fait, je suis sur les traces d'un chevalier bien particulier. Un Templier nommé Jean de Saint-Clair.

— Curieux… Venez avec moi ! »

Holliday emboîta le pas au moine, qui remonta la nef puis se dirigea vers une porte ouverte dans le bas-côté. Un instant plus tard, il se retrouva dans un petit cimetière constitué d'une seule allée bordée de vieux mausolées en granit poli par le temps dont les inscriptions avaient pratiquement toutes disparu.

« Beaucoup d'artisans sont enterrés ici, indiqua frère Morvan. Le verrier qui a confectionné le vitrail d'Abraham, dans la cathédrale, par exemple. Un artiste qu'on a appelé "le maître d'Abraham". »

S'arrêtant devant un caveau tout simple, il posa sa grosse main noueuse sur la pierre grise. L'image presque effacée d'un animal étrange se distinguait au-dessus de la porte. Un chat ?

« L'effigie que vous voyez représente le lion de saint Marc, le patron des verriers, expliqua le moine. C'est le seul détail qui nous permette d'identifier cet homme, mais six cents ans après sa mort, son œuvre nous apparaît encore comme si elle datait d'hier. En contemplant ce vitrail né de l'imagination d'un être humain exceptionnel, on a l'impression de voir l'histoire prendre vie sous ses yeux.

— Je comprends ce que vous voulez dire, acquiesça Holliday. Dans certains lieux chargés d'histoire, comme les champs de bataille, il semble qu'on puisse la respirer, presque comme un parfum. Il y a ce lupanar de Pompéi, par exemple, où l'on voit des graffitis dessinés il y a deux mille ans…

— Ce qu'il faut retenir, je pense, c'est que l'art

transcende le temps. On se souvient rarement des hommes d'affaires après leur mort. Personne ne se rappelle le nom des gens pour qui travaillait Michel-Ange, mais Michel-Ange lui-même reste connu de tous… Le sourire de *La Joconde* est dans tous les esprits. Les pyramides sont toujours debout… C'est pour cela que j'ai choisi l'ordre de Tiron.

— À cause de sa proximité avec les francs-maçons ?

— Pas seulement avec les maçons. L'ordre était une communauté d'artisans : charpentiers de marine, souffleurs de verre, orfèvres, tailleurs de pierre… Des créateurs d'objets faits pour durer. Il m'a semblé que la preuve la plus éclatante de l'immortalité de Dieu était qu'il ait donné aux hommes les moyens d'exprimer l'infinité.

Voir un monde dans un grain de sable
Et un paradis dans une fleur sauvage,
Tenir l'infinité dans la paume de sa main
Et l'éternité dans une heure.

« William Blake a écrit ces vers il y a deux cents ans et on les cite encore aujourd'hui.

— C'est indiscutable, mais je ne vois pas vraiment le rapport entre tout cela et le fait que vous trouviez "curieux" mon intérêt pour Jean de Saint-Clair, remarqua Holliday.

— Jean de Saint-Clair, connu aussi sous le nom de John Sinclair, est né à Saint-Clair-sur-Epte. Il était le fils d'un maître charpentier de marine. Après s'être sauvé de chez lui pour prendre la mer, il devint chevalier, rejoignit les Templiers, transporta des hommes et du ravitaillement pour les croisés, et disparut au moment de l'interdiction de l'ordre en 1307 pour reparaître à Saint-Clair-sur-Epte en 1314 avec une dispense du pape. Saint-Clair est un des rares Templiers qui aient survécu à la dissolution, alors que la plupart de ses compagnons étaient morts sur le bûcher ou assassinés. Il entra dans les ordres à l'abbaye de Tiron, où il resta reclus. À sa mort, des moines de l'abbaye du Mont-Saint-Michel vinrent chercher son corps, le plongèrent dans un tonneau d'eau-de-vie pour le conserver, et l'emportèrent au mont pour l'y enterrer. Sa tombe porte l'inscription *Et in arcadia ego*, que l'on trouve le plus souvent traduite par "Je vécus en Arcadie". Le *Da Vinci Code* ainsi que *La Sainte Lignée et le Saint-Graal*[1] voient dans cette phrase un rapport avec la prétendue lignée du Christ, ce qui est une totale absurdité, comme a pu l'être la découverte de l'homme de Piltdown et du supposé chaînon manquant. Mais ce n'est pas pour cela que j'ai qualifié votre intérêt pour Saint-Clair de "curieux".

— Pour quelle raison, alors ?

— Ce que je trouve véritablement curieux, c'est que vous soyez la deuxième personne cette semaine à m'interroger sur lui.

— Vraiment ?

— Oui.

— Et qui était l'autre personne ?

— Une religieuse du couvent Sainte-Agnès de Prague. Une certaine sœur Margaret Emily.

— Pas très tchèque, comme nom.

1. Henry Lincoln, Michael Baigent, Richard Leigh, *L'Énigme sacrée*, éditions Pygmalion.

— D'après son accent, je dirais qu'elle est du sud des États-Unis. Alabama ou Mississippi.

— Pour quelle raison s'intéresse-t-elle à Jean de Saint-Clair ?

— Apparemment, elle a entrepris d'écrire un ouvrage qui fera autorité sur l'histoire de son couvent dans le cadre d'une thèse à l'université Notre-Dame. Elle est tombée sur le nom de Saint-Clair au cours de ses recherches.

— Pourquoi "apparemment" ?

— Je sais par expérience que beaucoup de gens mentent, répondit Morvan, s'efforçant manifestement de conserver un ton neutre.

— Et vous pensez que c'était le cas pour cette religieuse ?

— Je n'ai pas dit ça.

— Mais vous l'avez pensé très fort ?

— Peut-être.

— Tiens, tiens… Une bonne sœur menteuse… Ça, pour le coup, c'est vraiment curieux ! »

3

Perchée sur son rocher à quelques centaines de mètres de la côte normande et de l'embouchure du Couesnon, non loin d'Avranches, l'abbaye du Mont-Saint-Michel fait penser aux châteaux de contes de fées imaginés par Walt Disney. Jadis submersible à marée haute, l'étroite chaussée reliant l'île au continent a été surélevée au fil du temps, rendant cette dernière accessible en permanence.

Refuge fortifié des bénédictins depuis le Xe siècle, l'île a été livrée à un commerce dont la qualité est inversement proportionnelle à l'altitude. Ses parties les plus basses sont envahies de boutiques de souvenirs trop chers, de pensions de famille bas de gamme et de médiocres restaurants hors de prix, tandis que l'abbaye proprement dite, tout en haut de l'escalier principal, ou « grand degré », reste l'apanage du pur sacré. Cette disposition des lieux souffre toutefois une exception.

À l'arrière de l'île, face à la mer et loin de la foule, se dressent les quatre murs et le toit d'ardoises de l'édifice le plus ancien de l'ensemble, la petite chapelle Saint-Aubert, ainsi nommée en l'honneur du fondateur de l'abbaye.

La chapelle n'est qu'à quelques mètres du brise-lames qui délimitait à l'origine le port d'accès à l'île et rien ne la sépare des flots, si bien que ses murs de pierre, battus par dix-sept siècles de tempêtes, sont incrustés de bernacles. À son pignon, rendue presque méconnaissable par l'érosion, une petite statue de granit représentant l'évêque Aubert, dos tourné à l'immensité vide de la mer, couronne le simple toit à double pente.

Poussée par le vent à travers la vieille porte de bois brinquebalante, une longue bande de terre sablonneuse s'était accumulée à l'intérieur sur le dallage. Personne ne semblait être venu là depuis longtemps quand Holliday, après avoir suivi le chemin indiqué par les moines en robe noire de l'abbaye, franchit le seuil en faisant craquer sous ses pas l'amas de sable et de petits coquillages. Il portait en bandoulière le Nikon D3 qu'il avait acheté en vue de son voyage en France.

Elle était là, au fond de la pièce nue, en train de contempler la statue d'un chevalier surmontant un sobre sarcophage de pierre. Même vêtue comme elle l'était d'une simple jupe grise et d'une veste assortie, un foulard noir sur la tête, elle était d'une beauté extraordinaire, sinon classique, avec une mèche de cheveux roux flamboyants qui s'échappait de son fichu, la finesse et la distinction de son nez constellé de taches de rousseur, et sa large bouche pulpeuse. Elle leva la tête en entendant Holliday approcher. Ses yeux frangés de cils pâles étaient d'un gris vert étrange. À en juger par ses pattes-d'oie à peine marquées, elle pouvait avoir trente-sept ou trente-huit ans.

Il sourit, soucieux de ne pas l'effaroucher. Elle le dévisagea avec curiosité.

« Puis-je vous être utile ? demanda-t-elle sur un ton altier de propriétaire assez déplaisant.

— Je jetais juste un coup d'œil », répondit-il en s'arrêtant près d'elle devant le sarcophage.

La statue du chevalier avait quelque chose de bizarre. À demi tourné, le genou droit plié comme s'il montait un escalier, l'homme tenait son bouclier écarté sur un côté. Il portait un surcot orné d'une croix de Templier engrêlée parfaitement distincte et, dessous, une cotte de mailles qui le couvrait de la tête aux chevilles. À ses pieds, dans un cartouche de pierre, étaient gravés les mots *In Arcadia Est*.

« Il n'y a pas grand-chose à photographier ici », remarqua la jeune femme en regardant l'appareil photo.

Dans le seul but de la contrarier, Holliday fit glisser de son épaule la bandoulière du Nikon et prit quelques clichés du chevalier. Puis, se retournant brusquement, il la photographia. Elle se rembrunit aussitôt.

« Non, mais je vous en prie ! s'exclama-t-elle, les poings sur les hanches.

— Vous craignez que je vous vole votre âme ? demanda-t-il avec un grand sourire.

— Certainement pas ! répliqua-t-elle en le fusillant du regard. Vous m'avez prise en photo sans mon autorisation. C'est une atteinte à ma vie privée.

— Cette chapelle serait-elle votre propriété ?

— Je ne suis pas là en touriste, moi. Je fais de la recherche historique.

— Qui vous dit que je n'en fais pas autant ?

— Je possède un master de Harvard en histoire des religions, rétorqua-t-elle. Et vous ?

— Je suis diplômé en histoire médiévale. Seulement, moi, c'est un doctorat, que je possède. De Georgetown. Donc, je vous bats ! dit-il en riant.

— Ah oui ? Vraiment ? demanda-t-elle en rougissant jusqu'aux oreilles.

— Croyez-vous que je mentirais à une religieuse ? Si j'osais faire une chose pareille, mon ancienne institutrice, sœur Claudille, descendrait aussitôt du paradis pour me flanquer un coup de sa règle spéciale derrière la tête. »

La sœur écarquilla ses yeux gris vert.

« Comment avez-vous su que j'étais religieuse ?

— Élémentaire, ma chère Watson. Vous portez l'habit civil moderne des Clarisses, noir et gris. D'après la coupe de la jupe, je pencherais pour un couvent d'Europe de l'Est. Sainte-Agnès de Prague, peut-être ? *Korektní ?*

— C'est impossible ! bafouilla-t-elle, l'air totalement éberlué. Vous ne pouvez pas savoir tout ça !

— Et je ne peux pas savoir non plus que nous sommes devant la tombe de Jean de Saint-Clair, ni que vous vous appelez sœur Margaret Emily ? »

Elle le dévisagea un moment, puis son regard se durcit.

« Frère Morvan ! dit-elle, devinant enfin la vérité

— Gagné !

— Qui êtes-vous, au juste ? s'enquit-elle, glaciale. Et pourquoi avez-vous parlé à frère Morvan ?

— Quel ton, chère madame ! On croirait entendre un propriétaire bafoué dans ses droits. Frère Morvan ferait-il partie de votre patrimoine personnel, comme cette chapelle ?

— Pour commencer, je ne suis pas votre “chère

madame”. Et sachez que c’est en confidence que je m’étais entretenue avec frère Morvan.

— Votre nom est donc un secret d’État ? demanda Holliday, passablement agacé par l’attitude hautaine de la religieuse, qui lui rappelait de plus en plus l’infirmière en chef O’Houlihan “Lèvres de feu”, dans *MASH*.

— On m’appelle habituellement sœur Meg, répondit-elle d’un air pincé. Et vous êtes ?

— Peter Holliday, retraité de l’armée américaine. Mes amis m’appellent Doc.

— J’ignorais que l’armée employait des historiens.

— Elle en emploie un assez grand nombre, en fait. Vous savez ce qu’on dit : “Qui ignore l’histoire se condamne à la revivre.”

— George Santayana.

— Eh bien, l’armée prend cet aphorisme très au sérieux. Car ne pas tenir compte de l’histoire peut conduire à commettre de graves erreurs, comme d’envahir la Russie en hiver, ou d’introduire un gros cheval de bois dans une ville assiégée… Pour ce qui me concerne, j’enseignais l’histoire militaire à West Point.

— L’un de mes ancêtres est allé à West Point, dit la religieuse, une pointe de fierté dans la voix. C’était un général.

— Lequel ? »

Sœur Meg écarta la question d’un revers de main.

« C’est sans importance. Mais pourquoi vous intéressez-vous à Jean de Saint-Clair ? demanda-t-elle, désignant la statue.

— Parce qu’il a découvert un instrument de navigation qui a fourni aux Templiers un avantage considérable sur mer. Il se peut même qu’il ait atteint le continent nord-américain… Je ne suis pas sûr de comprendre en quoi un homme tel que lui peut intéresser une religieuse.

— Le couvent Sainte-Agnès a été fondé en 1233 par la princesse Agnès, une nièce du roi de Bohême. Avant de mourir, en 1282, elle a confié une relique à la garde de sa propre nièce, la bienheureuse Juliana. Cette relique est connue sous le nom d'"Arche authentique".

— Une arche ? Comme l'arche de Noé ?

— Non, une boîte, un coffre, comme l'Arche d'alliance. C'est ce que signifiait le mot *arca* en latin, avant que lui soient attribués toutes sortes de sens indus au fil du temps. À l'exception des ossements du Christ eux-mêmes, l'Arche authentique est la plus importante relique au monde. Je compte la trouver.

— J'imagine qu'elle n'est pas vide, cette arche ?

— En effet. Traditionnellement, on pense qu'elle contient le Saint-Graal, la couronne d'épines, le saint suaire et l'anneau du Christ.

— Tout ce qui concerne l'événement fondateur, en quelque sorte.

— Le XIVe siècle était l'âge des reliques : la vraie Croix, le suaire de Turin, les ossements de saints… Quels que soient les objets que contenait cette boîte, on les jugeait importants, à l'époque.

— Et Juliana a donné le coffre à Saint-Clair ?

— Oui. Juliana avait été mariée à un membre de la famille royale de France. À la mort de son mari, on la fiança de nouveau, mais cette fois avec un homme qu'elle n'aimait pas, un cousin du roi Philippe IV le Bel, un évêque. L'Arche authentique faisait partie de la dot. Plutôt que d'épouser l'évêque et de perdre l'arche, elle préféra s'enfuir, avec l'aide de Jean de Saint-Clair, qui était, à ce que l'on racontait, le plus grand navigateur de son temps. Ils disparurent pendant plusieurs années. De 1307 à 1314.

— Intéressant. Saint-Clair était Templier. L'ordre ayant été interdit par le roi Philippe en 1307, il cherchait certainement à fuir pour ne pas être arrêté… S'agissait-il d'un enlèvement ? Saint-Clair et cette Juliana étaient-ils amants ?

— Rien ne le prouve, répondit la sœur avec froideur.

— Qu'est-il arrivé quand ils sont revenus ?

— Jean de Saint-Clair reparut en décembre 1314 à Saint-Clair-sur-Epte pour entrer aussitôt dans les ordres à l'abbaye de Tiron. Quant à la bienheureuse Juliana, elle prit le voile au couvent Sainte-Agnès de Prague le jour de Noël de la même année.

— Une synchronisation parfaite. C'est en 1314 que sont morts les deux plus grands ennemis des Templiers : le pape Clément, en avril, et le roi Philippe le Bel, en novembre. Et qu'est devenue l'arche ?

— Rien dans les archives n'indique que Jean de Saint-Clair ou la bienheureuse Juliana y aient jamais fait allusion par la suite. Jean de Saint-Clair termina sa vie comme simple moine et la bienheureuse Juliana devint mère supérieure de son couvent.

— Ils ne se sont jamais revus ?

— Pas d'après les archives de Sainte-Agnès.

— Et l'arche ?

— Personne ne sait rien à son sujet.

— Un mystère, donc.

— À ce qu'il semblerait, dit sœur Meg, toujours aussi guindée.

— Curieux… murmura Holliday en observant le sarcophage.

— Qu'est-ce qui est curieux ?

— Il a été inhumé comme un chevalier, et non comme un moine. L'inscription à ses pieds n'est pas non plus dans l'esprit de l'ordre de Tiron. On s'attendrait à un symbole maçonnique, comme le compas et l'équerre, par exemple, plutôt qu'à une expression latine. *In Arcadia Est.*

— "En Arcadie il se trouve", dit la sœur, traduisant littéralement.

— On croirait entendre maître Yoda. Mais que signifie la phrase, exactement ?

— L'Arcadie représentait l'idéal bucolique à la Renaissance…

— À la Renaissance, pas en 1314.

— C'était le nom d'une province grecque, à l'origine. Ça l'est toujours, d'ailleurs.

— Je doute que Saint-Clair ait voulu qu'on mentionne une province grecque sur sa tombe.

— Alors, pourquoi *Arcadia* ?

— Arcadie était aussi le nom des provinces maritimes du Canada. Les premiers colons français qui s'y sont installés – et qui venaient de la région où nous sommes, par parenthèse – étaient appelés Acadiens. Quand les Anglais les ont chassés en 1775, beaucoup d'entre eux ont émigré en Louisiane, où le nom s'est transformé en "Cajun", avec élision du A initial.

— Vous adaptez l'histoire à votre théorie, commenta sœur Meg avec un rictus de mépris.

— Du moment que ça marche…

— Justement, je ne suis pas certaine que ça marche.

— Et moi pas certain du contraire. Vous avez une meilleure idée ?

— Peut-être l'inscription ne veut-elle rien dire du tout. En tout cas, je ne suis pas prête à me rendre au Canada sur la foi d'une lubie absurde et d'une fumeuse histoire de "Cajuns".

— Et à Prague, vous seriez prête à y aller ?

— Pardon ?

— Vous avez dit que votre couvent possède des archives.

— En effet, des archives très complètes, même. Bien que le couvent proprement dit fasse maintenant partie de la Galerie nationale.

— Vous pourriez nous faire accéder à ces archives ?

— *Nous ?*

— Pourquoi pas ? Nous sommes tous les deux curieux de comprendre ce qui s'est passé. Moi, j'aimerais savoir où est allé Saint-Clair, et vous où est passée l'arche, n'est-ce pas ?

— Je ne suis pas sûre qu'une telle démarche serait très convenable », dit sœur Meg, rougissant de nouveau.

Holliday ne put s'empêcher de sourire. Une ingénue véritable n'aurait pas piqué un fard de cette façon. Soit sœur Margaret Emily possédait une imagination un peu trop scabreuse pour une nonne, soit elle n'avait pas toujours été nonne. Elle remarqua qu'il souriait et, de rouge, elle devint cramoisie.

« Qu'est-ce qui vous fait sourire ? demanda-t-elle avec irritation.

— Vous rougissez.

— Certainement pas !

— Alors, c'est bien imité, ma sœur.

— Vous êtes un goujat.

— N'empêche que vous êtes toujours aussi rouge.

— Allez-vous-en !

— La France est encore un pays libre, que je sache. *Liberté, Égalité, Fraternité*... Enfin, *Sororité*, en l'occurrence. Partez devant, je vous suivrai jusqu'à Prague, puisque la République tchèque est aussi un pays libre, maintenant.

— Vous êtes vraiment un être odieux !

— C'est possible, mais ça ne change rien à l'affaire, répondit Holliday, qui leva une main conciliante avant d'ajouter : Ne pensez-vous pas que nous aurions intérêt à signer un armistice, ma sœur ? Nous cherchons tous les deux la même chose. Nous sommes tous les deux historiens. Je sais que Saint-Clair était considéré comme le plus grand navigateur de son époque et vous êtes bien décidée à trouver l'Arche authentique. Pourquoi ne pas partager nos connaissances, unir nos forces ?

— Je ne suis pas certaine d'avoir envie d'unir mes forces avec quelqu'un dans votre genre. Vous ne me plaisez pas, et c'est le moins qu'on puisse dire.

— Cela m'attriste, dit Holliday avec un sourire. Mais nous n'avons pas besoin de nous apprécier pour poursuivre un but commun. Après tout, nous autres Américains n'adorions pas vraiment les Russes pendant la Seconde Guerre mondiale, mais ils étaient tout de même nos alliés.

— Je vous connais à peine.

— La route est longue, jusqu'à Prague… Ma voiture ou la vôtre ? »

4

La plupart des films, romans ou émissions de télévision, situent le quartier général de la CIA à Langley, en Virginie. Mais en vérité cet endroit n'a plus aucune réalité tangible, ce qui ne surprendra personne s'agissant du siège d'un service secret. Langley n'était que le nom du terrain boisé acheté par le gouvernement fédéral dans les années cinquante pour y construire les nouveaux bureaux de l'agence, dont l'adresse réelle est McLean.

Les locaux de la CIA ont maintenant un demi-siècle d'existence et cela se voit. Même les ajouts les plus récents entament leur quatrième décennie. Les énormes ordinateurs de l'agence, ultramodernes à une époque et nécessitant une alimentation électrique indépendante, pourraient avantageusement être remplacés par n'importe quel PC d'entrée de gamme vendu en supermarché. La maladie la plus courante à la CIA est l'intoxication alimentaire, et la cantine de l'établissement a fait l'objet d'un plus grand nombre de rapports pour violation des règles d'hygiène que n'importe quel autre service de restauration collective de Washington : les employés qui y travaillent semblent tout bonnement incapables d'intégrer l'idée que les lave-mains ne sont pas de simples éléments décoratifs.

Assis à son bureau, au septième étage, le directeur des Opérations se mordait les doigts d'avoir choisi le hamburger au repas de midi. En trente années de carrière dans les services secrets, Joseph Patchin avait été en poste dans des endroits aussi divers que Berlin ou le Koweït. Il parlait couramment une demi-douzaine de langues et pouvait se débrouiller dans une demi-douzaine d'autres. Marié, il était père de trois enfants adultes qu'il avait à peine vus grandir. Sa femme restait avec lui pour la sécurité qu'il lui assurait avec son gros salaire, la perspective d'une confortable pension de réversion et le capital représenté par leur maison libre d'hypothèque dans le très chic quartier de Chevy Chase. Elle collectionnait les amants depuis vingt ans, et il avait cessé de s'en chagriner depuis quinze.

On frappa deux coups secs à sa porte. Des coups de tueur professionnel sur un occiput, songea Patchin, qui s'inquiétait parfois – mais parfois seulement – de sa tournure d'esprit morbide. Déformation professionnelle… Il gardait une coûteuse bouteille de Johnny Walker Blue Label dans un tiroir de son bureau, et un vieux revolver Ruger Single Six dans un autre, le tout pour le cas où il se trouverait un jour dans l'obligation de se suicider. L'arme était chargée en permanence avec des balles de 22 Long Rifle à pointe creuse capables de transformer son cerveau en crème Chantilly, mais d'une vélocité insuffisante pour ressortir de sa boîte crânienne et salir le décor. Il était comme ça, Joseph Patchin : toujours soucieux de ménager la sensibilité de son prochain.

« Entrez ! » dit-il.

Son adjoint Mike Harris apparut : un clone de Charles Bronson aux yeux plissés dans un visage taillé à la serpe et se déplaçant avec la nonchalance dégingandée d'un boxeur professionnel. Physiquement, Harris avait tout du méchant de séries B et il forçait encore la note en arborant des costumes froissés et des imperméables à la Columbo. Sa voix de baryton, étonnamment douce, ressemblait à celle de Johnny Fontane dans *Le Parrain*.

« Vous m'avez appelé ? demanda-t-il en s'asseyant dans le fauteuil confortable qui faisait face au bureau de son patron.

— Oui. Que savez-vous de Rex Deus ?

— Ces types qui se prennent pour les descendants directs du Christ ? La plupart d'entre eux affirment avoir pour ancêtres des rois européens de l'ancien temps, ou quelque chose comme ça. Ils sont associés avec ces espèces de révisionnistes antisémites qui prétendent que les photos d'Auschwitz ou de Buchenwald sont des faux. Des dingues, en un mot.

— Et au niveau national ?

— Ici, aux États-Unis ?

— C'est ce qu'on entend habituellement par “niveau national”, non ? »

L'adjoint de Patchin haussa les épaules.

« Je n'ai pas vraiment de renseignements sur le sujet. Pourquoi ?

— Des bruits circulent.

— Quel genre ?

— Des bruits en provenance de la Maison-Blanche.

— Concernant des groupuscules catholiques extrémistes ?

— Concernant des gens très riches et très puissants. Leur appartenance religieuse n'est pas pertinente.

— En quoi cela concerne-t-il l'agence ?

— Là encore, des bruits circulent, répondit Patchin, énigmatique.

— À quel propos ?

— Mon petit doigt me dit que Rex Deus a une taupe dans le service Opérations.

— Oh, non ! Pas une nouvelle chasse à la taupe ! gémit Harris. La dernière a paralysé le service pendant des années.

— Elle nous a aussi permis de mettre la main sur Aldrich Ames, qui travaillait pour le KGB.

— Sauf que la guerre froide est terminée.

— Dans le cas présent, il ne s'agit pas de guerre, froide ou chaude, mais d'un coup de force.

— Je ne saisis pas.

— Il n'est pas nécessaire que vous compreniez pour l'instant. Contentez-vous de trouver la taupe.

— Et comment suis-je censé procéder ?

— D'après mon informateur, notre taupe s'intéresse à deux historiens qui mettent leur nez où ils ne devraient pas.

— Que cherchent-ils ?

— Nous n'en savons pas grand-chose. À vous d'en découvrir plus. Avons-nous des contacts à Prague ?

— Bien sûr. Pourquoi ?

— Parce que Prague est le prochain endroit où ils vont fourrer leur nez.

— Donc, ces historiens font office d'appâts ?

— On peut dire ça.

— Qui sont-ils ?

— Un colonel des rangers à la retraite qui a enseigné un temps à West Point et une religieuse.
— Rien d'autre pour mon information ?
— Nous ne sommes pas les seuls à nous intéresser à ces deux-là.
— Le FBI ?
— Le Vatican.
— Bigre ! »

Installé à la terrasse privée du restaurant cinq étoiles de l'Hôtel Splendide Royal, à Rome, le cardinal Antonio Niccolo Spada, secrétaire du Saint-Siège pour les relations avec les États et, comme le Saint-Père lui-même, ex-préfet de la Congrégation pour la doctrine de la foi – autrement dit, l'Inquisition –, contemplait les lumières scintillantes de la ville à ses pieds. Il portait la soutane « ordinaire » à boutons rouges et la large ceinture écarlate des princes de l'Église. Son teint mat et son physique mince et sec trahissaient ses origines méridionales. Mais son allure de paysan était trompeuse. À soixante-quinze ans, Spada possédait un esprit tranchant comme l'acier et un caractère à l'avenant. Les prêtres qui avaient le malheur de lui déplaire d'une façon ou d'une autre se retrouvaient le plus souvent au fin fond de l'Amazonie, chargés de convertir d'obscures tribus indiennes.

Assis en face de lui se trouvait un prêtre brun aux joucs ombrées d'une repousse de barbe poivre et sel connu sous le nom de père Thomas Brennan – un patronyme que Spada soupçonnait d'être un pseudo. Brennan était à la tête de Sodalitium Pianum, La Sapinière, une organisation réputée être le service de renseignements du Vatican. Bien qu'officiellement dissoute au début des années vingt, cette institution créée par le pape ultraconservateur Pie X avant la Première Guerre mondiale poursuivait discrètement sa double activité de chien de garde du dogme à l'intérieur même du Saint-Siège et d'agence d'espionnage à l'extérieur. Brennan faisait partie des meubles, au Vatican. Il occupait déjà le poste qui était le sien plus de dix ans avant que Spada n'entame son ascension dans la hiérarchie. Cet Irlandais au teint cadavérique trouvait amplement son compte à jouer les simples prêtres pendant que d'autres arboraient les insignes voyants de l'autorité. Le pouvoir de Brennan tenait à sa profonde connaissance des secrets de l'État, et non à sa place dans l'appareil.

Le cardinal coupa avec une précision chirurgicale son *bistecca alle erbe* cuit à bleu dont le sang se répandit parmi les *patate alla griglia*, puis il porta à sa bouche un petit morceau du précieux filet de bœuf et le mâcha avec application, son regard bleu délavé fixant Brennan, qui, de l'autre côté de la nappe blanche empesée, taillait son sillon en bon paysan irlandais dans une énorme portion de *bisna*, constituée de polenta, haricots, choucroute et oignons. De quoi bien charger son haleine, mais Brennan n'était pas homme à se soucier des raffinements de l'existence.

« Je crois comprendre que vous avez déjà eu maille à partir avec ce M. Holliday, dit le cardinal avant de plonger les lèvres dans son grand verre tulipe rempli de barolo.

— C'est exact, Votre Éminence, et ce type est une plaie.

— Vous faites allusion au problème que nous avons eu avec le transfert de nos lingots, j'imagine ?

— Tout à fait. Et avant cela, ce Holliday avait également été mêlé à l'affaire des Templiers. Apparemment, son oncle faisait partie du cercle restreint des adeptes dès avant la Seconde Guerre mondiale.

— Même longtemps avant, autant qu'il m'en souvienne.

— Oui.

— Holliday pose-t-il un problème ?

— Il est plein de ressources et peut s'appuyer sur la puissance de l'ordre.

— L'ordre du Temple de Jérusalem n'a plus de véritable existence depuis au moins sept cents ans, objecta le cardinal avec un soupir d'exaspération. Ce n'est qu'un fantasme maintenu en vie par quelques vieillards et par les tenants des thèses conspirationnistes qui s'expriment sur Internet.

— Un ordre peut naître et mourir, mais ses actifs demeurent, dit Brennan avec un haussement d'épaules. L'argent ne disparaît jamais, il change simplement de mains. Holliday peut disposer de ressources très importantes, s'il désire les mettre en œuvre.

— Le désire-t-il ?

— Nous avons été informés que Holliday était impliqué dans les machinations politiques de Rex Deus. »

Spada éclata de rire, puis se tamponna délicatement les lèvres avec sa serviette amidonnée tout en esquissant ce qui ressemblait vaguement à un sourire.

« Je suis toujours surpris par la manière dont les choses prennent corps, dit-il. Que quelqu'un écrive un roman ridicule en partant de l'idée qu'un peintre homosexuel italien du XVIe siècle se serait intéressé au concept du féminin sacré et aurait perdu son temps à truffer d'obscures références cryptées une obscure fresque dans une non moins obscure église de Milan, et la machine se met en route ! Mais enfin ! L'homme de Vitruve qu'a dessiné Vinci est bien un homme, et non une femme ! Pourtant l'absurdité du propos n'a pas empêché le livre de se vendre à des dizaines de millions d'exemplaires. Toutes ces histoires de Rex Deus et de descendants de Jésus-Christ sont aussi grotesques que l'intrigue du *Da Vinci Code*, mais les gens y croient quand même, comme Shirley McLaine et ses disciples croient descendre de Cléopâtre. Avez-vous remarqué qu'aucun d'eux ne s'est jamais pris pour la réincarnation d'un des esclaves qui ont construit les pyramides ? C'est toujours pour Cléopâtre, Napoléon ou Jésus qu'ils se prennent, jamais pour le plombier. Non, croire en Rex Deus, comme aux Templiers, c'est prendre ses désirs pour des réalités, pas autre chose. »

Brennan enfourna une nouvelle bouchée de polenta, avala une bonne gorgée de vin, puis, sortant d'une poche de sa veste un paquet froissé de Macedonia, il en tira une cigarette qu'il alluma avec une allumette de cuisine prise dans l'autre poche.

« Vous avez peut-être raison, dit-il en laissant tomber l'allumette dans les restes que contenait son assiette. Mais il n'empêche que Holliday est à même de nous causer un tort considérable.

— Que voulez-vous que je fasse ? Que j'autorise son assassinat ? demanda l'homme à la calotte rouge avec un rire qui tenait de l'aboiement. Que je lâche sur lui l'armée secrète du Vatican et ses moines albinos ? Assassiner quelqu'un n'est pas bon pour l'image de l'Église, vous savez. Surtout quand c'est un pape allemand qui occupe le trône de saint Pierre.

— Ce n'est pas le trône de saint Pierre qui me préoccupe.

— Que voulez-vous dire, en clair ? demanda le prélat avec agacement.

— Rex Deus compte tenir une assemblée dans le courant de l'été. Kate Sinclair y participera. »

Spada parut soudain inquiet.

« La mère du sénateur ?

— La mère du candidat à la présidentielle, rectifia Brennan. Une rumeur circule concernant l'Arche authentique. Kate Sinclair s'est mise à sa recherche.

— L'Arche authentique est un mythe.

— Peut-être pas.

— Et Holliday ?

— Il fait partie de ceux qui la cherchent.

— Pour le compte des Sinclair ?

— Je l'ignore, mais il faut que nous en ayons le cœur net. Si les Nouveaux Templiers de Holliday joignaient leurs forces à celles de Rex Deus, nous aurions de sérieux problèmes. Financiers. Depuis que l'économie mondialisée s'est mise à battre de l'aile, la Banque du Vatican a perdu beaucoup. Nous ne pouvons pas permettre qu'elle perde davantage. »

Brennan tira une bouffée de sa cigarette. Le bruit de la circulation, dense malgré l'heure nocturne, montait de la rue en contrebas.

« Que suggérez-vous ? demanda Spada.

— La mise en place d'une simple surveillance, pour le moment. Afin de comprendre pour quelle raison Kate Sinclair recherche une relique qui n'existe probablement pas, et quel rôle joue Holliday dans l'affaire. Aux dernières nouvelles, il est en route pour Prague en compagnie d'une collègue à nous, une sœur clarisse du couvent Sainte-Agnès-de-Bohême.

— Que savons-nous d'elle ?

— Rien.

— Alors renseignez-vous ! »

5

Ils franchirent la frontière tchèque à Rozvadov. Avant l'effondrement de l'Union soviétique, Rozvadov se présentait comme une localité sinistre en pleine forêt, près d'un no man's land parsemé de souches d'arbres et truffé de mines que dominaient des miradors remplis d'hommes en armes. C'était à présent un village étape entré dans la modernité où des routiers désœuvrés attendaient dans leurs camions à la queue leu leu que leur chargement de bière ou de pièces de rechange Mercedes reçoive le feu vert de la douane.

Quand le policier qui avait vérifié leurs passeports les autorisa d'un signe à poursuivre leur route, Holliday jeta un coup d'œil sur sa gauche. Le no man's land était toujours là, telle une cicatrice laissée par le passage d'une tornade, mais il n'y avait plus ni souches, ni miradors, ni barbelés. L'endroit ressemblait aux paysages verdoyants et vallonnés qu'étaient devenus les champs de bataille de la guerre de Sécession, aux États-Unis : de paisibles lieux de pique-nique, là où des milliers d'hommes avaient versé leur sang pour défendre des causes. Mais quelles causes ? L'émancipation des esclaves ? la mise au pas des producteurs de coton sudistes ? un mode de vie ? Autant de motifs qui paraissaient bien lointains cent cinquante ans plus tard, mais pour lesquels des centaines de milliers de vies avaient tout de même été sacrifiées.

En traversant au volant de la grosse berline Volkswagen de location la campagne riante qui faisait suite à la forêt, Holliday pensait aux soldats, à la guerre, aux morts pour la patrie. Le service de recrutement lui avait un jour demandé de poser pour une affiche tant son visage buriné de cow-boy Marlboro avec un bandeau sur l'œil évoquait l'aventure romanesque. Il avait refusé de participer à cette mystification.

S'engager dans l'armée ne revenait pas à prendre un billet pour voir du pays et vivre des expériences excitantes, n'importe quelle personne sensée savait ça. S'engager dans l'armée, c'était, en échange d'une formation gratuite, courir le risque très réel de se faire arracher les bras, les jambes ou la tête par un bâton de dynamite placé dans un sac de clous rouillés et actionné à distance par un Irakien, un Afghan ou un Pakistanais.

Le problème était que la plupart des gens qui rejoignaient l'armée, la marine ou l'aviation, n'étaient précisément pas des personnes sensées, mais des jeunes sans expérience. Ils ne signaient pas pour défendre leur pays, ou rendre le monde plus sûr pour la démocratie, mais parce qu'ils ne trouvaient pas d'emploi, ou cherchaient une échappatoire, comme Holliday lui-même quand il s'était engagé pour fuir un père alcoolique et violent.

Quant à la façon dont il avait perdu un œil, elle n'avait vraiment rien de romanesque : il avait simplement commis la double idiotie de sortir la tête par la trappe de toit d'un Humvee en marche sans avoir mis ses lunettes de protection. Un gravier projeté par les pneus lui avait éraflé la cornée, qui s'était infectée…

« À quoi pensez-vous ? s'enquit sœur Meg, assise sur le siège passager, les mains sagement croisées sur ses genoux.

— C'est sans intérêt, répondit Holliday.

— Nous avons encore cent cinquante kilomètres à faire jusqu'à Prague. Il faut bien que nous parlions de quelque chose. »

Elle essayait manifestement de se montrer aimable, mais il n'était pas d'humeur.

« Je me demandais ce qui pousse les soldats à devenir soldats, répondit-il enfin. Et je n'ai pas trouvé de réponse satisfaisante.

— J'imagine qu'ils le deviennent pour la même raison qu'on entre en religion, dit sœur Meg sans hésiter. Parce qu'ils croient en ce qu'ils font.

— Par héroïsme, en quelque sorte ? N'importe quoi ! répliqua-t-il froidement. Je sais par expérience que les héros sont le plus souvent des imbéciles. Si l'on pense à une chose, sur un champ de bataille, c'est à sauver sa peau tout en évitant de mouiller son pantalon, et sûrement pas à je ne sais quels principes. On peut à la rigueur penser à son voisin de tranchée, mais ça s'arrête là. À la guerre, croyez-moi, le seul sentiment qui vous fasse agir est la peur.

— Je vous trouve bien cynique, monsieur Holliday.

— J'ai participé à beaucoup plus de guerres que

vous, ma sœur, et je peux vous assurer que les héros et les vrais croyants font les pires soldats qui soient, parce qu'ils mettent la vie des autres en danger en prenant des risques inconsidérés. »

La religieuse aux cheveux flamboyants lui adressa son regard le plus méprisant.

« Si tout le monde pensait comme vous, la Révolution américaine n'aurait jamais eu lieu, dit-elle, rouge de colère, les poings à présent serrés sur ses genoux.

— Et cela aurait peut-être mieux valu, répliqua Holliday, qui commençait à prendre plaisir à faire enrager la jeune femme. Le Canada est bien devenu une nation indépendante de façon tout à fait pacifique. Et les Canadiens n'ont pas eu besoin d'une guerre civile qui a fait un demi-million de morts pour abolir l'esclavage trente ans avant nous.

— Vous n'êtes pas très patriote, on dirait.

— "Le peuple peut toujours être converti à la cause des dirigeants. C'est simple : il suffit de dire aux gens qu'ils sont attaqués et d'accuser les pacifistes de mettre la nation en danger par leur manque de patriotisme. Cela marche de la même manière dans tous les pays", cita Holliday en jetant un coup d'œil oblique à la religieuse. Cela ne vous rappelle rien ? La politique de Fox News, par exemple ?

— Qui a prononcé ces phrases ?

— Hermann Goering, le commandant en chef de la Luftwaffe de Hitler.

— Nous ferions peut-être mieux de nous en tenir à l'histoire médiévale.

— Peut-être, en effet… »

Le voyage continua en silence.

Suivant l'autoroute vers l'est, ils contournèrent

Pilsen, patrie de la bière du même nom, et atteignirent les faubourgs de Prague une heure plus tard. La ville n'avait guère changé depuis la dernière visite qu'y avait effectuée Holliday. Elle ressemblait toujours à une affiche pour une exposition sur l'architecture stalinienne, avec ses alignements monotones de barres d'immeubles en béton abritant des centaines de logements minuscules. Un œil attentif discernait quelques différences, toutefois : les gens n'étendaient plus leur linge sur les balcons et, sur les parkings, les voitures japonaises avaient remplacé les omniprésentes Trabant vingt-chevaux est-allemandes ou les Skoda du cru, aux freins notoirement déficients. Que les voitures soviétiques aient pu être de si médiocre qualité restait un mystère quand on songeait aux excellentes performances des chars ou des mitrailleuses russes de la Seconde Guerre mondiale.

« Vous voulez que je vous dépose au couvent, j'imagine, dit Holliday tout en cherchant son chemin entre des échangeurs qu'il ne connaissait pas et des panneaux de signalisation bleu et blanc tout aussi nouveaux pour lui.

— Non, répondit sœur Meg. Seul le monastère qui se trouve à côté peut héberger des gens ; le couvent a été entièrement transformé en musée maintenant.

— Alors, va pour le monastère.

— En fait, le couvent Sainte-Agnès n'est pas mon établissement d'attache. Je n'y allais que pour mes recherches. Quant au monastère, il assure l'essentiel de ses revenus en louant des cellules aux jeunes gens de passage, et nous sommes en pleine saison touristique… De toute façon, je n'y logeais pas : je suis financièrement indépendante et je louais une chambre à Anděl. Malheureusement, l'immeuble où j'habitais va être remplacé par une nouvelle résidence et il est en cours de démolition. En un mot comme en cent, je suis sans domicile fixe.

— Dans ce cas, je sais où vous pouvez aller. »

Quittant la D5, Holliday engagea l'imposante Volkswagen sur l'E50, plus étroite, pour entrer dans la ville par le sud-est. Ils longèrent encore quelques barres d'immeubles plus fonctionnels qu'élégants puis tournèrent dans la rue Slavínského. Là, au milieu d'un terrain vague que bordait un long bâtiment sans fenêtres, se dressaient le fuselage et la queue d'un vieux Tupolev aux couleurs de la compagnie aérienne tchèque, roues en l'air.

« Mon Dieu ! s'exclama sœur Meg en ouvrant de grands yeux. Que fait là ce machin ?

— C'est un décor de cinéma, expliqua Holliday. Je crois que la bâtisse, là-bas, est un laboratoire pour effets spéciaux. »

Il vira dans la rue Geologická et se gara devant un immeuble de deux étages dont la façade d'allure militaire avait été agrémentée d'une verrière qui ressemblait à une serre. L'autre côté de la rue était occupé par des immeubles d'habitation.

Sur la pelouse miteuse devant la verrière, un panneau portant le logo familier de la chaîne Best Western annonçait HÔTEL SMARAGD.

« *Smaragd* signifie "émeraude", dit Holliday. Quand les immeubles d'en face ont été construits, pendant l'ère soviétique, l'hôtel était une caserne où logeaient les travailleurs immigrés employés sur le chantier. Après l'effondrement de l'URSS, deux frères ont acheté le bâtiment pour une bouchée de pain et en ont fait un hôtel bon marché. Ils n'avaient pas beaucoup d'argent pour les travaux, et la seule peinture qu'ils ont pu s'offrir était l'horrible barbouille verte des services d'État. D'où le nom. Tout a été repeint en blanc, maintenant. Ce n'est pas le Ritz, mais les chambres sont confortables et ne coûtent pas cher.

— Ça n'a pas l'air mal », admit sœur Meg.

Ils descendirent de voiture, prirent leurs sacs dans le coffre puis pénétrèrent dans le petit vestibule bas de plafond de l'établissement. Sur la droite, une arcade permettait d'accéder à la « serre », qui abritait le restaurant et le bar de l'hôtel. Sur la gauche se trouvait un comptoir clos et, au-delà, une pièce qui devait être un salon. Un type presque chauve, en tee-shirt, lisait un journal appuyé au comptoir. Au fond du vestibule, un large escalier menait au premier étage. Il y avait un présentoir de cartes postales près de la réception et, çà et là, des fauteuils de style design suédois des années soixante-dix. Un homme bedonnant vêtu d'un costume de mauvaise coupe entra dans l'hôtel, s'assit dans un des fauteuils et ouvrit un exemplaire de *Czekhiya Sevodnya.* Son crâne blanc luisait comme une boule de billard.

Le réceptionniste leur attribua deux chambres communicantes et ils prirent l'escalier pour monter au premier. La disposition bizarre des chambres trahissait leur vocation première de casernement. Elles étaient situées de part et d'autre d'une entrée carrelée qui desservait aussi une salle de bains commune adossée au mur extérieur. Les pièces, carrées et fonctionnelles, étaient équipées de lits jumeaux, d'une unique lampe de chevet, d'un téléviseur et d'un bureau miniature sur lequel était posé un téléphone. Pour ce qui était de la télévision, rien n'avait changé depuis le dernier séjour de Holliday : seules deux chaînes anglophones étaient accessibles – British Sky News et CNN –, toutes les autres étaient en tchèque ou en allemand.

Après avoir posé son sac et s'être lavé les mains, Holliday alla retrouver sœur Meg dans sa chambre. Elle avait passé un jean, une chemise d'homme blanche et des baskets, mais portait toujours le foulard qui signalait sa religion. Apparemment, sœur Meg n'était pas adepte du compromis : religieuse elle était, religieuse elle restait, point final.

« Vous êtes bien installée ? s'enquit-il tout en lui adressant son sourire le plus engageant, un peu penaud de l'avoir tarabustée comme il l'avait fait dans la voiture.

— Aussi bien que possible compte tenu du lieu, répondit-elle en parcourant du regard la petite chambre austère. On ne peut pas dire que l'ambiance soit folichonne.

— Je lui trouve pourtant un je-ne-sais-quoi d'ascétique, pas vous ? » dit Holliday d'un ton exagérément maniéré.

La clarisse s'esclaffa, ce qui constituait un progrès.

« Je pensais que nous pourrions peut-être descendre au restaurant manger quelque chose. Nous n'avons rien avalé depuis notre arrêt dans ce resto infect, sur l'autoroute.

— Ah oui, le Nordsee, acquiesça sœur Meg avec une grimace.

— Vous auriez pu vous douter que l'Allemagne profonde n'est pas le meilleur endroit pour commander des crevettes au curry, remarqua Holliday, narquois.

— La cuisine est-elle meilleure ici ?

— Ils font un excellent goulasch. Leurs côtelettes de veau et leurs boulettes aussi sont très bonnes.

— Ça, c'est si le cuisinier n'a pas changé.

— Le chef est un des deux frères à qui appartient l'hôtel. »

Ils se rendirent au restaurant, une salle tout en longueur donnant sur la pelouse mitée, avec des tables sur la droite et un bar sur la gauche. Derrière le comptoir, un barman en tablier lisait son journal assis sur un tabouret. Seuls deux autres clients étaient présents : un homme grisonnant portant bouc qui sirotait un Bacardi-Coca et un autre, entre deux âges, bien de sa personne, qui buvait une bière Staropramen dans un verre à long col et dont la physionomie et la silhouette élégante rappelaient vaguement quelque chose à Holliday. Le buveur de bière ne parlait qu'anglais ; l'autre le parlait avec un accent, mais s'adressait au serveur en tchèque.

« E.T. ! dit Holliday au bout d'un moment.

— E.T. ? répéta sœur Meg.

— Oui, l'extraterrestre. Le type, là-bas. Il ressemble à un des acteurs du film. Il jouait un des gamins... Tyler, je crois. Il a eu beaucoup d'autres rôles depuis.

— Le brun ou l'autre ?

— Le brun.

— Quelle mémoire vous avez !

— Ah ! Son nom me revient : C. Thomas Howell.

— Jamais entendu parler de lui.

— C'est que vous n'êtes pas une mordue de cinéma.

— Mais... les religieuses aussi regardent des films, figurez-vous ! répliqua sèchement la jeune femme.

— Des films de nonnes ?

— Parce qu'il y en a ?

— Bien sûr. *Au risque de se perdre*, *Faustina*, *Agnès de Dieu*, *Le Chant de Bernadette*, *Dominique*, *Le Lys des Champs*, *Sierra torride*, *Les Cloches de Sainte-Marie*, *La Dernière Marche*… Je continue ?

— N'en faites rien, merci ! »

Un jeune serveur apparut et prit leur commande : goulasch pour Meg ; escalope panée-frites pour Holliday.

« D'après un ami praguois que j'avais, il n'y a que deux mots de tchèque qu'il soit utile de savoir prononcer : *hranolky* et *pivo*, frites et bière, dit Holliday. Quand on les connaît, on est au moins sûr de ne pas mourir de faim ou de soif.

— Pour en revenir à ce qui nous concerne, quelle est la suite du programme ? demanda sœur Meg.

— Eh bien, pour commencer, nous irons faire un petit tour dehors après dîner, histoire de respirer l'air du soir et de voir s'il y a bien sur le parking une BMW verte dernier modèle avec une plaque autrichienne MD 337 ca.

— Pardon ?

— Vous souvenez-vous d'avoir vu un homme entrer dans l'hôtel pendant que nous étions à la réception ? Il s'est assis et s'est mis à lire le journal. »

La religieuse réfléchit un instant puis hocha la tête.

« Vaguement, oui. Un monsieur corpulent au crâne rasé ?

— Celui-là, oui.

— Eh bien ?

— Il était au restaurant Nordsee, à côté de Nuremberg. Il a pris un *fish and chips* et un Coca. Deux portions, une à consommer sur place et une à emporter.

— Vous en êtes certain ?

— Absolument.

— Ce n'est peut-être qu'une coïncidence.

— Quelque chose me dit que non. »

6

Le lendemain matin, après avoir acheté au réceptionniste mal réveillé des forfaits journaliers de transport, Holliday et sœur Meg prirent leur petit déjeuner au restaurant puis quittèrent l'hôtel par la porte arrière des toilettes sans repasser par le hall. La sortie donnait dans la rue Slavínského, bordée, en face, de cèdres rabougris et, du côté où se trouvait l'hôtel, de jardins ouvriers pourvus chacun d'un petit abri.

« Et la voiture ? demanda sœur Meg comme ils se dirigeaient vers un arrêt d'autobus.

— Nous allons prendre le bus, répondit Holliday. Ça compliquera un peu les choses pour notre ami le tondu. »

Il consulta l'horaire sous plastique fixé au poteau de l'arrêt puis regarda sa montre. Moins de cinq minutes à attendre. Il observa la rue en direction de l'hôtel.

« Je persiste à penser que c'est de la paranoïa, commenta la religieuse. Que vous ayez déjà vu cet homme au Nordsee de l'autoroute ne prouve absolument rien. Et d'abord, pourquoi quelqu'un nous suivrait-il ?

— Vous, je ne sais pas, mais moi je me suis fait quelques ennemis dans un passé récent.

— C'est tout simplement absurde. Nous ne sommes pas dans un film de James Bond ! » s'exclama Meg avec mépris.

Lisa Simpson puissance dix ! La cadette de la famille qui sait toujours tout mieux que les autres !

« C'est une habitude, chez vous, de polémiquer sans arrêt ? » demanda Holliday, exaspéré.

L'autobus rouge et blanc apparut au bout de quelques minutes et s'arrêta devant eux. Les portes médianes s'ouvrirent avec un sifflement. À Prague, se souvint Holliday, les portes avant ne servaient que pour la descente des passagers. Ils montèrent, compostèrent leur forfait, puis Holliday alla s'asseoir tout au fond du véhicule. Sœur Meg se laissa tomber près de lui sur la banquette avec un soupir.

« Cela vire au grotesque, marmonna-t-elle.

— Vous croyez ? répondit-il. Jetez donc un coup d'œil derrière nous ! Si je ne me trompe pas, vous verrez une BMW verte avec une plaque autrichienne MD 337 ca. »

Elle regarda par-dessus son épaule et devint blême.

« Oh, mon Dieu ! murmura-t-elle.

— Je vous l'avais bien dit. »

Le bus suivit la rue Slavínského en direction des Studios Barrandov. La masse gris bleu du bâtiment principal art déco et les hangars de tournage se dressaient droit devant eux. À un rond-point, passant devant la barrière d'entrée et la guérite du gardien, ils obliquèrent à gauche vers la rue Filmařská, au bout de laquelle ils prirent la rue Barrandovská. Sur leur gauche, les maisons cossues construites au milieu de grands parcs plantés de pins semblaient dater pour la plupart des années trente.

Sur leur droite, les propriétés côtoyaient le bord des

célèbres falaises de Barrandov et, entre les maisons, ils apercevaient le versant nord-est de la vallée de la Vltava, qui serpentait dans une brume épaisse loin en contrebas. Après un virage à gauche qui amorçait une descente abrupte, ce n'étaient plus des maisons qui bordaient la falaise, mais de véritables châteaux de pierre et de stuc, bâtis pendant les Années folles pour les directeurs des gigantesques studios de cinéma – un Beverly Hills praguois.

« Tout ce quartier, y compris les studios de cinéma, a été aménagé dans les années vingt et trente par la famille Havel pour les gros bonnets du coin, expliqua Holliday. Pendant la guerre, les nazis ont pris la relève et toutes ces grandes maisons servaient de résidences d'été pour les gros bonnets du Parti. Ensuite, ce sont les gros bonnets du KGB qui les ont occupées, et maintenant ce sont de nouveau les gros bonnets du capital. »

Mais sœur Meg n'écoutait pas.

« Qui est cet homme ? demanda-t-elle, tendue, sur un ton presque accusateur.

— Boule de billard ? On dirait un policier. Je dirais qu'il opère sous contrat.

— Ce qui signifie, si je puis me permettre ?

— Qu'il n'est pas en mission officielle. C'est sans doute un flic du coin qu'une organisation quelconque paie pour nous surveiller. Il nous a suivis à travers toute l'Allemagne, et il devait être en France avant ça. C'est probablement à l'un de nous seulement qu'il s'intéresse, pas aux deux.

— À cause d'un chevalier mort depuis près d'un millénaire ? Ça ne tient pas debout.

— Je suis bien d'accord avec vous, mais, en attendant, le fait est que ce type nous file.

— Ce ne peut être qu'après vous qu'il en a. Il faut peut-être chercher dans votre passé de militaire.

— J'ai eu quelques démêlés avec un groupe néo-nazi voilà près de deux ans maintenant. Il est possible que ce soit eux, ou du moins ce qu'il reste de leur organisation.

— Vous voyez bien ! J'en étais sûre, dit sœur Meg d'un air de triomphe.

— D'un autre côté, ce pourrait tout aussi bien être la police secrète du Vatican…

— Le Vatican ne possède pas de police secrète, affirma la religieuse avec conviction. Je le saurais.

— Eh bien, moi, je *sais* qu'il en possède une, ma sœur. J'en connais même le nom : Sodalitium Pianum, la Confrérie de Pie. En France, l'organisation est connue sous le nom de La Sapinière. Elle existe depuis le pontificat de Pie X, au début du siècle dernier. C'est une branche occulte de la secrétairerie d'État du Saint-Siège.

— Ha ! Encore une de ces ineptes "légendes urbaines" !

— Quoi qu'il en soit, le conducteur de la BMW n'est pas une légende, lui. Il a l'air bien réel, vous ne trouvez pas ? »

Pour toute réponse, la religieuse croisa les bras sur sa poitrine et devint cramoisie.

Le bus poursuivit sa descente jusqu'à une route à quatre voies qui courait au pied de la colline. Sur la gauche, creusée dans la pierre jaunâtre de la falaise escarpée, Holliday vit la niche qui avait servi de poste de garde pendant la guerre. À l'époque, l'accès aux résidences de Barrandov était réservé à quelques privilégiés, et une barrière avait été installée là. C'était l'un des rares endroits de la ville où subsistaient encore des traces visibles de l'occupation nazie entre 1939 et 1945.

Après avoir viré à gauche sur la grande route et enfilé successivement plusieurs bretelles de sortie et autres échangeurs, ils débouchèrent dans la rue Strakonická. Sur la droite, à présent, Holliday apercevait de temps à autre la rivière tandis que sur la gauche s'étendait une gare de triage avec des alignements de wagons en attente couverts de graffitis. De loin en loin paraissaient des immeubles sombres enduits de stuc dont les fenêtres étaient ornées de rideaux bleus pour les uns et rouges pour les autres.

« Je me suis toujours demandé ce qu'étaient ces immeubles avec les rideaux de couleur, dit sœur Meg en désignant l'un d'eux, devant lequel une enseigne au néon rouge indiquait PANSKY CLUB. Ils n'ont jamais l'air bien éclairés.

— Les *pánský clubs*, les rouges, sont des maisons closes pour hommes. Les bleus s'appellent *pani clubs*, ils sont réservés aux femmes.

— Vous plaisantez ?

— La prostitution n'est pas légale, ici, mais elle n'est pas interdite non plus. Il y a même une de ces maisons – Big Sister – qui met ses images en ligne, comme de la téléréalité.

— Mais c'est répugnant !

Que voulez-vous, l'économie de marché… » répondit Holliday avec un haussement d'épaules.

Il se retourna pour regarder par la lunette arrière. La BMW suivait toujours, derrière deux ou trois autres voitures.

« Qu'allons-nous faire ? demanda sœur Meg après s'être retournée à son tour.

— Nous allons descendre au terminus de Smichov et prendre le métro. Notre petit camarade devra garer sa voiture. Nous parviendrons peut-être à le semer, si nous avons la chance d'attraper un train tout de suite. »

Ils tournèrent à gauche dans une petite rue, puis à droite dans une voie plus large équipée de rails de tramway. Ils passèrent devant un magasin de surplus militaire dont l'entrée crasseuse était barrée d'un calicot annonçant la vente d'authentiques chapkas du KGB, puis s'arrêtèrent enfin sous un auvent en fibre de verre.

Ils descendirent du bus puis coupèrent à travers les voies du tram, se frayant un passage parmi le flot des banlieusards endormis. Aucun signe de la BMW ni du chauve. Après avoir franchi les portes de verre du métro, ils dévalèrent un large escalier qui les mena jusqu'à un quai d'époque stalinienne où les lettres de tôle formant le nom de la station étaient boulonnées aux plaques de béton du mur. Deux voies encadraient le quai : la numéro 1, côté gauche, pour les rames à destination du terminus de Zličín ; la numéro 2, côté droit, pour celles allant à Černý Most.

— Quelle ligne ? demanda Meg.

— La 2. Černý Most. »

Presque aussitôt, une rame pour Černý Most déboucha du tunnel et s'arrêta dans un couinement de freins pneumatiques. Comme dans tous les métros du monde, les wagons, de couleur argentée avec des portes rouges, étaient couverts de graffitis plus ou moins réussis.

Au moment où les portes s'ouvraient avec un sifflement, Holliday leva les yeux vers l'escalier et jura entre ses dents.

« Pardon ? dit sœur Meg, l'air offusqué.

— Notre ami Boule de billard », répondit Holliday en regardant le conducteur de la BMW dégringoler les marches, tout essoufflé.

Ils montèrent dans le wagon, mais Holliday resta penché au-dehors jusqu'au ding du signal sonore, que suivit une voix de femme d'une douceur presque léthargique annonçant : *Ukončete prosím výstup a nástup. Dveře se zavíraji* – « Les passagers sont priés de ne plus monter ni descendre du train. Fermeture des portes imminente. » Il rentra la tête. Les portes se refermèrent en coulissant, vinrent buter contre les coussinets de caoutchouc et la rame s'ébranla dans un ronronnement.

« Est-ce qu'il est monté ? s'enquit sœur Meg, agrippée à la barre d'appui près de lui.

— Dans la voiture derrière la nôtre.

— Qu'allons-nous faire ? »

Holliday étudia le plan du réseau au-dessus de la porte. Encore quatre arrêts jusqu'à la correspondance entre les lignes A et B, à la grande station Můstek, de l'autre côté de la rivière. Environ huit minutes. La station qu'il leur fallait était la suivante, Náměstí Republiky.

« Nous allons faire comme Alain Charnier.

— Comme qui ?

— Alain Charnier, "Popeye" Doyle… Fernando Rey, Gene Hackman. »

La sœur lui adressa un regard vide.

« Je ne comprends rien à ce que vous dites.

— *French Connection* ? »

Elle secoua la tête. Elle était bien trop jeune, bien

sûr. Holliday soupira, prenant soudain pleinement conscience de leur différence d'âge.

« C'est une scène dans un film célèbre. Un criminel français descend d'un métro, à New York, et quand le flic qui le suit descend à son tour, il remonte dans le wagon à la dernière seconde.

— Et nous allons faire la même chose ?

— Essayer, du moins. »

Une minute plus tard, le métro entra comme un souffle dans la station Anděl. Quand les portes s'ouvrirent, Holliday commença à compter lentement tout bas.

« Un… deux… trois… »

À quinze, la voix soporifique annonça la fermeture des portes, qui s'effectua cinq secondes plus tard. La rame démarra aussitôt. Le même processus se répéta aux deux stations suivantes de la ligne B, Karlovo Náměstí et Národní Třída.

« Vous allez descendre à la prochaine et avancer sur le quai en vous écartant légèrement du train, ordonna Holliday. Quand je dirai "top !", vous ferez demi-tour et remonterez dans la rame le plus vite possible. »

Sœur Meg acquiesça d'un hochement de tête. Le train repartit.

« Ce n'est pas la première fois que vous faites ce genre de chose, n'est-ce pas ? murmura-t-elle.

— Ça m'est arrivé une ou deux fois, en effet. »

Ils arrivèrent à Můstek quelques instants plus tard et les portes s'ouvrirent. Holliday descendit, poussant devant lui sœur Meg. Le quai de la ligne B, au niveau inférieur de la station, était aussi simplement agencé que celui de Smichov, avec un escalier qui montait jusqu'à la passerelle où se trouvaient les ascenseurs menant à la ligne A, au niveau supérieur. Une ligne de simples piliers ovales séparait le quai en deux bandes égales sur toute sa longueur.

Holliday commença à compter comme ils se mêlaient à la cohue des passagers qui se dirigeaient vers l'escalier. La main toujours sur le dos de Meg, il la guida vers un des piliers et la fit rapidement tourner autour. Leur poursuivant passa devant le pilier et continua son chemin vers l'escalier tout en scrutant la foule à leur recherche. Parvenu au pied des marches, il s'arrêta et jeta à droite et à gauche des regards de plus en plus affolés.

« Quatorze… quinze… »

Le signal sonore émit son carillon de trois notes.

« Top ! » dit Holliday, propulsant Meg en direction du train d'une pression de la main.

Elle lui lança un regard mauvais par-dessus son épaule puis courut vers la rame comme il le lui avait demandé. Il l'imita. À l'instant où se déclenchait l'annonce enregistrée, il aperçut du coin de l'œil Boule de billard, qui venait de le repérer et se jetait dans la foule à contre-courant. Meg monta dans le wagon précédant celui qu'ils avaient quitté, Holliday sur ses talons. Le chauve n'avait aucune chance. Les portes se fermèrent alors qu'il se frayait péniblement un passage vers la rame en bousculant les gens, et il en était encore à trois bons mètres quand elle se mit en mouvement. Il ne put que rester planté sur le quai, impuissant, tandis que Holliday lui adressait en souriant un petit salut de la main à travers la vitre, exactement comme Alain Charnier dans le film. Puis le métro s'engouffra dans le tunnel.

7

Le cardinal Antonio Niccolo Spada, secrétaire pour les relations avec les États, était assis sur son trône de chêne ornementé, derrière un bureau espagnol du XIVe siècle tout aussi ouvragé. Devant lui, le père Thomas Brennan, chef des services secrets du Vatican, Sodalitium Pianum, arpentait nerveusement l'immense tapis de soie qui couvrait le plancher de la pièce.

Occupant tout un angle au dernier étage du Governatorato, le bâtiment abritant l'administration civile du Saint-Siège, derrière la basilique Saint-Pierre, le somptueux bureau du cardinal donnait sur la Viale dell'Osservatorio et au-delà, sur la basilique elle-même et les murs entourant les jardins pontificaux. Après la salle d'audience du pape, cette pièce était la plus importante du Vatican.

Si Dieu chuchotait ses instructions à l'oreille du Saint-Père, c'était à Antonio Spada qu'il revenait de les interpréter et de les mettre en œuvre. Le pape était l'ambassadeur de Dieu sur terre, Spada son exécutant. Le fils du boulanger de village de Canneto di Caronia, sur la route de Messine, avait fait du chemin depuis sa Sicile natale, et pas seulement au sens géographique du terme.

« À mon avis, c'est une erreur », dit Brennan sans cesser d'aller et venir.

Tout en marchant, il tirait bouffée sur bouffée de son inévitable cigarette Macedonia, empuantissant l'atmosphère et répandant une pluie continue de cendres sur le tapis sans un regard pour le cendrier de cristal que le cardinal plaçait pourtant bien en vue sur son bureau à l'intention de ses visiteurs.

« Pourquoi ? s'enquit Spada.

— Parce que Holliday n'est pas n'importe qui. Il a des relations haut placées. Il connaît des gens.

— Il peut avoir un accident, remarqua le cardinal avec un haussement d'épaules.

— Quand un homme comme lui a un accident, il y a enquête.

— Il vous fait peur, n'est-ce pas ? commenta Spada avec un petit sourire entendu.

— Vous avez diablement raison, Votre Éminence… Si vous voulez bien me passer l'expression. Ce type est un danger. Il bouleverse les équilibres de pouvoir en se mêlant de ce qui ne le regarde pas… Sans compter qu'il nous a déjà causé pas mal de problèmes par le passé… et fait perdre pas mal d'argent, avec ça.

— Donc, raison de plus pour nous débarrasser de lui sans attendre, susurra le cardinal.

— Mais pour quel motif ? insista Brennan. Lui et cette femme ne font que chercher un reliquaire qui n'existe probablement même pas. »

Il cessa de faire les cent pas et mesura son supérieur du regard avant d'ajouter :

« D'ailleurs l'Église interdit le culte des reliques

depuis la vingt-cinquième session du concile de Trente, si je ne m'abuse. Et elle interdit aussi d'en faire commerce.

— Vous n'auriez tout de même pas l'outrecuidance de me donner des leçons en matière de dogme, père Brennan ? dit nonchalamment le cardinal.

— Alors, expliquez-moi pourquoi nous nous intéressons à cette prétendue Arche authentique, ou je ne sais quoi !

— Il n'y a pas de reliques, il n'y a que des preuves de reliques, répondit Spada, énigmatique.

— Là, vous allez devoir éclairer ma lanterne, dit le prêtre en fronçant les sourcils. Je ne comprends pas.

— Il paraîtrait que l'Arche authentique contient le Saint-Graal, la couronne d'épines, le saint suaire et l'anneau du Christ.

— Le jackpot, quoi ! commenta Brennan en pouffant.

— Vous pouvez rire…

— Ne me dites pas que vous croyez à ces balivernes ! s'exclama l'Irlandais, stupéfait.

— Peu importe ce que je crois, père Brennan. Ce qui compte, c'est la perception que les gens ont des choses. Rappelez-vous l'empereur, dans le conte d'Andersen : s'il se trouve assez de monde pour *dire* qu'il porte des habits de soie, alors c'est comme s'il en portait. De la même manière, s'il se trouve assez de monde pour affirmer contre toute évidence que Paris Hilton est jolie, alors elle le devient, malgré sa maigreur, son absence de poitrine, son nez trop gros et ses chevilles trop épaisses… J'ignore ce que ce Holliday et sa comparse trouveront, mais nous devons absolument mettre la main dessus. Voyez-vous, il a beau être scientifiquement prouvé que le chiffon de Turin ne peut pas être le saint suaire, cela n'empêche pas les gens de se déplacer par dizaines de milliers pour le voir.

— Encore faut-il que Holliday trouve quelque chose », grommela Brennan, qui écrasa sa cigarette dans le cendrier et en alluma une autre.

Le cardinal Spada laissa échapper un long soupir. Brennan mettait décidément sa patience à rude épreuve avec ses chicaneries. Ne pouvait-il pas se contenter de faire ce qu'on lui disait ?

« La meilleure façon de nous assurer qu'il ne trouvera rien est de faire en sorte qu'il cesse de chercher, dit-il. D'autre part, si j'en crois ce que vous m'avez confié, Holliday est en possession du véritable secret des Templiers, à savoir les numéros de leurs comptes en banque. Les avoir constituerait une prime intéressante pour nous. Sans oublier que cet argent appartient de plein droit à l'Église, de toute façon…

— Si nous faisons ce que vous suggérez, il ne faudrait pas que ça nous retombe dessus, remarqua Brennan.

— Bien entendu… Utilisez des mercenaires si vous voulez », répondit Spada.

Il fixa avec insistance le prêtre par-dessus son bureau, puis :

« Holliday est important, mais n'oubliez pas non plus qui est la femme…

— Ils sont à Prague. Je sais à qui m'adresser, là-bas.

— Alors, ne perdez pas de temps ! » ordonna l'homme en rouge, mettant ainsi fin à l'entretien.

Brennan quitta le bureau de Spada et descendit deux

volées de marches en marbre jusqu'à son propre cabinet de travail, à l'étage en dessous, une pièce carrée au plancher nu, beaucoup plus petite que celle du cardinal et meublée en tout et pour tout d'un bureau métallique, de quelques classeurs noirs, eux aussi métalliques, et d'une simple croix au mur.

Le seul élément décoratif était une photo de sa sœur depuis longtemps disparue, Mary, religieuse chez les sœurs de Madeleine, posant tout sourires devant la cathédrale Saint-Finnbar de Cork, les yeux plissés dans le soleil. Le cliché datait des années soixante et avait pris un ton sépia.

Mary avait été surveillante à la blanchisserie Madeleine de Blarney Street, où l'on forçait les filles « perdues » à travailler, au-dessus du North Mall et de la rivière Lee, avec ses célèbres cygnes. Elle aimait tant nourrir ces gracieux oiseaux, en qui elle voyait des âmes de filles laides réincarnées dans des êtres de beauté. Elle était morte d'une terrible maladie respiratoire un an après que la photo avait été prise, alors qu'elle adressait une prière à un Dieu sourd en toussant à s'arracher les poumons.

Le prêtre s'assit à son bureau pour feuilleter son vieux répertoire Rolodex où il trouva un numéro dont le préfixe était 420. Il appela le standard du Vatican et communiqua le numéro ainsi qu'un nom à l'opérateur. Après un bref silence, il entendit la sonnerie à l'autre bout du fil, à Prague. Quelqu'un décrocha au troisième coup.

« *Prosím ?* fit une voix de baryton légèrement enrouée.

— *Pan* Pesek ? Antonin Pesek ?

— Lui-même. Qui parle ?

— Romulus, répondit Brennan, son regard vide fixé sur le portrait de sa sœur. J'ai un travail pour vous... »

Le couvent Sainte-Agnès-de-Bohême se trouve rue Milosrdných, dans le Josefov, l'ancien quartier juif de Prague. Celui-ci se situait au XIe siècle au centre de la ville, dont le développement avait commencé un millier d'années plus tôt au bord de la Vltava. Le couvent, qui fait à présent partie de la Galerie nationale, consiste en un ensemble de bâtiments gothiques soigneusement restaurés des XIVe et XVe siècles organisés autour du vieux cloître voûté et contient une des plus belles collections européennes d'art médiéval et de la Renaissance.

Holliday et sœur Meg descendirent du métro à la station Náměstí Republiky et sortirent en plein soleil parmi la foule des touristes et des Praguois qui faisaient leurs courses et donnaient ainsi à la place un air de fête. Des gens se promenaient en bavardant et en riant, une barbe à papa ou un cornet de pop-corn à la main. Les agents en uniforme déambulaient par deux, tout aussi intéressés par les vitrines que les badauds. Une file d'attente s'étirait devant l'entrée du McDonald's.

Ils se dirigèrent vers le nord en suivant dans le vacarme des tramways l'avenue Revolucni, une large voie bordée de boutiques en tous genres et jalonnée tous les cent mètres de distributeurs de billets pour les imprévoyants qui viendraient à manquer de couronnes tchèques.

Avant la rivière, ils prirent un raccourci à gauche à travers le parking d'un bâtiment administratif jusqu'à la rue Řásnovka, une venelle pavée. Celle-ci les mena à l'entrée principale du couvent plusieurs fois séculaire, où ils pénétrèrent après avoir payé cent cinquante couronnes.

Le musée était presque désert, à l'exception d'un vieux monsieur qui somnolait sur un banc et d'un jeune couple dont chacun des deux membres manifestait plus d'intérêt pour l'anatomie de l'autre que pour les tableaux exposés. Holliday et sœur Meg avaient la galerie pour eux seuls.

« C'est pour les archives que je suis venu, pas pour les œuvres d'art, dit Holliday. N'est-ce pas à côté que nous devrions être ? Au monastère ?

— Il y a ici quelque chose que je voulais vous montrer, répondit la religieuse, une note d'excitation enthousiaste dans la voix. Cela m'est revenu hier soir. »

Après ce qu'elle venait de faire pour échapper à leur poursuivant, Holliday aurait été mal venu de lui refuser ce qu'elle désirait, d'autant que les tableaux, les statues et les extraordinaires retables en bois sculpté valaient largement la peine d'être vus, même s'ils n'avaient aucun rapport avec l'objet de leur visite.

Meg l'entraîna dans un étroit escalier qu'ils montèrent jusqu'au dernier étage. Là, après avoir parcouru une longue salle voûtée, ils s'arrêtèrent devant une grande toile au cadre doré suspendue au mur de plâtre blanc.

L'œuvre représentait un homme en armure, debout sur la gauche, près d'une femme voilée et drapée dans un long habit noir dont le capuchon masquait en partie le visage. L'homme portait une cotte de mailles qui lui descendait aux chevilles, une longue épée au côté, dans son fourreau, un surcot décoré de la désormais familière croix engrêlée des Saint-Clair et un écu où figurait la croix de Malte rouge des Templiers. Il tenait en outre dans sa main libre ce qui ressemblait à une autre croix engrêlée, en bois celle-là.

Derrière les deux personnages était peint un lion héraldique ailé d'or debout sur des flots bleus ondoyants, une épée brandie dans sa patte droite. Dans un angle, comme dans l'illustration d'une carte de tarot ancienne, six moines en habit blanc priaient debout autour d'un puits. Dans l'angle opposé, un symbole estampé représentait une croix entourée d'un cœur.

Sœur Meg lut tout haut les indications inscrites sur une petite plaque près du tableau :

« "*La bienheureuse Juliana et son Protecteur*, Lucas Cranach l'Ancien, 1510". Elle ne se montrait que voilée afin de ne pas troubler les hommes par sa grande beauté, ajouta-t-elle, manifestement fascinée, en levant de nouveau les yeux vers la silhouette presque grandeur nature de Juliana. Son protecteur ne vous rappelle personne ?

— C'est Jean de Saint-Clair, dit Holliday. Et il tient un bâton de Jacob, l'instrument de navigation dont je vous ai déjà parlé.

— Connaissez-vous la signification du lion à l'épée ? s'enquit la sœur. Je n'ai pas réussi à la trouver. Ni celle des moines autour du puits. J'ai même cherché sur Internet. J'ai trouvé beaucoup de lions portant épée, mais aucun ne ressemblait tout à fait à celui-ci. Le plus proche était sur d'anciennes armoiries perses.

— Pour le puits et les moines, je n'ai aucune idée, mais le lion à l'épée dominant les flots me fait penser à Venise. D'autant qu'il constitue aussi un des quartiers de l'écusson de la famille Zeno, des armateurs vénitiens qui louaient leur flotte aux Templiers pendant les croisades. Si j'interprète bien ce que je vois, je dirais que votre bienheureuse Juliana et Jean de Saint-Clair sont allés ensemble à Venise, probablement pour y affréter un navire. »

8

Ils trouvèrent un petit restaurant de l'autre côté du quartier juif et s'installèrent en terrasse, à une table abritée du soleil par un parasol. L'établissement, qui s'appelait U Vltavy, sans doute en raison de sa proximité avec la rivière, proposait une carte étrange, composée de spécialités mexicaines, autrichiennes et tchèques. Sœur Meg choisit un gaspacho et un plat de porc au raifort râpé, Holliday un bœuf Stroganoff accompagné de riz et de la même préparation de raifort. Ils mangèrent un moment en silence, profitant de la chaleur estivale tout en regardant passer les promeneurs.

Sans savoir pourquoi, Holliday s'était toujours senti mieux à Prague que dans n'importe quelle autre ville d'Europe, même sous le règne soviétique. Les gens du cru, qui possédaient un sens de l'humour très développé, se montraient curieux de tout et de tous. N'importe quel prétexte leur était bon pour engager la conversation avec les touristes et un de leurs jeux préférés, dans le métro, était de se faire enseigner quelques mots en langue étrangère en échange de quelques mots de tchèque. Il existait même une chaîne de télévision à usage pédagogique qui ne passait que des films anglais sous-titrés en tchèque.

Peut-être cette ouverture d'esprit s'expliquait-elle par le fait que Prague avait été pendant des millénaires l'extrémité occidentale de la route de la soie. À quelques rares exceptions près, la ville avait toujours fait preuve d'une tolérance remarquable à l'égard des gens de toutes origines, qu'elle accueillait à bras ouverts. Holliday n'avait pas été surpris quand, les Tchèques, parmi les premiers, s'étaient soulevés contre le régime soviétique en 1989.

Le souvenir de cette année-là ne manquait jamais de le réjouir. Après soixante-dix années d'hégémonie soviétique, symbolisées par le rideau de fer, les fanfaronnades du système étaient apparues pour ce qu'elles étaient : un écran de fumée, un leurre. Les innombrables chars russes, fers de lance de la légendaire armée soviétique, s'étaient révélés n'être que des tas de ferraille inertes et rouillés, incapables de parcourir cent mètres faute de carburant, et encore moins des centaines de kilomètres pour atteindre le cœur des territoires défendus par l'Otan.

Les systèmes de guidage des missiles balistiques russes étaient pour moitié obsolètes, Moscou manquait de papier toilette et les soldes des militaires n'avaient pas été versées depuis un an. La puissance soviétique n'était qu'un faux-semblant, et les services secrets américains, censés tout savoir, n'avaient rien vu venir. Rien du tout. Leur infaillibilité tenait tout autant de l'intox que celle des Russes. Apparemment, berner son monde n'était pas si compliqué.

« Pourquoi souriez-vous ? » demanda sœur Meg,

après s'être tamponné les lèvres avec sa serviette. Son visage avait plaisamment rosi sous l'effet du raifort.

Le sourire de Holliday s'élargit. En fin de compte, qui pouvait assurer que les paranoïaques du complot n'étaient pas dans le vrai en prétendant que les Américains n'avaient jamais envoyé d'astronautes sur la Lune ? Peut-être l'histoire avait-elle été inventée de toutes pièces par Richard Nixon et ses acolytes au fond d'une quelconque officine.

« Les choses ne se passent jamais comme prévu, répondit-il. Soit la réalité s'impose, soit un coup de pied inattendu dans la fourmilière vient chambouler la donne.

— Curieuse métaphore… commenta la religieuse d'un air amusé.

— Un vieux proverbe juif dit : “L'homme fait des projets, Dieu se marre.”

— Vous faites allusion au tableau ?

— Il change tout, ce tableau. Il prouve que Saint-Clair était bien en possession du bâton de Jacob et que Lucas Cranach jugeait ça important.

— Peut-être, mais absolument rien dans les archives n'indique que la bienheureuse Juliana se soit jamais rendue à Venise.

— Pourtant, elle y est allée, et Cranach le savait, sinon il ne les aurait pas représentés de cette manière deux siècles après les faits.

— Mais comment l'aurait-il su ?

— Ce n'est pas très difficile à deviner. Cranach avait pour clients de nombreux personnages importants, y compris des rois, qui constituaient à la Renaissance une petite société très fermée où chacun se vantait de protéger les arts. Par l'intermédiaire de l'un d'eux, Cranach a très bien pu connaître un confrère vénitien, comme Giorgione, avec qui il aurait échangé des histoires susceptibles de servir de thèmes à des tableaux. Et ce confrère vénitien aurait pu avoir comme mécène un membre de la famille Zeno, qui était très riche…

— Vous voilà historien d'art, maintenant ?

— Pas vraiment, mais les tableaux étaient l'équivalent à l'époque de ce que sont maintenant les reportages photographiques. On y trouve énormément d'informations sur l'art de la guerre, par exemple.

— Vous avez vraiment réponse à tout, n'est-ce pas ? »

Holliday soupira et posa sa fourchette, l'appétit coupé.

« Seulement aux questions impertinentes que me posent les religieuses imbues de leur personne, répliqua-t-il en la dévisageant. Vous n'avez pas cessé de me provoquer depuis notre rencontre. Pourquoi ? Qu'est-ce que je vous ai fait ?

— Rien, si ce n'est que vous n'arrêtez pas de me traiter avec condescendance !

— Si c'est le cas, croyez bien que c'est involontaire.

— Je ne vois pas ce que ça change.

— Écoutez, ces derniers temps, j'enseignais l'histoire à des blancs-becs de dix-huit ans, à West Point, et avant ça je commandais des soldats. Ça explique peut-être ce que vous appelez ma condescendance.

— Nous ne sommes pas à West Point, je ne suis ni un soldat ni un blanc-bec, et je n'ai plus dix-huit ans. »

À cet instant, un mouvement derrière sœur Meg attira le regard de Holliday.

« Ne vous retournez pas maintenant, mais notre ami Boule de billard est de retour », chuchota-t-il.

La religieuse se figea et le dévisagea.

« Si c'est une plaisanterie, autant vous dire que ce sera la dernière : vous partez de votre côté et moi du mien, déclara-t-elle.

— Ce n'est pas une plaisanterie. Il est là-bas, au coin de la rue, en train de lire son sempiternel journal appuyé à un réverbère. Tss ! Ttss ! Le pauvre, il va attraper un cancer du cuir chevelu s'il continue à s'exposer au soleil sans chapeau.

— Comment a-t-il fait pour nous retrouver ?

— Il a dû se douter que nous allions au couvent. Il nous aura attendus à la sortie pour nous suivre.

— Que faut-il faire ?

— À vous de décider. Je ne voudrais pas vous paraître condescendant… répondit Holliday, qui se laissa aller contre le dossier de sa chaise et attendit.

— Il serait peut-être aussi bien de ne rien faire du tout, dit sœur Meg. De toute façon, il sait bien que nous finirons par rentrer à l'hôtel.

— Et si nous n'y rentrons pas ?

— Pardon ?

— Vous avez votre passeport sur vous ?

— Toujours, dit la jeune femme en tapotant le simple sac en tissu qu'elle avait sur les genoux.

— Moi aussi. Avez-vous quelque chose de précieux, à l'hôtel ?

— Seulement quelques vêtements et un nécessaire de toilette. Quelle est votre idée ?

— Un instant… »

Holliday sortit son BlackBerry de sa poche et en actionna les touches.

« Que faites-vous ? demanda la sœur.

— Il y a un train pour Vienne avec une correspondance pour Venise qui part de *Praha hlavní nádraží* à 17 heures cet après-midi. Nous pouvons être à Venise à 8 heures demain matin. Si nous parvenons à semer Boule de billard d'ici là, pas de problème.

— Il faut d'abord que nous sortions d'ici. »

Holliday se retourna nonchalamment sur sa chaise.

« C'est la rue Listopadu, là-bas, donc nous sommes à deux ou trois rues au nord de la synagogue Staronová, murmura-t-il. Ce qui signifie que l'arrière du restaurant doit donner sur l'extrémité du cimetière juif.

— Et alors ?

— C'est par là que nous allons partir. »

Holliday sortit de son portefeuille un billet de cinquante couronnes – à l'effigie d'Agnès de Bohême – qu'il posa sur la table pour régler l'addition, puis un autre, brun orangé, de deux cents couronnes.

« Je vais me lever et traverser la salle de restaurant, expliqua-t-il en rempochant son portefeuille. Boule de billard pensera que je vais aux toilettes. Comptez jusqu'à soixante, puis faites comme moi ! Même en courant, il lui faudra une bonne minute pour arriver jusqu'ici. Vous avez compris ?

— Je ne suis pas idiote », répliqua Meg avec impatience.

Holliday se leva et se dirigea vers la salle. Sœur Meg l'imita au bout du délai convenu et le rejoignit au fond du restaurant, où il attendait en compagnie d'un jeune serveur brun portant un long tablier.

« *Sledujte mě, prosím* », dit le garçon en leur faisant signe de le suivre.

Poussant une porte battante, il les fit entrer dans la cuisine, qu'il traversa jusqu'à une autre porte donnant sur une courette jonchée de mégots. Celle-ci était fermée à un bout par un mur bas d'apparence très ancienne fait de petites pierres scellées au mortier et coiffé de tuiles canal pour faciliter l'écoulement de la pluie. Holliday se hissa dessus d'un rétablissement tandis que le serveur faisait la courte échelle à sœur Meg. Quand ils furent tous les deux sur le mur, Holliday remercia le jeune homme, qui répondit d'un haussement d'épaules modeste en allumant une cigarette et les regarda sauter de l'autre côté.

Le cimetière du Josefov, la plus ancienne nécropole juive d'Europe, fut utilisé de 1439 à 1787. Il occupe les arrière-cours d'un pâté de maisons formant un L allongé et, malgré sa petite taille, moins d'un demi-hectare, près d'une centaine de milliers de corps y sont enterrés, parfois sur douze épaisseurs, les stèles ne mentionnant que les personnes inhumées le moins profondément.

L'herbe peine à pousser entre les pierres tombales espacées de moins de trente centimètres et les racines des grands arbres qui ombragent les lieux ont bousculé dans tous les sens les stèles aux inscriptions presque illisibles, conférant à l'ensemble un air de ruine abandonnée sans rapport avec la réalité. D'innombrables visiteurs se pressent en effet ici chaque année, s'acquittant du même coup de dix couronnes à l'entrée et de leurs devoirs envers les morts. C'est ici que repose, entre autres notabilités juives, le rabbin Loew, créateur de l'ancêtre du monstre de Frankenstein, le Golem, modelé avec la boue de la Vltava.

Une fois dans le cimetière, Holliday et sœur Meg louvoyèrent avec précaution entre les tombes enchevêtrées pour atteindre l'une des allées pavées qui serpentaient à travers le clos. Elle était encombrée par une foule de touristes, certains prenant des photos, d'autres lisant les inscriptions anciennes en hébreu. Leur seul point commun à tous était d'avoir la tête couverte. L'espace d'un instant, tout en se frayant un passage à travers la foule, Holliday se demanda pourquoi les gens le regardaient de travers, puis il lui revint qu'il était considéré comme irrespectueux de pénétrer tête nue dans un cimetière juif.

Il leur fallut à peine une minute pour gagner le porche qui marquait la sortie et déboucher en jouant des coudes dans une rue étroite bordée de boutiques de souvenirs croulant sous un pêle-mêle de cartes postales, kippas en papier et golems en plastique dans une telle débauche de vulgarité que Holliday s'attendait presque à voir des figurines articulées du rabbin Loewe, style GI Joe.

« Et maintenant ? demanda sœur Meg, le front emperlé de sueur sous le bord serré de sa coiffe.

— J'ai mon idée », répondit Holliday.

S'assurant d'un coup d'œil circulaire que Boule de billard n'était pas en vue, il entraîna Meg vers la rue Široká, en direction de la rivière, d'où ils gagnèrent la place Jan-Palach, qu'ils traversèrent jusqu'à la statue d'Antonin Dvorak. La place, jadis baptisée Náměstí Krasnoarmějců – place des soldats de l'Armée rouge – avait changé de nom pour commémorer le sacrifice de Jan Palach, un étudiant de vingt et un ans qui s'était immolé par le feu en 1969 afin de protester contre l'occupation soviétique.

Ils passèrent devant la statue, puis descendirent quelques marches et pénétrèrent dans le parc qui longeait la rivière. Devant eux, dans l'ombre du Mánesův Most – le pont entre la vieille ville et le quartier de Mála Strana, le « petit côté » – se trouvait un grand dock flottant avec un café en plein air. Plusieurs bateaux-mouches y étaient amarrés.

Des passagers étaient en train d'embarquer sur l'un d'entre eux, le *Vltava Královna*, qui arborait un panneau publicitaire pour la bière Staropramen. Holliday et Meg prirent la file et montèrent, pour l'équivalent de trente dollars, à bord du bateau qui n'était guère plus qu'une péniche équipée de rangées de sièges et coiffée d'un auvent en fibre de verre. Quelques minutes plus tard, amarres larguées, ils mettaient le cap sur l'aval. Holliday, qui n'avait pas quitté l'embarcadère des yeux, n'avait pas vu reparaître Boule de billard. Cette fois, il semblait bien qu'ils soient parvenus à lui échapper.

Le bateau glissa sous le pont et poursuivit sa route, Mála Strana sur la gauche, dominé par la formidable masse du château de Prague perchée sur la falaise. Suivant le coude que décrivait la Vltava au milieu d'un quasi-embouteillage d'embarcations de toutes sortes, ils passèrent bientôt sous le tablier bas et gris du Čechův Most.

« Où allons-nous, au juste ? s'enquit sœur Meg. À moins qu'il ne s'agisse d'un voyage surprise…

— Rien de tel, répondit Holliday. Nous allons à la gare en nous arrangeant pour que Boule de billard ne le sache pas. S'il était parvenu à nous suivre, nous le saurions. J'ai surveillé la passerelle jusqu'à la fin de l'embarquement. Il n'est pas à bord. »

Située à un peu plus d'un kilomètre en aval du Mánesův Most, légèrement excentrée par rapport au milieu de la rivière, se trouve l'île Štvanice. Bien qu'éloignée du centre, cette île abrite la plus grande patinoire de hockey professionnel de Prague ainsi que des courts de tennis. Elle était jadis bordée de dangereux rapides, à présent maîtrisés par un simple barrage d'à peine un mètre de haut et par une écluse entre l'île et la rive droite qui rendait possible la navigation tout en contribuant au contrôle des crues printanières récurrentes.

Le bateau entra dans le long sas de l'écluse et s'immobilisa en attendant que celui-ci se vide et que les portes s'ouvrent pour lui livrer passage.

« Venez ! » ordonna Holliday.

Il empoigna la main de Meg et l'entraîna vers le bastingage bâbord, écartant des coudes et des épaules la foule bavarde des passagers.

« Que faites-vous ? » cria Meg, tandis qu'une vieille dame en grand chapeau mou et lunettes de soleil vertes poussait un glapissement affolé en le voyant monter lestement sur la rambarde métallique.

« Comme les rats, je quitte le navire ! » répondit-il.

Se penchant à l'extérieur, il agrippa une échelle de fer fixée à la muraille du sas et se mit à grimper. Meg n'eut pas d'autre choix que de le suivre, nonobstant la présence très gênante derrière elle d'un gros Allemand en chemise hawaïenne et de sa femme dodue comme une chouquette idéalement placés pour admirer ses dessous.

Elle escalada les échelons derrière lui en jurant

comme elle ne l'avait certainement jamais fait depuis le lycée. Comme Holliday l'aidait à prendre pied sur le quai, un éclusier sortit comme une furie de son poste de contrôle en vociférant.

« *Policie !* » hurla Holliday en retour.

Au même instant, dans le sas, le capitaine du bateau-mouche actionna sa sirène. L'éclusier, décontenancé, rebroussa chemin en courant vers sa guérite pour manœuvrer les portes.

« Courez, maintenant ! » dit Holliday.

Ils gravirent un large escalier de béton et se retrouvèrent sur une route pavée. De l'autre côté se trouvaient des courts de tennis en terre battue grillagés, tous occupés, d'où leur parvenait le toc-toc de métronome des raquettes frappant les balles. Au-delà des courts extérieurs se dressaient plusieurs structures gonflables en forme de saucisses ballonnées qui semblaient sorties d'un récit de science-fiction.

« Où sommes-nous ? demanda Meg.

— Sur l'île Štvanice. C'est un grand complexe sportif.

— Pourquoi sommes-nous là ? »

Holliday pointa son index vers la gauche, où l'on distinguait un pont à travers les arbres.

« Le pont que vous voyez là-bas est le Hlávkův Most. Il mène à l'avenue Wilsonova, sur laquelle se trouve la gare principale de Prague. Satisfaite ?

— N'y avait-il pas un moyen plus simple pour y arriver que de jouer à Tarzan ?

— Simple précaution. Quand on est pris en filature, c'est généralement par plusieurs personnes. S'il y avait un autre poursuivant sur le bateau, nous l'avons semé aussi.

— Vous croyez sincèrement que tout ce cinéma de cape et d'épée soit nécessaire ? demanda la jeune femme avec aigreur. Fuites à travers les cimetières, bateaux qu'on abandonne en route, espions chauves qui rôdent avec des airs de conspirateurs et nous pistent à travers toute l'Europe. Soyons sérieux, colonel !

— Je ne sais pas en ce qui vous concerne, mais moi je le suis ! Cette fameuse arche que vous cherchez, quelle valeur aurait son contenu, selon vous… Si tant est qu'il existe.

— Une valeur inestimable, bien sûr.

— Eh bien, croyez-moi, j'ai vu des gens se faire tuer pour bien moins que des choses "inestimables" ! »

L'hôtel Hilton se trouvait dans la rue Pobřežní, la première après les quais, en contrebas du pont routier de l'avenue Wilsonova. C'était un énorme bâtiment pourvu d'un atrium couvert d'une pyramide de verre et de tout ce que peut souhaiter le globe-trotteur aisé. Il fallut moins de dix minutes à Holliday et à sa coéquipière pour s'y rendre depuis l'île, et une demi-heure ensuite pour faire l'acquisition de divers articles indispensables, y compris deux petites valises de marque.

Ils achevèrent leurs emplettes à 15 heures et prirent un taxi pour la gare toute proche. Là, après avoir acheté leurs billets dans la nouvelle gare souterraine, ils traversèrent le grand hall jusqu'à l'ancienne gare Art nouveau, transformée en un immense café.

Ils prirent place sous la coupole en vitrail du restaurant pour déguster des crêpes à la confiture arrosées d'un excellent café, puis, à 16 h 15, entendant le premier appel pour les passagers du train de nuit à destination de Venise *via* Vienne, ils retournèrent à la gare principale et embarquèrent.

Ni Holliday ni sœur Meg ne remarquèrent l'homme fluet à la barbiche soignée et sa jolie compagne assis sur un banc de ciment près du train. S'ils les avaient vus, ils ne les auraient d'ailleurs pas reconnus, quand bien même Holliday les avait déjà aperçus de loin sur la Côte d'Azur plus d'un an auparavant.

Comme Boule de billard, le couple les avait attendus devant le couvent, dans la matinée, et les avait suivis jusqu'au restaurant. Ils avaient assisté à leur tour de passe-passe pour semer le chauve, dont l'affolement les avait bien divertis.

Ils avaient ensuite abandonné leur guet, ayant tous les deux deviné quelle serait la prochaine étape de Holliday. Il leur était en effet apparu évident, à voir l'animation des deux historiens, que ceux-ci avaient découvert quelque chose pendant leur visite de l'ancien couvent Sainte-Agnès. Ils étaient également arrivés à la conclusion que Holliday, soupçonnant que l'aéroport de Ruzyne serait surveillé, choisirait plutôt le train pour quitter la ville.

Arrivés à la gare bien avant Holliday et sœur Meg, ils étaient derrière eux dans la file d'attente pour l'achat des billets et avaient eux-mêmes réservé une cabine double à deux portes du compartiment de Holliday. Le barbichu n'avait eu qu'à graisser la patte d'un agent pour obtenir l'autorisation d'attendre le train sur le quai, ce qui leur permit, à lui et à sa compagne, d'épier les Américains pendant qu'ils montaient à bord.

Sans se presser, Antonin Pesek et sa femme, d'origine canadienne, Daniella Kay, les assassins à la solde du père Thomas Brennan, quittèrent leur banc et embarquèrent à leur tour. Quelques minutes plus tard, dans un tintamarre de klaxons et de cloches, le lourd convoi s'ébranla pour son long voyage de nuit jusqu'à Venise.

9

Venise a l'odeur d'un égout à ciel ouvert, une réalité rarement mentionnée dans les guides vantant les mérites de cette ville par ailleurs très belle. Si la plus grande partie des déchets ménagers est balayée chaque jour par la marée, l'eau stagnante des canaux les plus reculés demeure en effet particulièrement malpropre. La sereine et splendide perle de l'Adriatique n'est peut-être pas tout à fait à la hauteur de sa réputation romantique.

Holliday et sœur Meg arrivèrent juste après 8 heures du matin à la gare de Venise-Mestre, sur le continent, d'où un train navette à deux étages les transporta jusqu'à la gare Santa Lucia, à l'autre extrémité du viaduc des Lagunes. La chaleur était déjà accablante quand ils sortirent du bâtiment, et le *motoscafo* – le bateau-taxi – dans lequel ils montèrent était dépourvu d'auvent. Avant même qu'ils aient atteint leur hôtel, Holliday avait un mal de tête épouvantable et Meg présentait les premiers signes d'un magistral coup de soleil.

Ils prirent deux chambres au Rialto, le seul hôtel que Holliday connaissait dans la ville. Il n'était venu qu'une fois à Venise, lors de son voyage de noces en Italie avec Amy, sa défunte femme, qu'il avait épousée à Schofield Barracks, sur l'île d'Hawaï, où il était alors en poste.

Il avait plu pendant les dix précieuses journées qu'avait duré leur escapade, alors qu'il faisait un temps magnifique à Hawaï, mais ils s'en moquaient bien et s'étaient contentés d'en rire. Si le prix de la chambre était déjà déraisonnable à l'époque, il était devenu franchement exorbitant quinze ans plus tard : mille six cents dollars la nuit pour deux petites suites – les seules disponibles – donnant sur le Grand Canal et le pont du Rialto, auquel l'établissement devait son nom.

Mais peu importait le coût. Holliday se sentait en terrain connu dans cet hôtel et cela seul comptait pour l'instant.

« Je n'ai pas les moyens de m'offrir un tel luxe », chuchota sœur Meg en découvrant le hall richement décoré de marbre et de lambris en bois. Le sol, dallé de carreaux de marbres noirs et blancs formant un damier, brillait d'un tel lustre qu'on osait à peine marcher dessus en chaussures.

« Moi non plus, du moins pas pour un long séjour », répondit Holliday à voix basse.

Un demi-mensonge, mais il n'allait quand même pas se vanter d'avoir accès aux divers comptes numérotés des Templiers dont il avait découvert l'existence en Suisse, au Liechtenstein, à Malte et à Chypre !

Leurs suites étaient situées l'une à côté de l'autre au quatrième et dernier étage de l'hôtel enduit de stuc rose. Elles auraient pu servir de décor à un film de Merchant Ivory, avec leur mobilier sombre et leurs lits à baldaquin dont les voilages légers se soulevaient au gré de la brise venue du balcon… Sauf que la porte voûtée menant au balcon était fermée et que le courant d'air, glacial, provenait de la climatisation et ne faisait qu'accentuer la migraine de Holliday.

Il tira les épais rideaux, masquant la vue, puis envoya promener ses chaussures d'un mouvement de pied avant de se laisser tomber sur le lit géant. Rester une vingtaine de minutes, étendu sur le dos, les yeux fermés, ne manquerait pas de le remettre d'aplomb, se dit-il. Mais à peine sa tête avait-elle touché le moelleux oreiller de plume qu'il sombra dans un sommeil profond.

Quelques coups légers frappés à sa porte lui firent ouvrir les yeux. L'obscurité régnait dans la chambre. Cela le dérouta un instant, puis il se rappela qu'il avait fermé les rideaux.

« J'arrive ! » articula-t-il d'une voix ensommeillée.

Il se leva en bâillant et se dirigea vers la porte d'un pas mal assuré. Sans doute la nonne qui avait encore un reproche à lui faire… Il entrouvrit le battant en bâillant de nouveau. C'était bien sœur Meg, en jean et chemise d'homme blanche, mais toujours coiffée de son foulard ridicule.

« Je commençais à m'inquiéter, dit-elle.

— À quel propos ?

— Mais… à propos de vous.

— Pourquoi ça ?

— Avez-vous une idée de l'heure qu'il est ? »

Holliday jeta un coup d'œil à sa montre et fronça les sourcils. 8 h 15. Impossible.

« 8 heures ? L'heure du dîner ?

— Du petit déjeuner. Il est 8 heures du matin. Cela fait près de vingt-quatre heures que vous dormez.

— Vous plaisantez ?

— Pas du tout. »

Holliday la dévisagea un moment en clignant des yeux pour chasser le sommeil. Il avait un goût désagréable dans la bouche.

« Donnez-moi quelques minutes, grommela-t-il enfin.

— Je descends à la salle à manger. Je vous commanderai un café.

— Et un jus d'orange, s'il vous plaît, dit-il. Un grand. »

Elle acquiesça sans se départir de son air inquiet, puis tourna les talons. Rentrant dans sa chambre, Holliday prit au passage sa brosse à dents et son dentifrice et passa dans la salle de bains. Après s'être aspergé le visage d'eau, il commença à se brosser les dents en observant son image dans le miroir. S'il n'avait pas été certain du contraire, il aurait pu croire qu'on l'avait drogué, mais il savait bien au fond de lui-même que les marques de son visage témoignaient seulement des premières atteintes de l'âge.

Ses tempes commençaient à grisonner, à présent, et des cernes sombres soulignaient son œil valide. Il n'avait pas encore le cou décharné, mais les plis qui encadraient sa bouche se creusaient un peu plus chaque année. On ne menait pas autant de batailles qu'il en avait livré sans en garder quelques cicatrices dans le corps et le cœur.

L'image du moine portugais Helder Rodrigues mourant entre ses bras sur une île minuscule des Açores noyée de pluie lui traversa soudain l'esprit, puis il se rappela West Point et les cours qu'il y avait donnés. Quelques années auparavant, il avait eu l'impression de s'encroûter et en avait conclu sans hésiter que la griserie des batailles lui manquait. Il n'était plus certain de penser la même chose aujourd'hui.

Il avait quitté West Point près d'un an plus tôt, après avoir emballé tout son passé dans des cartons qui s'empoussiéraient depuis dans le box d'un garde-meuble de New York. L'idée l'avait un moment séduit de reconstruire la maison de son oncle, à Fredonia, réduite en cendres par un incendie peu de temps après le décès du vieil homme, puis la bougeotte avait fini par le reprendre.

Il avait vécu quelque temps en Angleterre, mais beaucoup plus à Édimbourg, où il furetait des jours durant dans les Archives nationales écossaises en grelottant de froid. Il logeait à proximité, dans Cowgate Street, où il louait une chambre chez une certaine Mme McSeveney dont il n'avait jamais vu le mari, à supposer qu'il ait jamais existé. Mme McSeveney avait un fils, Tommy, malheureusement infirme moteur cérébral et confiné à la maison.

Le soir, Mme McSeveney sirotait du gin et fumait des Players sans filtre en regardant des rediffusions de *Rab C. Nesbitt*, un sombre et rocambolesque sitcom écossais dont le héros était chômeur et fier de l'être. Holliday faisait souvent la lecture à Tommy, choisissant des classiques, tels *L'Île au trésor* ou *Le Comte de Monte-Cristo*. Si Tommy pouvait à peine parler, l'éclat de son regard et l'ébauche de sourire qui lui tiraillait les lèvres prouvaient assez qu'il buvait chaque mot.

Vers la fin du printemps, en dépouillant des archives, Holliday était tombé sur l'histoire de Jean de Saint-Clair et de son voyage mal documenté vers l'inconnu. Ce récit l'avait mené à Rosslyn, dans le Midlothian, siège de la famille Saint-Clair durant plus de cinq cents ans, puis de là, successivement, en France, à Prague et maintenant à Venise. Une fois de plus, il se retrouvait au cœur d'un mystère, et d'un mystère redoutable, à en croire les apparences.

Sa toilette terminée, il mit une chemise propre pour descendre au restaurant de l'hôtel et rejoindre sœur Meg, qui l'attendait à une table au fond de la salle devant une cafetière en argent et un grand verre de jus d'orange fraîchement pressée. Il s'assit, but une longue gorgée du jus de fruits et se versa une tasse de café.

« Je suis désolé, dit-il en se laissant aller contre le dossier de sa chaise. J'ai bien l'impression que j'ai passé l'âge de sauter d'un bateau-mouche à un train de nuit pour Venise. Ça m'a complètement lessivé.

— J'étais vraiment inquiète. Je ne plaisante pas. »

Un serveur s'approcha. Avec un léger salut de la tête, il leur tendit à chacun une immense carte qui proposait entre autres une dizaine de plats à base d'œufs. Holliday opta pour les *asparagi alla fiorentina*, Meg pour une tranche de pastèque et un yaourt.

Ils furent servis rapidement et mangèrent un moment en silence, les conversations feutrées des quelques autres clients présents formant en arrière-plan sonore une agréable rumeur de ruisseau, ponctuée de loin en loin d'un rire discret… Ils étaient à Venise, il est vrai, pas au fin fond de l'Ouest sauvage !

« Qu'avez-vous fait pendant que je dormais ? demanda enfin Holliday entre deux bouchées de son plat délicieux.

— J'ai exploré les environs, répondit sœur Meg, qui découpait sa pastèque en petits cubes. J'ai fini par dénicher le bâtiment des Archives. Ça m'a pris une bonne partie de la journée. On ne peut pas dire que la signalisation soit le point fort de la ville. »

Holliday sourit. Amy et lui avaient passé leur temps à se perdre pendant leur séjour à Venise. Jamais il n'était parvenu à se repérer entre les canaux tortueux et les ruelles à la numérotation aléatoire qui rendaient la tâche presque impossible.

« Elles sont loin, ces Archives ? s'enquit-il.

— Des kilomètres si on se déplace à pied. Dix minutes en *motoscafo*. Il y a un canal qui passe à cinquante mètres de la porte principale.

— Vous êtes entrée ?

— Oui. C'est ouvert au public pendant les heures de bureau. Ils ont des kilomètres de rayonnages. Le bâtiment est un ancien couvent, une annexe de la Basilica dei Frari. Tout le fonds est numérisé, apparemment, et si l'original de ce qu'on cherche n'est pas disponible, il est sûrement possible de consulter une copie sur microfilm. Tous les employés à qui je me suis adressée là-bas parlaient l'anglais.

— Tout cela m'a l'air positif », commenta Holliday.

Prenant un petit pain dans la corbeille qu'on leur avait apportée, il entreprit de saucer son reste de béchamel sous l'œil désapprobateur de sœur Meg. Il se servit ensuite une seconde tasse de café et se renversa sur sa chaise avec un soupir d'aise.

« Maintenant, à vous, colonel, dit la religieuse. Parlez-moi un peu de cette famille Zeno sur laquelle nous enquêtons ! »

Holliday lui adressa un sourire plein de bienveillance.

« D'accord, répondit-il, mais à condition que vous cessiez de m'appeler "colonel". Dites "Doc", "Peter", "Holliday", ou même "Hé ! Vous, là-bas", mais pas "colonel". Je ne le suis plus depuis que j'ai pris ma retraite.

— Soit… Doc.

— Voilà qui est mieux.

— Alors ? Cette famille Zeno ?

— Ah, oui. Les mystérieux Zeno… Leur nom est surtout lié à la carte des frères Zeno, une représentation de l'Atlantique qu'ils sont censés avoir élaborée à la fin du XIVe siècle. Les Zeno étaient une famille d'aristocrates vénitiens qui détenaient le monopole pour le transport des croisés vers la Terre sainte. En gros, ils louaient des navires aux Templiers, qui se chargeaient de fournir les capitaines et les équipages. Leur origine est incertaine. La consonance du nom m'incite à penser qu'ils étaient turcs ou grecs. *Zeno* signifie "étranger" en grec. C'est de là que vient le mot "xénophobie". On s'est toujours interrogé sur la disparition de la flotte des Templiers, mais ce n'est pas une énigme : les navires ont simplement été rendus à la famille Zeno.

— Et cette carte dont vous parliez ?

— Beaucoup pensent qu'il s'agit d'un faux. Mais dans quel but quelqu'un aurait-il contrefait une carte au XIVe siècle ? Sûrement pas pour convaincre un roi ou une reine de financer une expédition, comme Colomb l'a fait plus tard avec la reine Isabelle.

— Vous aussi, vous pensez que c'est un faux ?

— Oui, mais pas pour la même raison que la plupart des gens. Les historiens considèrent généralement cette carte comme un canular absurde. Moi, je pense que c'est effectivement un canular, mais monté par des Templiers d'une génération ultérieure pour couvrir les rumeurs qui circulaient à propos du voyage transatlantique bien réel de Jean de Saint-Clair – John Sinclair, le chevalier qui repose dans la chapelle où nous nous sommes rencontrés. Un écran de fumée, en somme. L'idée étant de déclencher une querelle d'historiens sur la validité et la provenance de cette carte pour qu'ils ne s'intéressent plus qu'à ça et ne creusent pas plus loin. Un tour de prestidigitation consistant à substituer un leurre à la réalité.

« C'est exactement ce genre de carte que l'on obtiendrait en utilisant un bâton de Jacob, l'instrument de navigation dont je vous ai parlé : une série de relevés donnant des distances réduites calculées d'après le temps passé en mer, sans indication de la taille relative des terres émergées. Une représentation prenant en compte la latitude, mais pas la longitude.

— Je confonds toujours les deux, comme les stalactites et les stalagmites.

— La latitude correspond aux lignes horizontales, la longitude aux verticales.

— Donc cette carte se réfère bien à une réalité.

— À peu près. Le principal défaut que les gens donnent pour preuve de l'imposture est que les noms de lieux portés sur la carte sont inexacts et que certaines des îles dessinées n'existent tout simplement pas. Mon hypothèse à moi est que les noms ont été délibérément changés et quelques îles ajoutées sur la carte des Zeno afin de *donner l'impression* d'un trucage.

— Une vraie fausse carte, si je comprends bien.

— Tout à fait. La vérité masquée par un mensonge bien construit. Quel est ce vieux dicton à propos du diable, déjà ? “La plus belle réussite du diable, c’est d’avoir convaincu tout le monde qu’il n’existe pas.”

— Et où tout cela nous mène-t-il ?

— La famille Zeno pratiquait déjà le courtage maritime un siècle avant les croisades et a poursuivi son activité longtemps après. Ces gens-là tenaient méticuleusement leurs registres, qui doivent en toute logique se trouver dans les fonds des Archives officielles consacrés à la finance et au commerce. Une petite corvée d’épluchage des documents devrait nous permettre de déterminer s’ils ont loué un navire à un chevalier nommé Jean de Saint-Clair entre 1307 et 1314… »

10

Les Archives nationales de Venise occupent un ancien couvent jouxtant la basilique Santa Maria Gloriosa dei Frari, dans le quartier San Polo. Couvrant à la fois dix siècles et cent quarante kilomètres d'étagères, elles furent centralisées là peu après le départ précipité de Napoléon en 1814 et s'y trouvent toujours. Le couvent comporte deux très grands corps de bâtiment séparés par une cour centrale et subdivisés en innombrables bureaux individuels et autres espaces de recherche.

Holliday et sœur Meg prirent un *motoscafo* à l'embarcadère du Grand Canal qui se trouvait presque devant l'hôtel. Dans les films, les bateaux-taxis vénitiens sont de classiques Chris-Craft en bois datant des années vingt et trente. La réalité est un peu différente. La plupart de ces embarcations sont en fait de simples canots équipés de moteurs hors-bord de cinquante ou soixante-quinze chevaux fixés au tableau arrière. Il existe aussi des lignes de bateaux-bus – les *vaporetti* –, mais aucun ne passait à proximité des Archives.

Ils prirent place au milieu de la chaloupe. Le

batelier, qui portait un tee-shirt à l'effigie de Guns N'Roses et fumait une pipe malodorante, mit le cap au sud-ouest en suivant le Grand Canal. À la hauteur du Palazzo Donà' della Madoneta, ils tournèrent à droite dans l'étroit canal de la Madoneta, d'où ils empruntèrent vers l'ouest le Rio di San Polo aux eaux fangeuses, avec le campanile de la Basilica Santa Maria Gloriosa dei Frari – ou simplement « I Frari », pour les Vénitiens – en ligne de mire. Enfin, ils parvinrent au large escalier de pierre qui servait de débarcadère devant l'imposante basilique de brique. Holliday tendit au marinier un billet de dix euros.

« Je vous attends ? s'enquit celui-ci.

— *No, grazie* », répondit Holliday.

L'homme acquiesça, puis, sortant un livre de sa poche, il s'installa confortablement sur son siège et se mit à lire tout en tirant sur sa pipe. L'ouvrage s'intitulait *La Giovane Holden*, de JD Salinger. Il fallut à Holliday quelques secondes pour comprendre qu'il s'agissait d'une traduction italienne de *L'Attrape-Cœurs*. Quelle était cette manie de modifier les titres ? Pourquoi pas *Una Balena Bianca* au lieu de *Moby Dick*, tant qu'on y était, pour donner l'impression que l'œuvre était d'un Italien ?

Ils traversèrent un pont sur le canal puis longèrent le quai jusqu'à une petite rue sur la gauche, qu'ils suivirent sur une centaine de mètres avant de s'arrêter devant l'entrée sans ornement d'un grand bâtiment de deux étages aux murs maculés, d'aspect plutôt miteux. Au fronton triangulaire dépouillé qui couronnait l'édifice figuraient les mots ARCHIVIO DI STATO en caractères romains d'un mètre de haut profondément gravés.

« Nous y sommes », dit Holliday.

Poussant la banale porte en bois, ils pénétrèrent dans un vestibule protégé par une paroi de verre derrière laquelle se tenait un garde en uniforme. L'homme, qui paraissait dans les vingt-cinq ans et en parfaite forme physique, arborait un air soupçonneux. La crosse d'un gros pistolet automatique Beretta 93R dépassait de l'étui qui pendait à son ceinturon à baudrier impeccablement ciré. Le 93R, l'arme des forces antiterroristes italiennes, pouvait tirer les vingt cartouches de son chargeur en moins d'une seconde – un pistolet-mitrailleur miniature. Il fallait croire que les Vénitiens accordaient une grande valeur à leur histoire…

Ils patientèrent quelques secondes, puis la porte de verre s'ouvrit automatiquement et le garde leur fit signe de passer sous une arcade qui devait être un détecteur de métaux, ce qu'ils firent.

« Parlez-vous anglais ? demanda sœur Meg.

— Un peu », répondit le jeune homme, qui préféra toutefois désigner du pouce un écriteau fixé au mur derrière lui qui avertissait en anglais :

INTERDICTION DE FUMER,
DE PHOTOGRAPHIER OU DE SCANNER LES DOCUMENTS,
D'INTRODUIRE DES MALLETTES
OU DES PAQUETS DANS LES LOCAUX

« Pas de problème », assura Holliday avec un sourire, tout en se demandant quelles précautions étaient prises contre les cutters en plastique ou les innombrables modèles existants de couteaux en céramique affectant des formes de stylos, porte-clés ou cartes de crédit, tous indétectables au magnétomètre et aux rayons X.

L'écriteau était censé dissuader les gens de voler des documents précieux, bien sûr, mais Holliday pouvait imaginer sans difficulté trente-six façons de sortir des objets du bâtiment.

Un autre écriteau portait le mot INFORMAZIONI et une flèche pointée vers un court passage. Suivant cette direction, ils avancèrent jusqu'à un bureau derrière lequel était assise une avenante jeune femme vêtue d'un blazer et d'une jupe qui lui donnaient l'allure d'une hôtesse de l'air. Un autre écriteau indiquant de nouveau INFORMAZIONI était fixé au mur, mais, sur celui-ci, le mot était répété en plusieurs langues, la liste se terminant par un gros point d'interrogation.

La réceptionniste leur décocha un grand sourire, comme si leur vue la transportait de joie.

« Puis-je vous être utile ? » demanda-t-elle dans un anglais parfait, avec un accent ni américain ni britannique probablement appris chez Berlitz ou dans une institution suisse pour jeunes filles.

« Nous sommes à la recherche d'informations concernant la famille Zeno, répondit Holliday, s'efforçant de rivaliser d'amabilité avec elle. Ils étaient armateurs, à Venise, aux XIe et XIIe siècles, et peut-être même plus tard. »

La jeune femme consulta un écran d'ordinateur et pianota sur le clavier.

« C'est une cote du troisième étage, annonça-t-elle. Vous trouverez plusieurs postes de travail dans la salle en haut de l'escalier. Dès que l'un d'eux se libérera, vous pourrez commencer vos investigations. Choisissez la langue dans laquelle vous désirez les mener, puis tapez “Maritime, Commerce, Généalogie” dans la barre de recherche. La machine vous demandera d’entrer un nom de famille puis vous indiquera le numéro et l’emplacement du fonds, en précisant si les documents sont disponibles en tant qu’originaux, fac-similés ou sous forme de microfiches. L’un de nos employés se fera un plaisir de vous apporter le matériel requis à votre poste de travail. Une somme modique vous sera réclamée pour ce service. Nous acceptons la plupart des cartes de crédit et l’argent liquide, mais pas les chèques.

— Qu’entendez-vous par “modique” ? demanda sœur Meg.

— Vingt-cinq dollars américains, ou dix-neuf euros par requête.

— Dans combien de langues savez-vous dire tout ça ? s’enquit Holliday.

— Neuf, répondit la jeune femme, manifestement ravie qu’on lui pose la question. Anglais, français, allemand, espagnol, russe, polonais, tchèque, serbe et japonais. Et je suis en train d’apprendre le mandarin. J’ai des facilités.

— Ça, je veux bien vous croire ! Mais, dites-moi, comment fait-on pour se rendre au troisième étage ?

— Vous avez un escalier au bout du couloir. Il n’y a pas d’ascenseur, malheureusement. »

Holliday et sœur Meg enfilèrent le couloir aux vieux murs de pierre enduits de plâtre et au plancher de larges lattes de pin usé et marqué par le temps.

« Vous flirtez toujours comme ça ? » demanda la nonne aux cheveux de feu d’un ton réprobateur.

Holliday se fit la réflexion qu’elle n’avait pas dû se laisser aller à rire depuis belle lurette.

« Tout le temps, répondit-il. C'est la base même de ma philosophie de l'existence.

— Ah, parce que vous avez une philosophie de l'existence ?

— Absolument. Elle consiste à toujours avoir un mot aimable pour la personne qui me rend service.

— À condition que cette personne soit une jolie fille…

— J'aime regarder les jolies femmes. Qu'y a-t-il de mal à ça ? D'ailleurs, vous ne pouvez pas avoir quoi que ce soit contre elles puisque vous en êtes une vous-même.

— Vous êtes vraiment odieux », répliqua sèchement sœur Meg en rougissant comme une pivoine… ce qui ajoutait encore à son charme.

Holliday se contenta de lui sourire.

Parvenus au bout du couloir, ils entamèrent l'ascension de l'étroit escalier dont les marches, comme le plancher, étaient creusées par l'usure, surtout en leur milieu. Chaque palier était éclairé par une fenêtre cintrée donnant sur une cour à l'évidence accessible depuis le rez-de-chaussée puisque des gens y étaient installés, occupés à fumer, manger, boire du café assis sur des bancs, ou à contempler les massifs de fleurs en profitant du soleil qui filtrait à travers les arbres.

Ils atteignirent le haut de l'escalier et, franchissant un passage voûté, ils pénétrèrent dans un étroit vestibule inondé de soleil où un jeune homme en chemise blanche et lunettes cerclées de métal tapait frénétiquement sur le clavier d'un ordinateur. Derrière lui se trouvaient quatre postes de travail, chacun dans un petit box. Cela rappela à Holliday la bibliothèque de Georgetown.

Ils s'approchèrent du bureau, mais le jeune homme continua de taper sans leur prêter la moindre attention.

« *Mi scusi*, commença Holliday. Pourriez-vous nous aider ? »

Le garçon lui jeta un bref regard agacé puis tendit une main derrière lui.

« *La stazione a sinistra*, lança-t-il.

— *Grazie* », dit Holliday.

L'autre s'était déjà remis à son ouvrage.

« Il n'est pas très poli, remarqua sœur Meg comme ils se dirigeaient vers le box indiqué.

— Que voulez-vous, répondit Holliday avec un soupir. Tout le monde ne peut pas être une jolie fille. »

Fidèle à elle-même, Meg le fusilla du regard sans rien dire, telle une maîtresse d'école chahutée par une classe intenable.

« Avez-vous été institutrice ? demanda Holliday.

— Pendant une courte période, quand j'étais novice. Pourquoi ? »

Bingo !

« Simple curiosité », répondit-il avec bonhomie tout en s'asseyant sur une chaise en plastique devant un ordinateur Zucchetti.

Suivant les instructions de la polyglotte de l'accueil, il sélectionna l'anglais en cliquant sur le petit Union Jack et commença sa navigation.

« Vous avez trouvé quelque chose ? s'enquit sœur Meg au bout d'un moment.

— Je crains que oui.

— Comment ?

— Zeno Nautica – archives comptables : 1156-1605. Quinze mille pages ; cent cinquante-sept registres.

— Sans doute est-il possible d'avoir le détail registre par registre, ou année par année.

— Vous pensez que je devrais taper "1307 à 1314" ?

— Ce serait logique, non ?

— Essayons... »

Holliday entra les dates et attendit. La réponse s'inscrivit bientôt sur l'écran.

« Alors ? dit sœur Meg.

— Mille huit pages ; quatorze registres. Des gens actifs, ces Zeno ! Décortiquer tout ça prendrait une éternité.

— Nous savons qu'ils sont revenus en 1314, du moins la bienheureuse Juliana. Ne devrait-il pas y avoir une indication de la date à laquelle le bateau a été rendu à son propriétaire ?

— Je savais bien que votre présence n'était pas inutile.

— Je ne répondrai pas à la provocation, affirma Meg avec dédain. Allez-y, ne perdez pas de temps ! »

Holliday tapa « 1314 ».

« Cent soixante-quatre pages ; un seul registre. Disponible en fac-similé », annonça-t-il.

Il y avait sur le bureau un stylo attaché par une chaînette et un bloc-notes. Après avoir noté la cote du registre, Holliday l'apporta au jeune homme, qui cessa de maltraiter sa machine et leva un regard noir vers lui en remontant ses lunettes sur son nez.

« *Cosa vuole ?* Qu'est-ce que vous voulez ? » demanda-t-il, agressif.

Holliday posa son morceau de papier sur le clavier.

« Ce que je veux, mon petit père, c'est que vous fassiez votre boulot, au lieu de rester assis sur votre popotin à écrire des poèmes enflammés à votre copine… ou à votre copain, répliqua-t-il, du ton revigorant qu'il utilisait à West Point pour dresser les cadets.

— *Diciannove euro* », marmonna le garçon en baissant les yeux.

Holliday sortit son portefeuille et laissa tomber un billet de vingt euros sur le bureau.

« *No spiccioli* – pas de monnaie –, dit le jeune homme après avoir raflé l'argent d'un geste vif pour le fourrer dans un tiroir.

— Gardez tout », dit Holliday.

L'employé ferma ostensiblement le tiroir à clé, se leva, prit le papier puis sortit par une porte au fond de la pièce. Holliday retourna au poste de travail où était restée sœur Meg.

« Et maintenant ? demanda-t-elle.

— Maintenant, on attend. »

11

« Bon sang, mais qu'est-ce qu'il fabrique ? C'est grand, ici, mais tout de même pas à ce point-là ! » s'exclama Holliday en consultant sa montre.

Cela faisait en effet trois quarts d'heure que le charmant jeune homme avait disparu.

« Il est peut-être en train de faire un petit somme quelque part, avança sœur Meg, qui regardait la cour en contrebas depuis la fenêtre.

— Ou de se griller une cigarette dans un recoin d'escalier », grommela Holliday, se souvenant du succès qu'avaient les cages d'escalier auprès des cadets, à West Point.

Il fronça les sourcils, surpris de se sentir nostalgique à ce point de ses années d'enseignement. West Point avait été son premier chez-soi depuis bien longtemps, et il en était parti pour reprendre sa vie nomade, poussé par une insatiable soif de mouvement.

« Vous devriez peut-être aller voir si vous le trouvez et lui donner un avertissement… ou la sanction équivalente en vigueur à West Point, dit sœur Meg.

— On dirait que vous prenez sa défense.

— Vous avez été odieux avec lui.

— Je n'ai fait que lui dire ses quatre vérités.

— Il est très jeune.

— Parce que vous pensez qu'il aura changé dans cinquante ans ? Il méprise son travail et croirait déchoir en le faisant correctement. Et il pense sans doute que son patron bloque son avancement parce qu'il a une dent contre lui. C'est le genre de type qui rejette toujours la faute sur les autres. Un grand classique. Je vous fiche mon billet qu'il se prend pour un grand metteur en scène en devenir, ou pour un romancier de talent qui attend son heure. »

À cet instant, la porte s'ouvrit au fond de la pièce et l'employé reparut, coltinant une énorme boîte à archives cartonnée qu'il transporta jusqu'au box avant de la laisser tomber lourdement sur le bureau.

« *Mi dispiace, signore*, dit-il, s'excusant de son retard avec une politesse que démentait son expression hostile et glaciale.

— Ce n'est pas grave », assura Holliday.

Il tendit tour à tour au garçon une autre feuille de bloc-notes sur laquelle il avait inscrit le numéro du registre suivant dans la série, puis un nouveau billet de vingt euros sorti de son portefeuille.

« *Mi dispiace... Realmente* », ajouta-t-il, affectant un air de parfaite sincérité.

Le jeune homme regarda le billet, dévisagea Holliday, ouvrit la bouche pour dire quelque chose, puis sembla se raviser. Holliday n'était peut-être à ses yeux qu'un vieillard grisonnant, mais un vieillard d'un mètre quatre-vingt-dix pieds nus encore capable d'exécuter cent pompes sur un seul bras sans effort et portant un bandeau sur l'œil avait sans doute quelque chose d'un peu intimidant. Optant sagement pour la prudence, le freluquet pivota en silence sur un talon et quitta de nouveau la pièce.

« Qu'est-ce que vous lui avez dit ? demanda sœur Meg. Il semblait furieux.

— Je l'ai envoyé chercher le registre suivant, celui de 1315. »

La religieuse s'insurgea :

« C'est de la cruauté gratuite ! Vous vouliez le punir, c'est ça ?

— Absolument pas, répliqua Holliday, excédé. Il m'est simplement venu à l'esprit après le départ de ce petit crétin qu'on utilisait le calendrier julien, à l'époque qui nous intéresse. Le calendrier grégorien a été adopté à Venise à la fin du XVIe. En 1314, le décalage du calendrier par rapport au temps vrai était déjà important, et Noël devait se situer en février. Si le retour de votre bienheureuse Juliana, comme vous l'appelez, a eu lieu à la fin de cette année-là, il a pu être répertorié dans le registre de 1315, et non dans le précédent. Nous devons donc le consulter également. »

Sœur Meg lui lança un regard noir, mais s'abstint de tout commentaire.

Holliday tira de sa boîte le registre en fac-similé. Celui-là se présentait différemment des livres comptables modernes, chaque entrée étant rédigée à la main en travers de toute la page, avec, à la suite, le numéro et la date de la transaction, le nom du rédacteur, le nom du client concerné, le nom et la destination du navire affrété, et enfin la somme versée et la date de retour prévue.

Les noms des personnes, des bateaux et les dates étaient tous soulignés. Chaque entrée occupait un nombre plus ou moins grand de lignes selon la complexité de la transaction. Une façon de procéder curieuse, mais efficace. Éparses entre les paragraphes, sur des lignes distinctes, apparaissaient des notes portant sur le retour effectif des navires et le paiement final. La dernière note de la dernière page du facsimilé était de cette nature. Malgré l'archaïsme de l'écriture et le caractère obscur de l'italien ancien, Holliday parvint à la déchiffrer grâce à sa maîtrise du latin :

« 13 décembre 1314. Giorgio Zeno. Vu à Gibraltar la Santa Maria Maggiore *louée au chevalier Jean de Saint-Clair, en provenance de St Michael's Mount. »*

« Vous pensez que c'est du Mont-Saint-Michel qu'il s'agit ? demanda sœur Meg, qui s'était approchée et lisait par-dessus l'épaule de Holliday.

— Pourquoi auraient-ils traduit le nom en anglais ? La note est en italien.

— Ils auraient donc fait escale à St Michael's Mount, en Cornouailles, sur le chemin du retour ?

— Apparemment… Ils ont pu s'y arrêter également à l'aller.

— Pourquoi l'auraient-ils fait ? Jean de Saint-Clair était français.

— Démêler ce qu'étaient la France et l'Angleterre à l'époque relève de la gageure. Aliénor d'Aquitaine ne parlait pas un mot d'anglais, mais elle était la mère de Richard Cœur de Lion. La Bretagne et l'Aquitaine étaient des possessions anglaises en France. Saint-Clair aurait pu être anglais, avec des attaches à St Michael's Mount plutôt qu'au Mont-Saint-Michel. La seule façon de s'en assurer est d'aller voir sur place.

— Dans ce cas, nous n'avons pas besoin de consulter le prochain registre, observa sœur Meg.

— J'aimerais quand même y jeter un coup d'œil. L'entrée suivant celle-ci pourrait recéler des informations utiles. »

Cette fois, ils patientèrent près d'une heure sans que le jeune homme reparaisse.

« Ça vire au grotesque ! fulmina Holliday.

— Il a bien compris que vous vouliez juste lui faire perdre son temps, commenta sœur Meg.

— Quoi qu'il en soit, il n'a qu'à faire son boulot ! » répliqua Holliday, campant sur ses positions.

Vingt-cinq minutes passèrent encore. Aucun signe de l'employé.

« Nous ferions peut-être aussi bien de partir, suggéra la religieuse.

— Pas avant que j'aie vu ce registre. Après tout, j'ai payé pour ça », répondit Holliday.

Il jeta un coup d'œil à sa montre, qui indiquait midi passé.

« Il doit y avoir une autre sortie. Il sera allé déjeuner, dit Meg.

— Alors, je vais le chercher moi-même, ce maudit registre ! »

Se servant de l'ordinateur, Holliday retrouva le numéro de la cote et le nota. Puis il se leva et se dirigea vers la porte qui devait donner accès aux magasins de stockage.

« Vous n'êtes pas obligée de venir, dit-il avec brusquerie, voyant que sœur Meg lui emboîtait le pas. Si je retrouve ce petit salopiot, je n'ai pas besoin de vous pour lui tordre le cou.

— C'est précisément pour ça que je tiens à être là, rétorqua-t-elle.

— Comme vous voudrez... »

Il tira la porte et passa de l'autre côté, sœur Meg sur ses talons.

Ils se retrouvèrent devant un dédale de rayonnages allant du sol au plafond, chargés de documents de toutes sortes, les uns en vrac, les autres rangés dans des classeurs. Certains fonds s'empilaient dans des boîtes ou des caisses en carton, bois ou plastique. Les étagères elles-mêmes, tantôt en bois, tantôt métalliques, et de différentes longueurs, formaient de courtes allées transversales en cul-de-sac, comme celles d'un labyrinthe de jardin.

Quant aux travées principales, toutes droites, soit elles s'interrompaient brusquement, soit, au contraire, elles semblaient se prolonger sans fin. Le plus grand désordre apparent régnait sur l'ensemble. Le classement était alphabétique pour une section, numérique pour sa voisine, chronologique pour une troisième et thématique pour d'autres encore.

« C'est n'importe quoi, commenta Holliday. Moi qui trouvais déjà cauchemardesque le système de la British Library, celui-ci est carrément insensé !

— J'avoue que c'est déroutant, admit sœur Meg.

— Tout se passe comme si on avait mélangé des éléments de diverses époques, selon le goût du jour. C'est incohérent au possible !

— Comme la politique italienne, à ce que j'ai cru comprendre.

— En tout cas, ne vous éloignez pas ! Vous vous perdriez comme dans le terrier du lapin d'*Alice au Pays des merveilles* ! »

— "Par mes oreilles et mes moustaches, comme il se fait tard !" cita Meg en souriant.

— Pardon ?

— C'est dans *Alice au Pays des merveilles*, quand Alice suit le Lapin Blanc dans son terrier.

— Pour être honnête, je n'ai jamais lu le livre, avoua Holliday. J'ai juste vu le film à la télévision, chez mes copains, les jumeaux Corbett, quand j'avais sept ou huit ans. Les Corbett étaient les seuls à avoir la télé dans le quartier, et en couleur, s'il vous plaît ! Une RCA “Aldrich” de vingt et un pouces. Teddy adorait *Alice* ; Artie détestait. Et c'était pareil pour tout. Je me souviens aussi de la chanson *Lapin blanc* de Jefferson Airplane – “Rien qu'une pilule et tu grandis” et tout ça…

— Vous devriez avoir honte ! *Alice* est tout de même un classique ! »

Holliday joignit ses deux mains, courba la tête et récita en entier le *Confiteor* en latin.

« Impressionnant, dit sœur Meg. Et en latin, encore ! Quoique votre *mea culpa* me semble manquer un peu de sincérité…

— J'ai été enfant de chœur. Et comme tous les enfants de chœur, je n'aimais pas particulièrement prendre une taloche par le curé quand je me trompais dans une prière.

— Votre expérience de l'Église n'a pas été des plus agréables, si je comprends bien ?

— Entre les claques des bonnes sœurs, les baffes des curés – ou pire –, les papes qui prétendaient que la masturbation ou le sexe hors mariage faisaient pourrir les parties génitales, la confession, où il fallait chuchoter ses pensées les plus intimes à l'oreille d'un vieux salingue, et, pour couronner le tout, l'obligation de regarder les prêches de Mgr Sheen à 20 heures le mardi soir au lieu du show télévisé de Milton Berle…

Oui, vous pouvez le dire, mon expérience de l'Église a été assez exécrable.

— Il n'y a pas pire ennemi de l'Église qu'un catholique qui a renié sa foi, soupira sœur Meg.

— Ce n'est pas une question de reniement. Je déteste toutes les religions qui se croient seules détentrices de la parole divine, que ce soit le catholicisme, l'islam, le judaïsme ou l'évangélisme… Mais ce n'est pas le moment de discuter théologie. Trouvons plutôt ce petit morveux et filons d'ici ! »

Ils trouvèrent le « petit morveux » dans la section N 24, sous une pancarte pendue au plafond qui portait simplement la mention *Navi* – navires. Agenouillé, il était assis sur ses talons devant une étagère basse numérotée Z 21 et lisait un registre ouvert sur le sol, la boîte en carton posée près de lui. Ses lunettes avaient glissé sur son nez. Si l'on exceptait le sang qui s'égouttait régulièrement de son oreille, tout aurait semblé tout à fait normal.

Près de Holliday, sœur Meg laissa échapper un gémissement.

« Oh ! Le pauvre garçon, murmura-t-elle, des larmes dans la voix. Hémorragie cérébrale ?

— Non. Épingle à chapeau, répondit Holliday, qui avait déjà eu l'occasion de voir une blessure analogue sur la personne d'un trafiquant d'or nommé Valador. En plastique, pour passer sans encombre les détecteurs de métaux des aéroports. Elle vous l'enfonce dans l'oreille médiane, puis traverse l'os temporal par le conduit du nerf auditif pour atteindre le cerveau. Ça exige une grande adresse, à ce qu'il paraît…

— *Elle ?* reprit Meg pendant que Holliday s'accroupissait pour regarder de plus près.

— Elle s'appelle Daniella Kay. Une Canadienne. Épouse d'Antonin Pesek, un tueur à gages tchèque. Ils font équipe.

— Vous voulez dire que ce garçon a été… assassiné ? »

Passant sa main dans l'ouverture de la chemise du jeune homme, Holliday posa sa paume sur la poitrine au niveau du cœur. La peau était encore tiède. Il retira sa main puis, se faisant violence pour ne pas les fermer, il examina les yeux au regard vide qui n'avaient pas encore perdu leur éclat. Les globes oculaires n'avaient même pas commencé à se rétracter.

— Oui, répondit-il. Et il n'y a pas longtemps. Dix minutes. Un quart d'heure, peut-être. »

Sœur Meg demeurait là, stupéfaite, fixant le cadavre agenouillé.

« Mais pourquoi tuer un employé des Archives ? » demanda-t-elle.

Holliday se pencha pour examiner le registre. Une mare de sang engluait le centre de la page, maculant l'écriture fine du fac-similé, mais la déchirure qui courait le long du dos de la reliure restait parfaitement visible.

« La page a été arrachée, dit-il en se relevant.

— On l'a tué pour une page d'archives ?

— C'est le troisième ou le quatrième feuillet du registre des Zeno pour 1315 qui a disparu. L'entrée concernant le retour à Venise de la *Santa Maria Maggiore* devait certainement s'y trouver.

— Donc, quelqu'un sait que nous nous y intéressons.

— Pas *quelqu'un*, les Pesek. Ils ont éliminé le gamin parce qu'il a eu la malchance de se trouver là au mauvais moment, mais leur cible, c'est *nous*. Quelqu'un les paie pour nous tuer.

— Il faut que nous allions tout de suite à la police !

— Surtout pas, ma sœur. Nous serions coincés ici pendant des jours, voire des semaines, si nous faisions ça. Les enquêteurs suivent généralement la piste la plus évidente dans ce genre d'affaire, et nous sommes les suspects tout désignés. Non, nous allons retourner au poste de travail, effacer nos empreintes et ensuite nous tâcherons de trouver une porte dérobée pour sortir d'ici et un *motoscafo* pour nous conduire à l'aéroport. Quand le cadavre sera découvert, ça va faire un sacré ramdam. Il faut absolument que nous soyons en route pour Londres avant ce soir. »

12

Dire qu'ils quittèrent les archives et gagnèrent l'aéroport sans être vus serait largement exagéré.

Holliday et la sœur finirent par découvrir au fin fond du vaste complexe claustral un étroit escalier en colimaçon qui devait dater de la construction d'origine. La poussière recouvrant les marches de pierre érodées avait été récemment remuée. Une femme en chaussures à talons plats était passée par là : la forme carrée des talons et l'ovale pointu des semelles étaient clairement visibles dans la couche poudreuse. Les traces allaient dans les deux sens. Elle était entrée et ressortie par le même chemin.

Holliday se représentait très bien la scène. Un jeune homme voit une jolie femme là où elle ne devrait pas être, mais elle a un sourire si aimable qu'il ne s'offusque pas… S'approcher de lui n'avait dû être pour elle qu'un jeu d'enfants. Ils avaient sans doute discuté un moment à propos du registre qu'il avait pris sur l'étagère, Daniella Kay lui faisant un charme outrancier. Elle devait exceller à hypnotiser sa proie comme un serpent. Le pauvre garçon n'avait même pas dû la voir retirer de ses cheveux l'épingle mortelle, et à partir de là les jeux étaient faits. Il était probablement mort sur le coup, le cerveau transpercé, en nourrissant sur les femmes mûres les fantasmes glorieux dont seuls les jeunes gens peuvent se bercer.

Holliday et sœur Meg descendirent l'escalier, qui aboutissait à une porte dans un minuscule dégagement poussiéreux. Celle-ci avait à l'évidence été forcée peu de temps auparavant, comme l'attestaient les éclats blancs dans le vieux bois autour du loquet. Ils poussèrent le battant et débouchèrent dans un jardinet envahi par les hautes herbes, entre le mur du couvent et l'immeuble voisin.

« De quel côté ? » demanda sœur Meg.

À gauche, entre les arbres, Holliday distinguait l'extrémité d'un petit canal en cul-de-sac. À droite, un chemin menait au parvis de l'église San Rocco. Ils seraient en danger quel que soit leur choix : opter pour le canal et un *motoscafo*, c'était se retrouver coincés sur un bateau piloté par un tiers ; sortir par le *campo*, s'exposer à une mauvaise rencontre dans la foule.

« Par ici, dit Holliday », prenant sœur Meg par le bras pour l'entraîner vers la place.

Tout bien pesé, si les Pesek les attendaient, il serait peut-être plus facile de s'échapper en profitant de la cohue… Mais d'un autre côté, si le meurtre était découvert, les parvis de San Rocco et des Frari seraient les premiers endroits mis sous surveillance dès l'alerte donnée et ils courraient alors le risque d'être reconnus par le garde armé des archives, ou la polyglotte de l'accueil.

« Le jeu consiste à nous éloigner le plus possible d'ici dans le moins de temps possible », ajouta-t-il.

Ils suivirent le chemin, qui passait entre de grands platanes, et sortirent sur la place avec l'église à leur droite, formant un angle droit avec la Scuola di San Rocco, jadis siège d'une œuvre de bienfaisance, aujourd'hui édifice municipal connu pour ses toiles du Tintoret. L'arrière de la basilique des Frari se dressait sur leur gauche. La seule issue était droit devant eux, de l'autre côté de la place, où s'amorçait une rue étroite au bout de laquelle une vedette touristique amarrée au pied d'une volée de marches en pierre était en train d'embarquer des passagers.

« Dirigez-vous vers le bateau ! » ordonna Holliday tout en scrutant la foule.

Tous les signaux d'alarme étaient au rouge dans son esprit. Quelqu'un les observait, c'était évident. Quand ils posèrent le pied sur les dalles bien ajustées du *campo*, il tourna d'instinct son regard vers le haut, cherchant des fenêtres ouvertes ou d'éventuelles positions de *snipers* sur les toits.

Cette traversée relativement courte qu'ils devaient effectuer à découvert lui rappela Matar Baghdad Al-Dawli, la route de l'aéroport, à Bagdad, une avenue triomphale à huit voies bordée d'hôtels de luxe et de gratte-ciel, transformée par la guerre en un tunnel de la mort que l'on empruntait en retenant son souffle et en priant pour ne pas se faire hacher menu par une bombe artisanale ou un tireur embusqué armé d'un RPG *made in Russia* et d'une solide haine des Américains.

Là-bas, le danger était de regarder trop loin en avant au lieu de se concentrer sur les abords immédiats. À Bagdad, la mort, comme le diable, était toujours dans les détails, et Holliday avait l'impression glaçante qu'il en allait de même sur cette place.

À peine avaient-ils fait cinq pas que les vannes du ciel s'ouvrirent, déversant une averse soudaine qui prit tout le monde de court. Holliday émit un soupir de soulagement. Serrant un peu plus fort le bras de sœur Meg, il la poussa devant lui, plissant les yeux sous le déluge.

« Courez ! » lui souffla-t-il à l'oreille.

Quoi de plus naturel, en effet, que de se hâter sous la pluie ? Il veilla seulement à rester à proximité des groupes de passants qui couraient se mettre à l'abri, de façon à constituer la plus petite cible possible pour le cas où les Pesek surveilleraient les lieux. Ils atteignirent l'autre côté du *campo*, trempés mais entiers, et s'engouffrèrent dans la ruelle menant au canal. Ils furent les derniers à monter à bord de la vedette, dont le pont était protégé par un auvent de toile sur lequel était accrochée une banderole en plastique où on lisait :

HÔPITAL ITALO-AMÉRICAIN DE BROOKLYN
CROISIÈRE ANNUELLE DU PERSONNEL INFIRMIER

« *Biglietti, per favore*, leur dit un homme à l'air fourbu qui arborait une vieille casquette d'officier crasseuse et informe ornée d'une ancre dorée.

— Euh… nous les avons oubliés à l'hôtel, marmonna Holliday. À l'hôtel… *Albergo. Capisce ?*

— Quarante-sept euros, répondit le contrôleur avec un haussement d'épaules. Par personne. »

Holliday sortit de son portefeuille deux billets de cinquante euros qu'il lui tendit en disant :

« Gardez la monnaie ! »

L'homme regarda les billets, puis leva de nouveau les yeux vers Holliday.

« *Grazie* », grommela-t-il avec aigreur, manifestement peu impressionné par ce pourboire qu'il devait juger dérisoire.

Il releva la petite passerelle avec des gestes las, claqua le portillon, puis donna un coup de sifflet assourdissant à moins d'un mètre des oreilles de Holliday. L'instant d'après, un grondement de moteur se fit entendre à l'arrière du bateau, qui s'éloigna laborieusement de l'embarcadère. Le contrôleur s'assit sur un tabouret, alluma une cigarette et, se renversant en arrière, s'absorba dans la contemplation de l'auvent rayé au-dessus de sa tête. À l'avant, quelqu'un se mit à débiter un commentaire incompréhensible dans un porte-voix tandis que la pluie s'abattait avec fracas sur la toile de l'auvent. Les passagers tournaient en rond sur le pont, bavardant joyeusement sous l'ondée tout en dégustant des boissons offertes décorées de petits parapluies et des canapés spongieux disposés sur une table près de Holliday et de sœur Meg.

« Où allons-nous ? demanda celle-ci.

— Ailleurs qu'ici. C'est tout ce qui importe », répondit Holliday, qui perdait tout sens de l'orientation au fur et à mesure qu'ils progressaient sur le canal à travers des trombes d'eau.

Le bateau était d'une telle largeur que les gondoliers, trempés dans leurs maillots rayés, devaient manœuvrer pour lui céder le passage, leurs élégants esquifs se faufilant le long du bastingage, violemment ballottés dans les remous de la vague d'étrave. Il semblait évident qu'une espèce de péniche à fond plat de ce gabarit n'avait rien à faire sur une voie d'eau si étroite, mais Holliday n'allait pas se plaindre. Ils avaient couru un grand danger, sur le Campo San Rocco, il en était certain, et seule la chance les avait sauvés.

Fort de sa longue expérience des situations critiques, il savait que la chance, comme la malchance, ne durait jamais longtemps. La seule certitude était que l'aiguille oscillait sans cesse de l'une à l'autre. Le tout était d'en deviner les mouvements à l'avance. Les Pesek étaient des professionnels de haut vol. S'ils avaient un contrat pour les abattre, lui et la religieuse aux cheveux fauves, ils ne lâcheraient jamais prise. Le plus gros problème était qu'il ne les avait aperçus qu'une fois, brièvement et de loin, dans l'enchevêtrement des ruelles sombres et tortueuses du Suquet, le vieux quartier de Cannes situé au-dessus du célèbre port et de ses yachts. Dans son souvenir, Antonin Pesek était un homme bien mis portant une barbiche grisonnante soigneusement taillée, et Daniella une séduisante quinquagénaire qui, à en juger par son maintien aristocratique, devait pratiquer l'équitation. Mais il savait qu'il serait incapable de les reconnaître s'ils se tenaient devant lui.

La vedette ralentit en virant à gauche dans le Grand Canal et Holliday retrouva ses repères en dépit de la pluie. Ils se dirigeaient à présent vers le nord-est, c'est-à-dire vers le pont du Rialto et leur hôtel. Il fut tenté de soudoyer l'homme à la casquette pour qu'il les fasse descendre à l'appontement proche de l'hôtel, mais il se ravisa. Rien de ce qu'ils avaient laissé dans leurs chambres n'était indispensable, et les gens qui étaient sur leur piste avaient inévitablement placé l'endroit sous surveillance.

Question à mille dollars : qui étaient ces gens et pourquoi les suivaient-ils ? Les Pesek ne tuaient pas juste pour passer le temps, ils étaient payés pour ça. Holliday effectuait une recherche sur un obscur chevalier du Temple qui avait utilisé un non moins obscur instrument de navigation. Il y avait peut-être là de quoi bousculer certains dogmes historiques, mais pas de quoi révolutionner la planète. Quant à sœur Meg, elle cherchait à compléter la biographie de la mère supérieure d'un couvent tchèque abritant les sœurs d'un ordre monastique irlandais plutôt obscur lui aussi : un sujet assez éloigné de James Bond ou Jason Bourne.

Alors qui leur en voulait ? Holliday avait d'abord pensé à Sodalitium Pianum, la police secrète du Vatican, mais l'hypothèse ne tenait pas. Le chauve qui les avait filés à Prague exécutait de toute évidence un contrat et les Pesek également. Or Holliday savait par expérience que le Vatican ne manquait pas d'hommes de main à lui… Non, c'était dans la vie de deux amants morts depuis près de sept siècles qu'il fallait fouiller pour trouver la clé de l'énigme.

Le bateau chargé d'infirmiers en goguette vira de nouveau, cette fois à droite, pour emprunter un canal secondaire longeant la façade élégante d'un palais dont les effluents urbains avaient couvert d'une boue putride et brune les soubassements de pierre à demi submergés et rongés par des siècles de flux et de reflux biquotidiens.

Sœur Meg tira la manche de Holliday.

« Oui ?

— Je viens de surprendre une conversation. Je sais où nous allons.

— Ah oui ?

— Visiter un endroit qui s'appelle Isola di San Michele. Encore une référence à saint Michel. C'est la troisième aujourd'hui.

— C'est peut-être un signe », suggéra Holliday avec un sourire en coin.

Les joues de sœur Meg s'empourprèrent aussitôt.

« Vous vous moquez encore de moi, protesta-t-elle.

— Mais enfin, je plaisantais ! s'exclama Holliday avec agacement.

— Oui, à mes dépens.

— Ne soyez donc pas si susceptible, ce n'est pas le moment. Au cas où vous l'auriez oublié, il y a un cadavre, aux archives, avec un trou dans la tête ! »

Sœur Meg se mura dans le silence. Le tambourinement de la pluie sur l'auvent diminua d'intensité, puis s'interrompit tout à fait. L'orage cessa aussi brusquement qu'il avait commencé, les nuages se déchirant pour laisser passer de larges rayons de soleil obliques. La forêt de mâts d'un grand port de plaisance apparut du côté gauche, à un endroit où le canal s'élargissait sensiblement. Puis, au-delà, ils aperçurent l'eau libre du chenal entre l'archipel et le continent.

« Sacca della Misericordia, annonça le contrôleur, toujours avachi sur son tabouret.

— *Sacca* ? répéta Holliday. Qu'est-ce que c'est ? Un sac ? Ça n'a pas de sens.

— Je crois que *sacca* signifie “une anse”, dit sœur Meg. L'Anse de la Vierge de Miséricorde. »

L'homme à la casquette montra du doigt une île

à quelques centaines de mètres sur la droite, dans le chenal.

« Isola di San Michele, dit-il. *L'isola dei morti.* »

Holliday plissa les paupières. L'île, entourée d'un mur renforcé de tours à chaque coin, semblait presque artificielle. Une prison ?

« *Cimitero di Napoleone*, expliqua le guide.

— C'est un cimetière, dit Holliday. Nous allons visiter un cimetière. »

13

À une époque de son histoire, l'Isola di San Michele se composait en fait de deux îles séparées par un canal. Pendant la brève période où il occupa Venise, Napoléon jugea à juste titre que les multiples cimetières de la ville constituaient un risque sanitaire, leurs « vapeurs méphitiques » étant presque certainement à l'origine des épidémies de peste et de choléra qui ravageaient à intervalles réguliers la petite République riveraine de l'Adriatique. Si Napoléon avait un talent, c'était celui de gérer les cimetières. Il en avait fait déplacer plusieurs lors de l'aménagement du Paris impérial et il appliqua la même politique à Venise.

En conséquence, des milliers de dépouilles furent exhumées pour être transportées dans des boîtes sur les deux îles. Enfin, le canal ayant été comblé, celles-ci furent réunies en une seule, fermée par une enceinte.

En l'espace de quelques années, les nouvelles inhumations surpassèrent en nombre les transferts d'ossements et l'on vit des gondoles funéraires faire régulièrement la navette sur la lagune entre la ville et le cimetière insulaire. La nécropole conçue par Napoléon comme un jardin à la française, avec ses alignements de grands arbres et ses statues compassées, se transforma peu à peu en un fouillis hétéroclite de dalles et de monuments allant du plus sobre au plus outrageusement orné.

Au fil du temps, l' « île des Morts » acquit une certaine aura romantique et devint l'ultime destination d'un large échantillon de personnalités célèbres, parfois tristement, de Joseph Brodsky, le poète russe en exil, à Ezra Pound, le poète américain, lui aussi en exil, en passant par le compositeur Igor Stravinski et Serge Diaghilev, le fondateur des Ballets russes. Deux siècles après son ouverture, l'île était apparemment devenue une attraction touristique.

Après avoir décrit un virage, la vedette accosta un petit quai sur la rive de l'île faisant face à la cité. Sous un soleil brillant dans un ciel presque dégagé, les passagers descendirent à terre d'un pas résigné et franchirent le portail d'entrée dans le cimetière.

« Qu'allons-nous faire ? demanda sœur Meg.

— Trouver un moyen de gagner le continent », répondit Holliday comme ils avançaient en queue de cortège le long d'une large allée de gravier.

Le cimetière était divisé en grands carrés bien délimités où s'entassaient des centaines de tombes, anciennes et récentes. Quelques-unes des personnes présentes semblaient en deuil ; les autres étaient des touristes occupés à prendre des photos ou à lire les épitaphes.

« Je crois que le groupe doit retourner en ville après la visite. J'ai entendu des gens dire qu'ils pensaient être à leur hôtel pour déjeuner.

— Il doit y avoir une autre façon de quitter l'île. Il

est pratiquement certain que le cadavre a été découvert, à l'heure qu'il est.

— J'ai cru voir un autre petit embarcadère un peu plus loin en suivant le mur d'enceinte, dit sœur Meg. Nous pouvons peut-être trouver quelqu'un qui nous louerait un bateau, ou quelque chose comme ça. »

L'allée où ils se trouvaient se terminait devant San Michele in Isola, une église de style Renaissance primitif qui occupait un angle de l'île. Un bâtiment monastique en brique rouge flanquait l'édifice et des moines franciscains en habit sombre et sandales s'affairaient dans les massifs de fleurs alentour. Encore des franciscains, les homologues masculins des clarisses du couvent Sainte-Agnès de Prague, songea Holliday. Un complot franciscain ? Il n'allait quand même pas céder à la paranoïa du complot religieux, comme le *Da Vinci Code* ! D'ailleurs, s'il se fomentait beaucoup de complots au Vatican, tous tournaient autour de l'argent, et non de la religion.

Écartant toute idée nébuleuse de conspiration mystique, il chercha avec sœur Meg un moyen de contourner l'église. Dans l'angle que formait celle-ci avec le mur de brique du cimetière, ils trouvèrent une simple porte en bois dont il fit jouer le loquet après s'être assuré que personne ne les épiait. Le battant s'ouvrit dans un grincement de gonds rouillés et leurs narines furent assaillies par une forte odeur d'algues et de moisi.

« Venez ! » dit-il en franchissant le seuil.

Ils se retrouvèrent sur un quai étroit, sans rien entre eux et les eaux sombres de la lagune qu'une rangée de poteaux goudronnés, épais comme des traverses de chemin de fer, formant une barrière artificielle contre l'érosion.

Ils avaient à leur droite le mur arrière de l'église et à leur gauche un petit hangar à bateaux en brique. Devant ce dernier était amarré un vieux cabin-cruiser qui aurait pu être l'œuvre d'un bricoleur du dimanche avec sa coque trapue peinte en bleu turquoise et sa cabine en contreplaqué, également peinte.

L'embarcation décrépite était équipée d'un gros moteur hors-bord Mercury monté sur un tableau arrière d'aspect bien fragile. La disproportion était criante entre le bateau et son mode de propulsion. À plein régime, un moteur de cette taille ne pouvait que s'arracher de son support. Le nom du rafiot était inscrit à l'arrière : *Casanova III*. Il était immatriculé à Venise. Cinq ou six gaules jonchaient le toit de la cabine et, à la poupe, le pont était encombré de matériel de pêche mal entretenu. Un volant de direction en bois à cinq rayons était positionné sur la paroi de la cabine, une console de pilotage boulonnée au bordage bâbord. Une porte étroite donnait accès au carré.

« Notre carrosse est avancé, déclara Holliday.

— Où est le propriétaire ? demanda Meg. Nous ne pouvons quand même pas le voler… Si ?

— Ne faisons pas la fine bouche ! » répondit Holliday.

Il parcourut rapidement le quai puis sauta dans le bateau, amarré à l'avant et à l'arrière à des anneaux de fer assujettis aux poteaux noircis.

« Détachez les amarres ! » ordonna-t-il à la religieuse par-dessus son épaule.

Elle obéit sans hésiter, lança les amarres sur le pont et sauta à bord à son tour. Pendant que Holliday cherchait comment démarrer le moteur, elle saisit une longue gaffe dont elle se servit pour pousser le bateau loin du brise-lames de bois.

Les commandes étaient rudimentaires : une manette des gaz reliée par un câble au moteur hors-bord, un bouton d'allumage qui semblait provenir d'une vieille voiture et, en guise de clé de contact, un tournevis à manche jaune fiché dans la serrure. Un miracle que le bateau n'ait pas déjà été volé !

Holliday actionna le tournevis. Il y eut un chuintement, puis le moteur toussota et se mit en route, son vrombissement sonore brisant le morne silence qui régnait autour de l'église et du cimetière.

Holliday poussa légèrement en avant la commande des gaz tout en tournant le volant et ils s'éloignèrent du rivage. Droit devant se détachait la silhouette de l'île de Murano, bien plus grande que San Michele, et, à bâbord, celle du pont de chemin de fer reliant Venise à la terre ferme.

Il ferma les yeux et essaya de se représenter mentalement la carte simplifiée qu'il avait vue à l'hôtel. De l'autre côté de Murano, au-delà de la lagune, se trouvait l'aéroport Marco-Polo. Plus que vingt minutes de traversée entre eux et la liberté. Il donna un peu plus de gaz et la vieille barcasse délabrée se mit à bondir sur le léger clapot, le pont se transformant en trampoline sous ses pieds.

Enfant, il était souvent allé pêcher avec son oncle Henry dans la Canadaway Creek, quelques kilomètres en amont du lac Érié, dans le nord de l'État de New York. De temps en temps, pour le plaisir, ils descendaient la rivière jusqu'au lac dans leur barque à fond plat et son oncle poussait à fond leur petit moteur de vingt-cinq chevaux. Le bateau se mettait alors à voler sur l'eau, ricochant comme un galet, son ventre tapant contre les vagues exactement comme le *Casanova* maintenant sur la lagune. À l'évocation de ce souvenir, Holliday lâcha un « youpi ! » euphorique en mémoire de son oncle qui lui manquait tant. La chance semblait bien leur sourire de nouveau.

« Un miracle que le bateau n'ait pas déjà été volé. »

Comme cette phrase lui revenait en mémoire sans qu'il puisse dire pourquoi, Holliday revit tout à coup avec netteté la scène de la douche dans *Psychose*, un film qui lui avait fait faire des cauchemars pendant des semaines après l'avoir vu un après-midi d'école buissonnière.

Il avait même ajouté foi quelque temps aux affirmations de son confesseur, selon lesquelles ses cauchemars étaient la punition que lui envoyait le Seigneur pour avoir manqué la classe.

« Le tournevis dans la serrure de contact... »

Le *Casanova III* avait bel et bien été volé !

« Oh, non ! » gémit Holliday.

Ses poils se hérissèrent, l'avertissant du danger une précieuse fraction de seconde avant que la porte du carré ne s'ouvre à la volée, livrant passage à Antonin Pesek qui bondit sur le pont, automatique en main.

D'un geste instinctif, Holliday braqua brusquement le volant vers la gauche. Le bateau fit une embardée sur bâbord. Luttant pour garder l'équilibre, le tueur, surpris, lâcha son arme, qui glissa le long du pont en tournoyant sur elle-même et alla se perdre au milieu de l'attirail de pêche amoncelé contre le tableau arrière.

Pesek ne traîna pas. Un poignard à large lame apparut dans sa main droite comme par enchantement alors qu'il plongeait déjà en avant. Holliday n'eut que le temps de se plaquer contre le bordage pour éviter d'être éviscéré comme un poisson par l'instrument de mort, qui passa à moins d'un centimètre de son abdomen.

Le Tchèque avait donc réussi à jouer un coup d'avance. Il avait dû les voir monter à bord du bateau, à San Rocco, puis s'était arrangé pour arriver avant eux au port de plaisance de la Misericordia. Là, il avait volé le cabin-cruiser, qui lui avait permis d'atteindre le cimetière bien avant leur pesante vedette. Il n'avait eu ensuite qu'à se tapir à l'affût, sachant pertinemment que Holliday et la sœur chercheraient par tous les moyens à fuir l'île pour gagner le continent. Le *Casanova* n'avait été qu'un appât et Holliday était tombé dans le piège comme un débutant.

Le *Casanova* tanguait furieusement, son volant tournant en tous sens au gré du moindre mouvement de houle. S'ils n'étaient pas éjectés par-dessus bord, ils allaient embarquer de l'eau ou heurter un autre bateau.

Ils se trouvaient au milieu du chenal venant de l'est et Holliday aperçut du coin de l'œil l'étrave rouge et noir d'un énorme pétrolier. Le navire fonçait sur eux par le travers à moins de quatre cents mètres de distance, telle une falaise mouvante qui se rapprochait davantage à chaque seconde.

Pesek chargea de nouveau, mais, par-derrière, sœur Meg lui donna un coup de gaffe au talon. Il poussa un juron et trébucha en avant, ce qui permit à Holliday de se dérober tout en lui agrippant le poignet et de l'attirer à lui. Engager un corps-à-corps était sans doute la meilleure tactique dans un combat à l'arme blanche.

Profitant d'une nouvelle embardée du bateau, Holliday voulut envoyer son genou dans l'aine de son assaillant, mais celui-ci étant parvenu à pivoter sur le côté, le coup l'atteignit à la hanche et il brandit de nouveau son couteau, visant les yeux cette fois. Holliday dut reculer de nouveau contre le plat-bord.

Le pétrolier emplissait entièrement son champ de vision, à présent. Quelques secondes encore et ils finiraient éparpillés sur l'eau parmi des débris de contreplaqué déchiqueté. À cet instant, une vigie dut les voir et le vacarme assourdissant d'une sirène déchira l'air.

Comme Pesek attaquait de nouveau, Holliday se laissa tomber sur le pont puis roula vers le tableau arrière dans l'espoir de mettre la main sur le pistolet.

« Prenez le volant ! » hurla-t-il à sœur Meg.

Ses doigts se refermèrent sur l'arme et il se retourna sur le dos juste au moment où Pesek levait le pied pour le lui écraser sur le visage.

Soudain, le *Casanova* gîta fortement et amorça un large virage, sa coque heurtant l'énorme vague soulevée par le bulbe d'étrave du pétrolier. Le pied de Pesek, dévié, s'enfonça dans un enchevêtrement de cordages. Pointant le canon vers le haut, Holliday pressa la détente du 9 millimètres de fabrication tchèque qui pesait étrangement dans sa main. La balle atteignit Pesek sous le menton, lui perfora le cerveau et le tua net. Il s'affaissa silencieusement, comme un vêtement vide.

Après s'être remis debout, Holliday s'avança vers Meg en titubant tandis que le cabin-cruiser surfait littéralement sur la vague provoquée par l'étrave du navire géant. Loin au-dessus d'eux, plusieurs marins s'étaient accoudés au bastingage pour voir à quoi ressemblaient les imbéciles qui avaient failli les télescoper.

Holliday passa ses bras autour de Meg pour prendre le contrôle du volant, ses mains couvrant celles de la jeune femme. Celle-ci tourna vivement la tête vers lui et lui lança un regard flamboyant. Enfin, étant parvenus à s'écarter du sillage tourbillonnant du pétrolier, ils poursuivirent leur route initiale en eau libre. Droit devant, à environ deux kilomètres, Holliday vit un jumbo-jet décoller d'une des deux pistes parallèles au rivage de la lagune.

« Il est mort ? demanda Meg en regardant Pesek par-dessus son épaule.

— Tout ce qu'il y a de plus mort, confirma Holliday.

— Bien fait ! s'exclama-t-elle, un accent de férocité dans la voix, avant de lâcher le volant et de se laisser aller contre Holliday, manifestement pas mécontente de lui abandonner la maîtrise des opérations.

— Œil pour œil ? dit Holliday, qui trouvait très agréable le contact de ces formes féminines contre lui, même si l'enfant de chœur qu'il avait été hurlait au sacrilège au fond de son corps d'adulte.

— Quelque chose dans ce genre-là, oui », répondit-elle.

Constatant qu'elle ne faisait rien pour se dégager, il retira une main du volant tout en reculant d'un pas pour l'inciter à s'écarter avant que la situation ne devienne trop embarrassante.

Elle parut soudain prendre conscience de l'incongruité de sa position et passa en baissant la tête sous le bras de Holliday qui l'entourait encore. Une fois libérée, elle observa Pesek, affalé sur le pont jonché de saletés à quelques mètres d'elle. Holliday fit de même. La blessure d'entrée du projectile sous le menton du Tchèque était invisible, et il n'y avait aucune blessure de sortie. La balle était restée logée quelque part dans le cerveau du mort, dont les yeux ouverts semblaient adresser un regard étrangement calme au bleu du ciel et à l'éternité.

« C'est Mme Pesek qui ne va pas être contente, commenta Holliday.

— Ça, je veux bien vous croire », déclara la nonne.

14

La Cornouailles est comme un pied que l'Angleterre laisserait pendre dans les eaux de la Manche, y trempant avec hésitation les deux orteils que sont le promontoire de Land's End et le cap Lizard. Région fantomatique de marais désolés et de brouillards, patrie de rois mythiques, de druides et de magiciens, l'endroit a toujours occupé une place à part dans l'imaginaire des gens. On y parle une langue aussi mystérieuse que musicale et l'histoire est là comme chez elle. Ce fut jadis une contrée de naufrages, avec ses falaises noires et hostiles, et un pays minier, où l'on creusait de profondes galeries dans la tourbe et le roc pour extraire l'étain et l'argent précieux.

Meg venait de relayer Holliday au volant de leur Peugeot de location. Ils avaient quitté leur hôtel de l'aéroport d'Heathrow sitôt leur petit déjeuner avalé. Il était à présent midi et il leur restait cent cinquante kilomètres à parcourir après avoir passé le village de Two Bridges, qu'on aurait pu situer au centre du Parc national de Dartmoor. Une masse mouvante de nuages couleur d'argent terni encombrait l'horizon. Les premières gouttes éparses d'une averse constellaient déjà le pare-brise.

Depuis le siège passager, Holliday contemplait à travers la vitre le paysage morne et vaguement sinistre. C'était cela le Dartmoor de la célèbre prison pour hommes, le Dartmoor de l'horrible chien des Baskerville, cher à Conan Doyle. Venise était bien loin.

Après les péripéties qu'ils avaient connues, leur fuite de la Sérénissime République s'était terminée de façon presque banale. Parvenus de l'autre côté de la lagune, près de l'aéroport, ils avaient réussi à se frayer un chemin sinueux à travers les hauts-fonds vaseux grâce au faible tirant d'eau et au fond plat et souple du *Casanova III*. Puis ils avaient échoué le cabin-cruiser sur une plage et Holliday avait tassé le corps de Pesek dans le carré, où régnait déjà une chaleur étouffante. Le cadavre serait ballonné et infesté de vers en quelques heures. Avec un peu de chance, il ne serait pas découvert avant longtemps, ce qui le rendrait encore plus difficile à identifier. Par précaution, Holliday avait jeté pardessus bord le portefeuille et le passeport du mort, ainsi que la montre Patek Philippe en or, gravée à son nom.

Le cadavre une fois dissimulé, Holliday et sœur Meg avaient abandonné le bateau et gagné à pied à travers champs le village de Campalto, distant de quelques centaines de mètres, où passait la route de l'aéroport. Là, ils avaient acheté des vêtements neufs et des accessoires de toilette qu'ils avaient rangés dans deux vieux sacs de voyage Alitalia trouvés dans une boutique d'occasion.

Ils avaient ensuite déjeuné au restaurant de l'hôtel de la Via Orlanda, la rue principale de l'agglomération, avant de prendre un taxi jusqu'à l'aéroport, qui était à moins de cinq minutes. À 15 heures, ils volaient vers Londres dans un avion de la British Midland ct, deux heures plus tard, ils pénétraient dans le grand hall de verre et d'acier du Hilton d'Heathrow. Tout s'était déroulé sans la moindre anicroche.

« Ce que je ne comprends pas, c'est le pourquoi », dit Holliday, le regard toujours fixé sur le paysage.

La pluie tombait à verse, à présent, noyant les contours, et les essuie-glaces battaient à une cadence lancinante.

« Pardon ? demanda Meg, toute son attention concentrée sur l'étroite route à deux voies qui serpentait à travers la lande.

— Au Mont-Saint-Michel, nous n'étions que des touristes, mais ça n'a pas empêché Boule de billard de nous filer à travers toute l'Europe. À Prague, c'est Antonin Pesek, un tueur professionnel aux tarifs exorbitants, qui nous prend en chasse et tente de nous expédier *ad patres* une heure après que sa femme a embroché un employé des Archives de Venise. Si les Pesek font payer cher leurs services, j'imagine que Boule de billard ne brade pas non plus les siens. Autre question que je me pose : qui renseigne tout ce joli monde ? Jusqu'au moment où j'ai eu le dessus sur Pesek, dans le bateau, ces gens-là ont toujours eu un coup d'avance sur nous. Comment ont-ils fait ?

— Si je m'en tiens à ce que vous m'avez expliqué, le prétendu service d'espionnage du Vatican en a après vous depuis longtemps, suggéra Meg.

— À moins que ce ne soit vous qu'ils aient à l'œil… répondit Holliday en observant la jeune femme.

— En quoi pourrais-je les intéresser ? Je ne suis qu'une obscure religieuse qui prépare une thèse sur une abbesse béatifiée en 1985 et même pas encore canonisable.

— Peut-être est-ce votre fameuse Arche authentique qui les motive. Pour qui d'autre que l'Église catholique cette histoire pourrait-elle avoir un réel intérêt historique ?

— Vous l'avez dit vous-même : l'Arche authentique est un mythe plutôt qu'autre chose. Je suis persuadée que la bienheureuse Juliana s'efforçait de préserver un objet qui lui avait été confié, mais rien n'indique de quoi il s'agissait. Cela aurait aussi bien pu être les lettres d'amour qu'elle avait autrefois écrites à son fiancé, Rodolphe d'Autriche.

— En tout cas, il est clair que *quelqu'un* cherche *quelque chose*, et il vaudrait mieux que nous découvrions quoi avant que la chose en question nous coûte la vie à tous les deux. »

Debout dans l'immense jardin de son immense demeure de style colonial d'Upland Terrace, à Chevy Chase, Joseph Patchin, le directeur des Opérations de la CIA, supervisait le travail des trois chefs cuisiniers engagés en extra qui s'affairaient autour de son barbecue intégré Beefeater et de sa cuisine extérieure en inox. Très « Gatsby le Magnifique », il avait une main dans la poche de son pantalon de toile crème et tenait de l'autre un verre de vodka-tonic qui ne contenait en fait que du tonic. Mieux valait en effet garder les idées claires dans ce genre de réception, même si on était soi-même le maître de maison.

Le jardin, entouré de grands pins et de cèdres, était fermé par une palissade de deux mètres de haut doublée à l'intérieur d'une clôture grillagée, conformément aux strictes exigences de sécurité concernant les piscines en vigueur dans le quartier. Car il y avait une piscine : une monstruosité de béton de douze mètres sur six, installée en même temps que se construisait la maison, au début des années cinquante, et amoureusement entretenue depuis par les propriétaires successifs. À Chevy Chase, il fallait avoir une piscine. Cela signifiait que l'on était assez riche pour en assurer l'entretien et en chauffer l'eau, et aussi qu'on avait le temps de s'y baigner. Patchin ne s'était pas trempé depuis deux ans dans le maudit bassin, mais il adorait le joyeux bruit de succion asthmatique que produisait le robot Kreepy Krauly en menant aveuglément à bien sa tâche de nettoyage. La piscine était un signe extérieur de richesse, au même titre que la voiture avec chauffeur qui le transportait au bureau et le ramenait chez lui chaque jour. Au bas mot, la propriété valait deux millions six cent mille dollars.

Près des marches du petit bain, un Martini à la main, l'épouse de Patchin, Karin, était en grande conversation avec Ted Axeworthy, l'associé principal du cabinet d'avocats Axeworthy, Tate, Zwicker et Lyle, où elle travaillait. Axeworthy avait été un de ses premiers amants, à l'époque où il l'avait embauchée.

Quand elle avait été promue au rang d'associée à part entière, trois ans plus tard, leurs relations intimes avaient pris fin, le seul codicille au testament de leur défunte liaison étant la promesse faite par Karin de ne jamais coucher avec un autre membre du cabinet. Un engagement scrupuleusement respecté. Elle avait par la suite choisi ses innombrables amants successifs parmi les avocats de pratiquement tous les autres cabinets de Washington. Un véritable marathon de l'adultère qui lui avait permis de constituer un solide réseau de taupes prêtes à lui fournir des renseignements d'ordre juridique cruciaux pour la vie de la capitale, et surtout à lui rapporter toutes sortes de ragots. Or pour être une Marie-couche-toi-là, Karin n'en était pas moins futée. Elle avait su mettre ces ragots à profit pour faire avancer la carrière de son mari au sein de l'Agence, avec l'espoir – partagé par lui – qu'il soit proposé comme ministre de la Justice dès que le titulaire du poste, souffrant d'un cancer du pancréas, serait contraint de céder la place.

Une fois faite, la proposition avait toutes les chances d'être entérinée : grâce à Karin, Patchin disposait d'un nombre suffisant d'informations compromettantes sur un nombre suffisant de parlementaires des deux chambres pour que sa nomination ne soit qu'une formalité. Patchin eut un petit sourire. Tout ne se goupillait-il pas à merveille, finalement ? Son mariage avec Karin constituait un parfait exemple de symbiose. Elle y gagnait un standing certain et la chance de gommer un passé sans grandeur d'étudiante boursière dans une fac de droit de l'Ohio ; il obtenait ce qu'il convoitait tant depuis Harvard : le pouvoir à l'état pur.

Il regarda l'un des chefs retourner sur le gril des hamburgers de trois cents grammes fourrés au foie gras truffé. Cinquante dollars pièce chez Dean & Deluca, et il y en avait assez pour nourrir la centaine de gros bonnets de Washington qu'il avait invités à déjeuner ce samedi midi. Les hamburgers une fois retournés, le chef s'occupa des hot dogs au bœuf de

Kobe faits avec des petits pains confectionnés sur commande par la pâtisserie Poupon de Georgetown.

Patchin aperçut Mike Harris, son adjoint, sosie de Charles Bronson, dans la serre que Karin avait fait construire contre la maison. Vêtu d'un bermuda, d'une chemise hawaïenne Tommy Bahama sur un tee-shirt blanc et d'une casquette de base-ball des Toronto Blue Jays enfoncée jusqu'aux yeux, Harris avait manifestement pris un peu trop à la lettre la mention « Tenue décontractée » inscrite sur le carton d'invitation. Il était en grande conversation avec un « nain », c'est-à-dire une des innombrables abeilles ouvrières de la ruche CIA que Patchin connaissait vaguement. Comment s'appelait ce type, déjà ? Toby quelque chose, du service Italie, au cinquième étage.

Au bout de quelques secondes, la conversation prit fin, le « nain » disparut à l'intérieur de la maison et Harris sortit de la serre côté jardin. Après avoir pris le temps d'allumer une cigarette, il se dirigea vers Patchin, qui délaissa le barbecue pour s'avancer à sa rencontre.

« Je vous ai aperçu avec le nain, dans la serre. Que se passe-t-il ?

— Quelqu'un a déclenché les hostilités dans cette histoire de Rex Deus que vous m'avez demandé de démêler.

— Comment ça ?

— Apparemment, les gens du pape ont fait intervenir un tueur à gages de premier plan, Antonin Pesek, de Prague, un ancien de la Státní Bezpečnost, la Sécurité d'État.

— Le mari du couple infernal ?

— Celui-là même.

— Et alors ?

— Il semble qu'il ait tenté d'effacer Holliday et sa copine religieuse, mais Holliday a été le plus rapide. La dépouille de Pesek a été retrouvée dans un vieux cabin-cruiser échoué sur une plage non loin de l'aéroport Marco-Polo… À Venise.

— Je sais où se trouve l'aéroport Marco-Polo, Harris. »

Sans relever, Harris tira une bouffée de sa cigarette. Il se disait que pour rien au monde, même sous la torture, Patchin n'aurait reconnu ignorer où se trouvait l'aéroport Marco-Polo. Car Patchin était de ces gens qui savent tout, même ce qu'ils ne savent pas.

« Bref, reprit l'adjoint, Holliday a joué de malchance. Des gamins qui cherchaient un coin de pêche sont tombés sur le cadavre encore chaud de Pesek. Il avait pris une balle dans la gorge presque à bout portant. Il a dû lutter avec Holliday et avoir le dessous. À en croire son dossier, Holliday est un as du close-combat. Lui et la nonne ont pris un avion pour Londres une heure plus tard. Nous l'avons su immédiatement parce que nous avions déjà lancé un avis de recherche international les concernant. Il semblerait aussi que tout cela ait un lien avec un meurtre commis aux Archives de Venise. Un employé a été tué et un vieux registre endommagé.

— Où se trouve Holliday à présent ?

— Lui et la religieuse sont à Marazion, un village sur la côte de la Cornouailles, près de Penzance.

— Comment savez-vous ça ?

— Ils ont loué une voiture chez Hertz. Tous les véhicules Hertz sont équipés de traceurs GPS.

— D'accord… Une idée de leur destination ? Qu'y a-t-il de particulier à Marathon ?

— Marazion, rectifia Harris.

— Oui, enfin, bref.

— C'est sur cette commune que se trouve l'île St Michael's Mount, à quelques centaines de mètres de la côte. On peut penser que c'est là qu'ils veulent se rendre.

— Je croyais que St Michael's Mount était en France.

— Vous confondez avec le Mont-Saint-Michel. St Michael's Mount en est l'équivalent anglais. Un jumelage, en quelque sorte. »

Patchin avala pensivement une gorgée de son gin-tonic sans gin.

« Je vois… » murmura-t-il d'un air pénétré, comme s'il « voyait » vraiment quelque chose.

Harris, quant à lui, ne « voyait » rien du tout. Il tira de nouveau sur sa cigarette. Autour de lui montaient le fumet des hamburgers et des hot dogs. Il observa la foule des invités. Des hauts fonctionnaires, des avocats, la plupart employés par le ministère de la Justice. Les autres étaient des acteurs clés de la politique gouvernementale. Il regarda de nouveau Patchin en se demandant s'il savait qui s'envoyait Karin ces jours-ci, ou s'il s'en fichait éperdument.

Pour sa part, il avait évité de compter au nombre des conquêtes de la blonde Mme Patchin. Les confidences sur l'oreiller étaient monnaie courante à Washington, et il ne tenait pas à recueillir les échos du réseau de tam-tams qu'elle avait mis en place, ni à en être l'objet. C'était comme une maladie vénérienne : un amant ne savait jamais à quel autre seraient transmis ses épanchements malencontreux. Tout Washington fonctionnait sur ce modèle, et les réceptions de Chevy Chase n'échappaient pas à la règle. Harris n'aurait pas été surpris d'apprendre que les lanternes du jardin et les arbres eux-mêmes étaient truffés de micros. Soudain, surgie de nulle part, une strophe de poème lue jadis dans une librairie de Princeton lui traversa l'esprit. Une sorte de psalmodie, presque du rap, exprimant parfaitement les méfaits du commérage :

Prudence, prudence et vigilance,
Ou le Bla-Bla de Casamance,
Le dieu Bla-Bla des maléfices
Va te porter préjudice.
Prudence, prudence et vigilance,
Ou boum et boum et badaboum.

« Pardon ? » dit Patchin en fronçant les sourcils.

Harris cligna les paupières, prenant soudain conscience qu'il avait récité le poème à voix haute.

« Excusez-moi, dit-il. Quelques vers qui me sont revenus du temps de ma folle jeunesse.

— Quel rapport avec Holliday et Rex Deus ?

— Aucun, j'imagine.

— C'est le Vatican qui a lancé Pesek sur la piste de Holliday ? Vous en êtes sûr ?

— Je ne vois pas qui d'autre ça pourrait être », répondit Harris en haussant les épaules.

Il chercha des yeux un cendrier pour y écraser sa cigarette. N'en voyant pas, l'envie le prit de l'éteindre dans le verre de Patchin, mais il se retint.

« Et la filature que nous avions mise en place ?

— Notre agent a perdu la trace de Holliday et de

la religieuse à Prague. D'après lui, Holliday l'avait repéré.

— Avec tous les espions de l'Est au chômage qui traînent partout, nous aurions pu en trouver un meilleur, soupira Patchin.

— Que voulez-vous, c'est la récession, dit Harris, pince-sans-rire.

— Avons-nous des contacts en Cornouailles ? Quelqu'un de plus dégourdi que notre gros plein de soupe de la Stasi ?

— Nous avions un ou deux "baby-sitters" dans le coin, à un moment donné. Toby est en train de voir ça. »

Un « baby-sitter » était précisément ce que le mot évoquait : un collaborateur indépendant que l'Agence chargeait à l'occasion de protéger discrètement tel ou tel individu présentant un intérêt pour elle.

« Mais ce n'est pas le seul problème, poursuivit Harris. Holliday a laissé ses empreintes partout. Or les gugusses de l'AISI, à Rome, avaient déjà un dossier sur lui.

— L'AISI ? Qu'est-ce que c'est que ça ? On dirait le nom d'une maladie qu'on attrape sur les sièges des toilettes publiques.

— Agenzia Informazioni e Sicurezza Interna – le FBI italien, expliqua Harris. Ils aimeraient interroger Holliday en tant que "témoin". Ils ont déjà appelé le Home Office, à Londres. Holliday va se retrouver avec tous les flics d'Angleterre sur le paletot avant d'avoir pu dire ouf.

— Et merde ! commenta sobrement Patchin.

— C'est exactement ça », approuva Harris.

On se mit soudain à hurler de rire du côté de la

piscine. Un invité avait trébuché et était tombé à l'eau. Le premier. La réception s'annonçait croquignolette. Patchin sentit poindre une migraine qui se développait à la vitesse d'une tumeur filmée en accéléré.

« Mettez-les sous protection le plus vite possible ! ordonna-t-il. Je ne veux pas que le Saint-Père, ou qui que ce soit d'autre, parvienne à ses fins avec Holliday avant que nous comprenions exactement ce que fabrique ce cher colonel. »

15

L'île St Michael's Mount, toute ronde, dresse sa masse escarpée à quatre cents mètres de la côte, au sud de la Cornouailles. Une étroite chaussée de granit – un tombolo, dans le vocabulaire des géographes – la relie au continent.

On prétend que saint Michel appréciait les lieux de ce type pour leur valeur stratégique. Isolés, dominant les flots, ils étaient faciles à défendre contre les démons et autres dragons que saint Michel pouvait terrasser – c'était sa spécialité – avec l'épée du Seigneur. Surnommée à l'origine le « Roc gris », l'île avait été le centre du commerce de l'étain et du cuivre en Cornouailles. C'est au IXe siècle qu'elle fut convertie en sanctuaire religieux par une secte irlandaise adoratrice du pugnace archange guerrier.

Le bastion qu'elle constituait fut d'abord occupé par une simple chapelle, puis par un monastère, et finit par être fortifié. On construisit au pied des falaises que dominait le monastère un petit havre apprécié des marins, où les navires en route pour Cork, Galway ou Dublin depuis les ports continentaux faisaient halte pour s'approvisionner en eau.

Après la conquête de l'Angleterre par le duc Guillaume de Normandie, en 1066, les bénédictins du Mont-Saint-Michel bâtirent sur l'île un prieuré, que Henry VIII transforma plus tard en forteresse. En 1659, l'ensemble fut acheté par le colonel John Saint Aubyn, fils aîné du shérif en chef de Cornouailles et farouche partisan du roi Charles II contre le rusé républicain Oliver Cromwell. Saint Aubyn entreprit de transformer la vieille église, le prieuré et le château en une immense demeure familiale d'un seul tenant au point culminant de l'île. Depuis cette époque l'île a toujours été dans sa famille, qui l'occupe encore, bien que sa propriété ait été à présent transférée au National Trust, la Commission nationale des sites et monuments historiques.

À 5 heures, après avoir garé leur voiture dans King's Road, à Marazion, Holliday et sœur Meg prirent le bateau du passeur pour se rendre dans l'île, la chaussée d'accès à St Michael's Mount étant submergée.

Il continuait à pleuvoir par intermittence sur la mer, dont les bourrasques de vent brassaient énergiquement la surface vieil argent. À part eux, seuls quatre téméraires en ciré étaient du voyage : des personnes âgées, blotties à la proue du vieux canot de sauvetage. Il fallut moins de dix minutes pour traverser la petite anse et gagner le port serré entre les bras de ses deux jetées, mais il n'en fallait pas plus aux quatre passagers pour filer se mettre à l'abri au Sail Loft, le pub local, dès leur arrivée.

Holliday et Meg gravirent donc seuls le sentier escarpé de plus en plus étroit qui menait au sommet de la colline. Au-dessus d'eux, jaillissant des rochers noyés dans la verdure tel le château de Dracula dans les Carpates, se dressait la masse de la forteresse. Le ciel bas et le fracas lointain des vagues ne contribuaient pas à rendre l'endroit plus attrayant. À mi-chemin, Holliday envisagea sérieusement d'opérer un repli stratégique en direction du pub, mais la difficulté de l'ascension semblait donner un surcroît d'ardeur à sa compagne à la chevelure flamboyante, qui arborait un sourire aussi sinistre que résolu.

Voisinant avec les pins, cèdres et autres espèces d'arbres familières, des essences plus inattendues composaient la végétation bordant le chemin grossièrement pavé : yuccas à l'allure bizarre, palmiers semi-tropicaux et même, semblait-il, un magnolia tout droit sorti du Sud cher à Truman Capote.

Enfin, ils atteignirent un mur de pierre percé d'une porte voûtée menant à une cour intérieure. Cette première entrée franchie, ils traversèrent la cour dallée jusqu'à une autre porte, également voûtée, qui donnait accès à une courte galerie. Au bout de ce passage, assis sur un tabouret derrière une sorte de pupitre, un homme aux cheveux blancs portant l'uniforme pseudo-militaire d'une entreprise de sécurité lisait d'un air las le *Cornishman*, le journal local de Penzance.

Le vieux briscard leur adressa un regard surpris et contrarié, prit la carte Visa que lui tendait Holliday, la passa dans la machine pour deux fois six euros puis attendit l'acceptation du paiement avant de leur donner leurs tickets. Il désigna ensuite d'un geste une table chargée de prospectus en couleurs et se remit à sa lecture. Passant devant lui, Holliday et Meg poursuivirent leur chemin jusqu'au bout du couloir. Celui-ci se terminait par un escalier qu'ils descendirent pour se retrouver dans un vestibule desservant, sur la droite et sur la gauche, deux petits passages et, en face, un troisième, plus long, auquel on accédait aussi par une volée de marches.

« Pensez-vous vraiment que nous allons trouver quelque chose après tout ce temps ? » dit Meg tout en feuilletant la brochure qu'elle avait prise.

Depuis l'extérieur, amorti par l'épaisseur des murs, le vrombissement lancinant d'un hélicoptère parvint à cet instant aux oreilles de Holliday, qui se demanda ce qui pouvait pousser un pilote à décoller par un temps pareil. Sans doute un skipper du dimanche à secourir…

« On ne sait jamais, répondit-il. S'ils se sont arrêtés ici pendant leur voyage de retour, ils ont très bien pu en faire autant à l'aller. L'église était déjà là à l'époque. Les archives recèlent peut-être des informations intéressantes, si elles existent encore.

— D'après cette brochure, l'entrée de l'église se trouve au pied des escaliers, devant nous. La bibliothèque Saint-Aubyn est à droite, après l'armurerie et une pièce qui s'appelle la "salle de Sir John".

— Voyons d'abord l'église ! »

L'église du prieuré formait le cœur du château et des bâtiments monastiques tentaculaires dont les diverses salles, cuisines et autres galeries s'organisaient autour d'elle. Tout en pierre de taille et d'une grande sobriété, elle comportait deux collatéraux voûtés et, chose rare, une rosace à chaque extrémité. Devant l'autel de bois sculpté affectant la forme d'un aigle aux ailes déployées étaient disposées des rangées de chaises d'un aspect bien fragile à côté des alignements de lourds piliers soutenant les voûtes du chœur jusqu'à l'entrée.

Si, conformément à la tradition bénédictine, aucun décor n'égayait l'austérité de l'architecture, on ne pouvait en dire autant de la grande fenêtre de la façade est, dont les trois panneaux étaient occupés par une gigantesque représentation d'un saint Michel, archange ailé tenant, de la main droite, une lourde épée, et, de la gauche, un bouclier long et étroit sur lequel se lisait clairement la célèbre devise : *Quis Ut Deus*.

« Qui est comme Dieu ? » traduisit Meg en contemplant l'immense silhouette que délimitaient les plombs du vitrail.

L'armure et les vêtements de saint Michel étaient constitués de carrés et de losanges de verre rouge sang et jaune foncé. Ses yeux d'un bleu profond paraissaient presque noirs.

« Je n'ai jamais compris si la phrase signifiait qu'il était Dieu, ou seulement son représentant, dit Holliday, se remémorant quelques bribes de son éducation religieuse.

— Dieu l'avait investi de sa puissance afin qu'il puisse terrasser le diable dans le désert, rappela sœur Meg.

— Quoi qu'il en soit, ça n'a pas été très efficace, parce que le diable est toujours à l'œuvre… commenta Holliday.

— Saint Michel fut aussi le premier chevalier et l'inventeur du concept de chevalerie », poursuivit Meg, préférant manifestement ignorer la remarque.

Holliday n'insista pas.

« Il était surtout celui des archanges qu'on associait le plus souvent aux francs-maçons et aux Templiers », dit-il.

Meg scruta la pénombre du sanctuaire voûté de bois

à la recherche d'un indice quelconque ayant trait au périple de Jean de Saint-Clair et de la bienheureuse Juliana.

« Nous ne trouverons rien ici, conclut-elle au bout d'un moment.

— Vous avez sans doute raison, acquiesça Holliday. Voyons la bibliothèque ! »

Ils traversèrent l'église et en sortirent par la porte sud, directement opposée à celle par où ils étaient entrés. Un court escalier les conduisit à l'étage, dans ce qui avait été la résidence du prieur, un ensemble de pièces voûtées de bois comme l'église, aux poutres de charpente noircies par le temps. Comme ils s'engageaient dans le couloir reliant les appartements du prieur à la bibliothèque, les vitraux des fenêtres se mirent à vibrer.

L'hélicoptère qu'avait entendu Holliday semblait à présent se trouver au-dessus des bâtiments. Au bruit, il crut reconnaître le lent battement caractéristique d'un Sikorsky biturbine S-61 ou d'un Sea King, son équivalent britannique. Peut-être le naufragé avait-il eu finalement la chance d'être hélitreuillé juste à temps. Une chose était certaine, en tout cas, la météo ne s'améliorait pas et on pouvait s'étonner qu'un hélicoptère vole dans de telles conditions : la pluie frappait si fort les fenêtres qu'on aurait dit de la grêle. Le retour au port n'allait pas être une partie de plaisir ! Pendant que Holliday et sœur Meg avançaient dans le couloir, l'appareil passa dans un grondement de tonnerre juste au-dessus d'eux puis s'éloigna, le bruit des rotors s'estompant avec la distance.

La bibliothèque, immense, prenait le jour par des claires-voies de vitrail qui auraient déversé des flots de lumière sur ses innombrables rangées de volumes reliés en cuir s'il y avait eu du soleil. En l'occurrence, avec le triste temps qui régnait à l'extérieur, elle ressemblait plutôt à une caverne poussiéreuse. Au-dessus des étagères courait une très longue tapisserie médiévale protégée par une vitrine comme les précieux volumes qu'elle couronnait.

Une discrète plaque du National Trust fixée près de la porte attribuait la paternité de l'ouvrage, antérieur à la conquête normande, aux premiers bénédictins ayant occupé l'île. Selon la légende, en effet, cette banderole de quatre-vingt-dix mètres avait été brodée par un jeune moine, Morgan de Clare, qui jurait avoir vu saint Michel apparaître dans le four de l'abbaye alors qu'il était en train d'y cuire le pain au petit matin. Morgan de Clare avait ensuite consacré le reste de sa vie à confectionner cette œuvre d'art, qui, dans un ordre chronologique à l'instar de sa célèbre homologue française la tapisserie de Bayeux, illustrait l'histoire du monastère et de St Michael's Mount.

Après avoir posé un regard consterné sur les rayonnages, Meg tenta d'ouvrir l'une des portes vitrées qui les protégeaient. Comme on pouvait s'y attendre, celle-ci était fermée à clé.

« Et maintenant ? demanda-t-elle, se tournant vers Holliday avec un haussement d'épaules impuissant. Impossible de trouver des indices dans des livres que nous ne pouvons même pas consulter.

— Il y a peut-être un autre moyen », murmura Holliday, les yeux levés vers la longue bande de toile brodée.

16

« La tapisserie ? s'exclama Meg. Je ne vois pas le rapport avec ce que nous cherchons.

— À mon avis, notre ami Morgan de Clare a fait œuvre d'historien, expliqua Holliday en continuant à scruter la banderole. Il avait certainement accès au scriptorium de son abbaye… »

Meg suivit le regard de Holliday.

« Vous avez vu quelque chose d'intéressant ? demanda-t-elle.

— Là, juste à gauche de la fenêtre du milieu.

— Je vois un chevalier en armure en attaquer un autre… Un homme que l'on brûle sur un bûcher… Deux personnages sur un seul cheval… Une bataille ?

— Une date, plutôt : le 13 octobre 1307. C'est l'agression contre les Templiers et l'exécution de leurs chefs que le moine a représentées. Quant aux deux chevaliers partageant le même cheval, c'est le symbole des Templiers. Toute la tapisserie peut être lue de cette façon. Frère Morgan ne se contentait pas d'être historien, c'était aussi un connaisseur des armes parlantes.

— *Des armes parlantes ?* Que voulez-vous dire ?

— C'est un terme d'héraldique désignant le procédé qui consiste à faire un jeu de mots visuel sur un nom propre. On représente, par exemple, le royaume uni de Castille et Léon, en Espagne, par un lion, pour Léon, et un château, pour Castille. Ou la Galice par un calice. Il existe des spécialistes qui inventent des armoiries de ce genre. Morgan a procédé comme eux. Sa tapisserie est un rébus.

— Je ne comprends pas bien.

— C'est pourtant simple. Regardez la tapisserie : deux chevaliers sur un même cheval ; le mot latin *Iulia* sous une femme voilée de noir ; tout de suite après, un navire à deux mâts et voiles latines décorées d'une croix engrêlée ; et enfin un château sur une île et le mot grec *ichthys* accompagné d'un poisson.

— Le vieux symbole de l'Église chrétienne. Ça, je comprends.

— Les deux chevaliers sur un cheval signifient que c'est d'un Templier qu'il s'agit ; *Iulia* et la femme en noir renvoient à votre bienheureuse Juliana ; le bateau est d'un modèle vénitien et la croix engrêlée était le blason des Saint-Clair. Quant au mot *ichthys*, il est lui-même un rébus : en grec, les lettres qui le composent sont les initiales de l'expression "Jésus-Christ, fils de Dieu, sauveur". C'est ce qu'on appelle un "acrostiche". Mais surtout, *ichthys* était le nom originel de St Michael's Mount. Mettez tout cela ensemble et vous obtenez : "Un chevalier du Temple et Juliana sont venus à St Michael's Mount à bord d'une nef vénitienne quelque temps après la chute des Templiers en 1307." »

Meg regarda les dessins et les inscriptions suivants.

« Là, il y a des tonneaux, un personnage qui semble

être un boucher découpant de la viande, puis de nouveau le bateau avec la croix sur les voiles, et enfin le mot *Iona* suivi d'une sphère surmontée d'une croix…

— Ça signifie que le bateau s'est approvisionné en eau et en vivres, puis est reparti pour l'île d'Iona. J'ai écrit un mémoire sur Iona quand j'étais à Georgetown. C'est une ancienne île sacrée des Hébrides intérieures, en Écosse. Des rois norvégiens, saxons et écossais y sont enterrés. Il existait une abbaye là-bas, dans le temps, tout à fait comme ici. C'était le bout du monde, à l'époque. Si l'on partait de là vers le nord, on avait une toute petite chance d'atteindre l'Islande. Vers l'ouest, il n'y avait rien avant l'Amérique.

— L'explication paraît toute simple.

— Il arrive que les choses soient exactement conformes à leur apparence, remarqua Holliday avec un sourire. Comme l'a dit Freud, un cigare n'est parfois rien d'autre qu'un cigare. Il ne faut pas chercher partout dans l'histoire des indices et des symboles ésotériques. Hitler n'avait partie liée ni avec le diable ni avec les Illuminati. C'était simplement un malade mental comme il y en a beaucoup. Et Staline en était un autre.

— Il arrive aussi que les choses soient plus compliquées qu'il n'y paraît, objecta Meg comme ils quittaient la bibliothèque par un long couloir qui, d'après la brochure, menait vers la sortie. Ce sont parfois les symboles qui font tout.

— Lesquels ? Ceux que croient voir les personnages de Dan Brown ou ceux de l'Église catholique ?

— Je veux seulement dire que les symboles revêtent souvent une grande importance aux yeux des gens. Les reliques chrétiennes sont une illustration de cela.

Prenez le suaire de Turin : il n'a pas besoin d'être authentique pour que tout un chacun y trouve une source de paix et de réconfort. Les reliques ne sont pas nécessairement là pour accomplir des miracles. Si elles peuvent inciter les fidèles à la prière et à la contemplation, c'est déjà une bonne chose. La découverte de l'Arche authentique ramènerait à Dieu de nombreux sceptiques. C'est pourquoi il est si important de la trouver.

— Et si la relique est une crêpe où quelqu'un a vu se dessiner le visage de la Vierge ?

— Vous ne pouvez pas vous empêcher de faire le mariole, n'est-ce pas ? »

L'expression était tellement inattendue dans la bouche d'une religieuse que Holliday éclata de rire.

Mais son rire se figea quand il jeta un coup d'œil par la fenêtre éclairant l'étroit escalier qu'ils étaient en train de descendre. À travers les vitraux dégoulinants de pluie, la vue plongeait sur le sentier forestier qu'ils avaient emprunté pour monter au château et, au-delà, sur le port. Et là, près du bassin, il distingua la silhouette d'insecte râblée d'un hélicoptère Westland Sea King dont le rotor à huit pales tournait encore paresseusement. La porte latérale du sinistre engin était ouverte et des hommes en tenue antiémeute sautaient à terre l'un après l'autre. Il ne s'agissait manifestement pas d'une mission de secours.

« Nom de D… souffla Holliday.

— Pardon ? s'exclama Meg avec un haut-le-corps.

— Des ennuis en perspective. Une équipe du SO19. L'équivalent britannique du Swat américain.

— Le Swat ?

— Special Weapons and Tactics – les forces spéciales de la police. »

Au pied de la colline, vingt hommes s'étaient rangés en deux colonnes devant l'hélicoptère.

« Il faut que nous trouvions un moyen de quitter l'île. Et vite !

— Ils sont peut-être là pour autre chose », avança Meg, qui s'était approchée pour regarder par la fenêtre.

Holliday eut un rire sans joie. Était-elle naïve à ce point ?

« Non, non, vous pouvez me croire, dit-il, c'est pour nous qu'ils sont là. »

Il essaya de rassembler ses connaissances sur l'unité d'élite d'intervention anglaise. Dans son souvenir, ils étaient armés de pistolets automatiques Glock 17, de pistolets-mitrailleurs Heckler & Koch MP5, de fusils d'assaut G3 de la même marque et de fusils à pompe Benelli. Ils utilisaient également des grenades incapacitantes et lacrymogènes, des Tasers et du gaz poivre en bombe. À vingt, ils étaient assez nombreux pour déclencher une petite guerre. Tout ça pour capturer deux civils sans arme ? Quelqu'un avait à l'évidence obtenu une belle faveur des autorités britanniques. Restait à savoir qui.

Mais l'heure n'était pas aux spéculations. Holliday arracha la brochure des mains de Meg et se mit à l'étudier de près, le cerveau en ébullition. L'escouade du SO19 avait dû recevoir des instructions et une préparation adaptée, vraisemblablement appuyées par des photographies aériennes. Rien de plus facile que de monter une opération de ce type à partir d'images de Google Earth.

L'équipe serait sans doute scindée en trois groupes :

un au centre, progressant à travers bois ; deux autres sur les flancs. Il y avait trois chemins : celui du milieu, dans le bois, un autre à gauche, en pente douce, et un dernier à droite, côté ouest, plus raide, qui partait des ruines de l'ancienne abbaye et des jardins d'agrément. Il suffisait de dix hommes sur le premier sentier et de cinq sur chacun des deux autres pour rendre toute fuite impossible.

« Qu'allons-nous faire ? » demanda Meg.

La règle d'or du premier commandant sous lequel avait servi Holliday était de prendre une décision le plus vite possible en cas de situation critique. Une décision, même mauvaise, valait toujours mieux qu'une absence de décision.

« Ce à quoi ils ne s'attendent pas », répondit Holliday.

Sur ces mots, il empoigna la jeune femme par la main et ils refirent en sens inverse le chemin qu'ils venaient de parcourir, retournant dans l'église *via* la bibliothèque. Après avoir traversé la nef, ils grimpèrent quatre à quatre un escalier jusqu'à la terrasse sud qui dominait la mer. Il pleuvait toujours à torrents et ils furent trempés en l'espace de quelques secondes.

Un escalier s'enfonçait dans les profondeurs d'une tour crénelée qui se trouvait à proximité. Il devait bien mener quelque part. Holliday se pencha par-dessus le rempart pour explorer du regard les environs, dans l'espoir de découvrir du côté sud un sentier à flanc de falaise descendant jusqu'à la mer. La marée commençait à s'inverser. Il suffirait que le reflux dégage une bande de sable suffisamment large pour qu'ils puissent faire le tour de l'île.

Plaçant sa main au-dessus de ses yeux, il essayait de

percer du regard le rideau de pluie. Il ne semblait pas y avoir de chemin, mais peut-être pourraient-ils s'en frayer un à travers le chaos de rochers, de bruyères et d'ajoncs qui couvrait la pente vertigineuse de l'à-pic. La muraille du château, dont un créneau sur deux était équipé d'un impressionnant canon de trente-deux, formait une falaise orientée exactement face à la mer. Si l'édifice avait été construit selon les règles, il devait y avoir une poterne secondaire au pied de l'escalier de la tour – une poterne qui n'apparaissait pas sur la brochure et ne serait pas visible sur les photos utilisées par le SO19.

« Par ici ! » dit Holliday, reprenant la main de Meg pour l'entraîner vers la tour.

Ils dévalèrent l'escalier à l'abri de la pluie et du froid. Au pied des marches, comme Holliday l'avait espéré, ils débouchèrent dans un tunnel étroit qui suivait la ligne des remparts. Une quinzaine de mètres plus loin, dans une embrasure voûtée, ils tombèrent sur une porte à pentures.

Holliday prit sa respiration, pressa le loquet, puis le tira vers lui. Pivotant sur des gonds bien huilés, le battant s'ouvrit sans un grincement. Lord Saint Levan, l'occupant actuel du château, avait manifestement à cœur l'entretien de sa propriété.

« Dépêchez-vous ! » enjoignit Holliday quand ils furent de nouveau dehors sous la pluie.

Il jeta par réflexe un regard par-dessus son épaule, s'attendant à voir surgir un commando en Kevlar noir qui les faucherait d'une rafale de MP5, mais il ne vit personne.

« Ça glisse ! protesta Meg alors qu'ils se faufilaient

entre les blocs de rocher, les pierres trempées de pluie roulant sous leurs pieds dans la pente raide.

— Le sang aussi, ça glisse », répliqua Holliday.

La descente leur prit près d'un quart d'heure. D'un instant à l'autre, l'un des membres de l'équipe d'intervention allait passer la tête par-dessus la crête du rempart et les repérer.

Au pied de l'escarpement, le terrain s'aplanissait jusqu'à un banc de galets en pente douce suivi, en contrebas, d'un gradin de sable d'où la mer encore toute proche venait manifestement de se retirer. La pluie battante laminait la surface de l'eau à peine soulevée par une légère houle.

« Regardez ! » cria Meg, assez fort pour couvrir le vacarme assourdissant des trombes d'eau.

Suivant des yeux la direction qu'elle indiquait, Holliday distingua vaguement, à une cinquantaine de mètres et masquée par le déluge, une série de marches joignant le banc de galets sombres à l'étroite plage de sable.

L'escalier, grossièrement taillé, devait être aussi ancien que le château. Sans doute un petit débarcadère clandestin par où le maître des lieux pouvait se faire livrer en contrebande du bon cognac de France en temps de guerre comme en temps de paix. Un endroit idéal, également, pour les célèbres naufrageurs de Cornouailles, qui priaient le ciel en ces termes :

Seigneur, protégez tous ceux qui sont en mer
Mais en cas de naufrage, faites que les épaves soient pour nous.

« Venez ! » dit Holliday.

Ils coururent jusqu'à l'escalier en dérapant sur les

galets glissants, s'arrêtèrent un instant pour s'orienter, puis descendirent les marches. La visibilité était tellement réduite que seul le craquement du gros gravier sous sa chaussure permit à Holliday de comprendre qu'il avait atteint la plage. Ce fut à cet instant que la pluie se calma brièvement et qu'une apparition surgit de l'ombre entre le ciel et l'eau.

Droit devant eux, debout dans une barque de six mètres construite à clin, un homme en ciré, suroît sur la tête, mains protégées par des gants de toile, était en train de relever une ligne en acier. Un énorme congre au ventre gris d'au moins dix kilos apparut, accroché à l'un des hameçons triples.

Le pêcheur passa d'un geste exercé la ligne derrière son coude pour la bloquer, puis, la tenant d'une seule main, il attrapa de l'autre une gaffe dont il planta le crochet dans l'ouïe du poisson juste devant la nageoire pectorale. Ensuite, d'un mouvement souple du poignet, il envoya presque sans marquer de pause l'animal dans le fond du bateau. Il n'était pas à plus de quinze mètres du rivage.

Holliday jeta un coup d'œil derrière lui. L'escarpement et la forteresse, tout en haut, n'apparaissaient que comme des ombres à travers la pluie. Les hommes du SO19 avaient beau rester invisibles, il savait qu'ils étaient là, dans le château, en train de fouiller chaque pièce. Le temps était compté. Se retournant vers la mer, il mit ses mains en porte-voix et appela le pêcheur aussi fort qu'il put. Sans résultat.

« Le vent vient du sud, cria Meg. Il ne peut pas vous entendre.

— S'il ne regarde pas vers nous dans les deux minutes qui suivent, nous sommes fichus. »

Pour toute réponse, la jeune femme avança légèrement sa mâchoire inférieure, plaça son pouce et son index dans les coins de sa bouche et, dans la plus pure tradition des cours d'école, émit un superbe sifflement modulé sur trois notes. Le pêcheur dressa aussitôt la tête, cherchant d'un regard surpris d'où venait ce signal familier. C'était un brun aux yeux sombres dont la physionomie agréable rappelait celle d'un Basque, ou d'un « Irlandais noiraud », comme disait l'oncle de Holliday.

Levant un bras, Holliday lui fit signe d'accoster. Comme l'homme refusait, il sortit son portefeuille et y prit un billet de cent euros qu'il agita au-dessus de sa tête. Le pêcheur haussa alors les épaules, acheva de remonter sa ligne, puis hissa à bord sa petite ancre d'aluminium. L'opération sembla durer une éternité.

« Vite ! Vite ! » murmurait Holliday en l'observant.

Il jeta de nouveau un regard nerveux en direction du château. Toujours rien. Il reporta son attention sur la barque.

Le pêcheur, qui s'était assis, plaça ses rames dans leurs tolets et plongea les pales dans l'eau grise. Maniant ses avirons à contresens l'un de l'autre, il fit adroitement pivoter l'embarcation, tournant la proue vers la plage, puis se mit à souquer ferme. La barque approcha rapidement en fendant les flots.

Parvenu près du bord, l'homme s'assura de sa position d'un bref regard derrière lui et fit de nouveau pivoter la chaloupe à cent quatre-vingts degrés, orientant la poupe vers Holliday et Meg. Sur le tableau arrière, qui se trouvait à présent à trois mètres d'eux, presque à portée de main, s'étalait un nom peint avec minutie : *Mary Deare*.

Le pêcheur, assez proche maintenant, leur faisait

face. Le regard pétillant de malice qui animait son visage étroit rappela à Holliday Loutre du *Vent dans les saules*. Il émanait du personnage un charme inné.

« Que puis-je faire pour ces deux naufragés trempés jusqu'à l'os ? » demanda-t-il.

L'accent, indubitablement irlandais, n'avait toutefois pas les inflexions dublinoises que Holliday connaissait bien. Le débit était plus nonchalant.

« Nous aider à quitter l'île. Vite ! lui cria Holliday.

— Et combien seriez-vous prêts à mettre, pour ça ?

— Votre prix sera le nôtre. Mais emmenez-nous loin d'ici en vitesse !

— Voilà un prix qui convient tout à fait à un pauvre pêcheur dans le besoin, dit l'homme. Mais qu'est-ce qui vous arrive donc ? Auriez-vous le diable aux trousses ?

— Pire, la police spéciale britannique armée jusqu'aux dents, répondit Holliday, espérant qu'il avait vraiment affaire à un Irlandais.

— Sans blague ? répondit le pêcheur en ouvrant de grands yeux.

— Attendez deux minutes et vous les verrez descendre des falaises avec des cordes comme dans James Bond. Je vous jure que ce n'est pas une blague.

— Je n'ai jamais trop porté les Angliches dans mon cœur, et encore moins quand ils sont de la maréchaussée. Montez, mes agneaux, et au trot ! »

En trois coups de rames, l'homme échoua la proue de sa barque sur le sable. Holliday et Meg sautèrent à bord.

Une demi-douzaine de congres se contorsionnaient dans les quelques centimètres d'eau de pluie accumulée au fond du bateau, bouches béantes, longs corps gluants frappant le bois dans leur agonie. De petits encornets avachis gisaient sur les planches : les appâts. Quand Holliday et Meg se furent assis, la jeune femme remonta aussitôt ses pieds tout en regardant d'un œil méfiant les poissons en forme de limaces géantes.

L'Irlandais tira de toutes ses forces sur les rames en grimaçant et ils s'éloignèrent de la plage. En moins de deux minutes, l'île disparut derrière les voiles épais de la pluie tandis qu'à l'avant se dessinait peu à peu la masse trapue d'un navire à la coque rouillée. Le bâtiment, qui ne mesurait pas plus de dix-huit mètres, était pourvu d'une haute cabine de timonerie en son milieu et d'un pont arrière surélevé d'où sortait une courte cheminée noire. Un mât de charge s'élevait à l'avant. Un caboteur ?

« Qu'est-ce que c'est que ce bateau ? » demanda Meg.

Le pêcheur regarda par-dessus son épaule puis tourna vers ses passagers un visage rayonnant de fierté.

« Ça, dit-il, c'est ma vieille *Mary Deare*, le dernier des “vapeurs de la Clyde”. Et moi, je suis son capitaine. Sean O'Keefe. »

17

« Un cul-terreux de Cork pur jus, voilà ce que je suis, m'sieur », dit O'Keefe, Cork devenant « Câârk » dans sa bouche.

Confortablement assis sur le siège pivotant rembourré dont le pied était boulonné au plancher d'acier de la cabine, il pilotait la *Mary Deare* sans visibilité à travers le rideau gris de la pluie. Un œil sur l'écran radar à sa gauche, l'autre sur le compas installé devant la vieille barre à roue en bois, il fonçait cap au sud-ouest en direction de Land's End, de l'autre côté de Mount's Bay. Holliday se tenait debout près de lui, vêtu d'habits qu'il lui avait empruntés. Les deux hommes faisaient à peu près la même taille, même si les manches de la chemise de flanelle à carreaux rouges étaient un peu courtes.

« Vous êtes seul pour manœuvrer ce navire ? demanda Holliday, qui n'avait pas aperçu le moindre matelot depuis une heure qu'ils avaient embarqué.

— La *Mary* est plus un bateau qu'un navire, rectifia O'Keefe. Mais, c'est exact, il n'y a pas d'équipage, si c'est ce que vous voulez savoir. Il n'y a que nous à bord.

— La tâche ne doit pas être facile.

— Pas si difficile, en fait. La *Mary* ne jauge pas plus qu'un gros cabin-cruiser. Et puis je n'ai pas souvent à manier de lourdes charges. Quand il n'y a pas de port, on m'envoie un chaland avec un équipage pour décharger la marchandise. Quand je livre dans un port, il y a toujours des lamaneurs pour prendre les amarres et des dockers sur le quai. Ça fait cent soixante ans que ces vapeurs cabotent le long des côtes de la mer d'Irlande, et ça s'est toujours passé comme ça. On les appelait des "avitailleurs". Il fallait bien apporter des provisions dans les coins perdus comme les îles d'Aran ou les Hébrides, où les gens n'ont rien à manger, pas vrai ? Avec leur faible tirant d'eau et leur largeur de moins de six mètres, ils pouvaient même naviguer dans les canaux.

— La *Mary Deare* n'a quand même pas cent soixante ans, j'imagine ?

— Bien sûr que non ! répondit O'Keefe en riant. C'est une jeunesse. Elle est sortie en 1944 des chantiers Pimblott and Sons, sur les bords de la Weaver, dans le Cheshire. Elle servait au transport de l'eau, à Rosyth, pendant la guerre, puis l'amirauté l'a désarmée. Ensuite, elle a fait un temps le cabotage entre Ardrossan, dans le North Ayrshire, et l'île de Man. C'est là que je l'ai achetée pour une bouchée de pain.

— Quel genre de marchandises transportez-vous ? s'enquit Holliday, soupçonnant qu'avec son tirant d'eau lui permettant d'approcher très près des côtes, par les nuits sans lune, par exemple, la *Mary Deare* ne devait pas acheminer que des cargaisons licites.

— Tout ce qui s'achète et se vend, répondit l'Irlandais avec un petit sourire et une lueur de roublardise dans le regard.

— Votre métier, c'est donc capitaine de cargo ? »

O'Keefe prit une profonde voix de baryton et se mit à réciter :

Je fus roi, je fus gueux,
Canaille, mauvais drôle,
Ou bien homme de peu,
J'ai rempli tous les rôles,
Pourtant sur ma poitrine
Ont reposé mille joues...

— William Butler Yeats, dit tout de suite Holliday, avant de citer l'intégralité du poème.

— Jésus, Marie, Joseph ! s'exclama O'Keefe, les yeux écarquillés par l'étonnement. Non seulement vous connaissez tout le truc par cœur, mais en plus vous prononcez Yeats comme il faut ?

— J'enseignais ce texte quand je faisais cours sur la Première Guerre mondiale. Je persiste à penser que c'est une des plus belles œuvres jamais écrites. Du niveau d'un Shakespeare, au moins.

— Un maître d'école américain qui fuit la police sur St Michael's Mount ?

— Pour ce qui est de mon métier, j'enseignais l'histoire militaire à l'académie de West Point. Pour le reste, c'est une longue histoire…

— Il faut une nuit et une journée complète pour rallier Wicklow Town, où nous allons. Ça nous laisse pas mal de temps, et il se trouve que j'adore les longues histoires », déclara le capitaine.

Meg surgit à cet instant de l'étroite porte d'accès aux cabines, vêtue d'un vieux bleu de chauffe d'O'Keefe trois fois trop grand pour elle, dont elle avait roulé les poignets et les manches.

« Mignonne comme tout », songea aussitôt Holliday, avant de chasser prudemment cette idée venue de nulle part.

« Ai-je manqué quelque chose ? s'enquit gaiement la jeune femme.

— Vous arrivez juste à temps, mon petit, répondit O'Keefe. Votre ami Doc, ici présent, s'apprêtait à nous raconter une belle histoire. »

Holliday se lança donc dans son récit tandis que le bateau longeait lentement la côte de la Cornouailles. La pluie diminua d'intensité lorsqu'ils passèrent entre les falaises de Land's End et le phare de Longships pour mettre le cap au nord et amorcer la longue remontée de la mer d'Irlande. Même à la vitesse respectable de huit nœuds qui était la leur, le voyage durerait au bas mot vingt-quatre heures. Lorsque la nuit tomba, Meg et Holliday, épuisés, étaient déjà couchés, elle dans la cabine du capitaine, derrière la passerelle, lui dans celle du mécanicien, plus petite, située vers la poupe.

O'Keefe réveilla Holliday à l'aube et lui montra rapidement comment maintenir un cap à l'aide du compas et, si un écho mouvant apparaissait sur l'écran du radar, comment éviter une collision dans les eaux plutôt fréquentées du secteur en mettant toujours la barre à tribord.

Pendant que le capitaine faisait un somme dans le carré, la *Mary Deare* poursuivit sa route laborieuse sous la conduite de Holliday, passant successivement au large de Tramore et de Rosslare, puis de Wexford et d'Enniscorthy, pour arriver à la hauteur de Courtown, où O'Keefe reprit la barre.

Meg et Holliday préparèrent alors dans la petite cuisine au-dessus de la salle des machines un déjeuner composé d'œufs sur le plat, de bacon et de rondelles de tomates posés sur d'épaisses tranches de pain au lait irlandais qu'O'Keefe était parvenu à faire cuire lui-même dans le four minuscule de la cambuse.

Ils confectionnèrent ensuite du café et transportèrent le tout jusqu'à la passerelle, où ils pique-niquèrent sur la table à cartes. Une heure après ce déjeuner improvisé, le village d'Arklow défila sur bâbord, puis, une heure plus tard encore, après avoir doublé Wicklow Head, ils franchirent la passe entre les brise-lames du vieux port, où O'Keefe rangea son bateau en marche arrière le long du quai aussi facilement qu'on gare une voiture au bord d'un trottoir.

« À vous voir faire, ça n'a pas l'air compliqué, commenta Holliday tandis que des hommes secs et musclés en gros pull et bottes de caoutchouc se saisissaient des haussières pour amarrer le bâtiment.

— Pour moi, ça ne l'est pas, en effet », répondit l'Irlandais avec un haussement d'épaules tout en consultant sa montre.

Celle-ci, manifestement très ancienne, comportait un cadran noir tout simple sur lequel se détachaient des chiffres blancs. Holliday reconnut immédiatement l'objet : une Granta en usage dans l'armée allemande pendant la Seconde Guerre mondiale.

« Curieuse montre… remarqua-t-il.

— Celle de mon père, expliqua O'Keefe. Il l'avait prise à un pilote allemand, à Arklow, pas loin d'ici.

— Que faisait un pilote allemand à Arklow ?

— Il bombardait la ville. Manque de chance pour lui, il est tombé en panne et il a fini dans l'estuaire. Mon père a pris sa barque pour aller le repêcher avant que la marée l'emporte.

— Et qu'est-il arrivé au pilote ?

— Mon père l'a abattu d'un coup de fusil de chasse et lui a pris sa montre. Il faut dire que son frère avait été tué par ce salopard pendant le bombardement. »

O'Keefe mit l'aiguille du chadburn sur la position « Stop » puis s'étira.

« Nous sommes ici pour combien de temps ? demanda Holliday.

— Pour aussi longtemps que vous voudrez, répondit l'Irlandais. Je n'ai pas d'horaire à respecter. Deux ou trois trucs à charger et à transporter un peu plus loin vers le nord, mais je ne suis pas à un jour près.

— C'est que nous aurions bien aimé nous dégourdir un peu les jambes.

— Ne vous gênez pas ! Je fais un *Irish stew* et des *boxtys* pour le dîner, mais ce ne sera pas prêt avant deux, trois heures.

— Nous serons de retour avant », promit Holliday.

Au lieu de se rendre directement en ville, Meg et lui contournèrent le hangar de la société de sauvetage en mer, au bout du brise-lames sud, puis gagnèrent par un sentier rocailleux le sommet des falaises qui dominaient le port et où se dressaient les ruines de ce qui avait dû être un château. De là s'offrait aux regards une vue magnifique et parfaitement dégagée de la mer d'Irlande jusqu'aux collines brumeuses du pays de Galles, loin à l'horizon. Holliday imagina un Viking en train de contempler la mer depuis l'endroit même où il se tenait et se demandant combien de mondes restaient à conquérir.

« Ils auraient quand même pu mettre une plaque ou une indication quelconque, protesta Meg, qui regardait les ruines noires de l'ancienne forteresse.

— Les Irlandais ne se préoccupent guère de ce genre de chose, dit Holliday. Je suis allé à Cork, une fois, pour un colloque à l'université. Il y avait un parking en construction, à l'époque, près de la rivière. En creusant les fondations les terrassiers sont tombés sur ce qui restait d'un village viking entier, peut-être le premier en date dans la région. Eh bien, au lieu d'appeler une équipe d'archéologues, les responsables du chantier ont simplement fait recouvrir le site d'épaisses bâches en plastique et ils ont construit par-dessus. Un peu fruste, comme approche. »

Ils suivirent les falaises jusqu'à Wicklow Head, un promontoire âpre et désolé où les collines sombres tombaient à pic dans la mer. Par temps d'orage ou de brouillard, l'endroit devait être aussi dangereux pour les marins que pour les promeneurs assez fous pour longer le bord des escarpements.

« *Les Hauts de Hurlevent*, murmura Meg avec un sourire. On croirait entendre Catherine appeler Heathcliff sur la lande.

— C'est à se demander ce qui peut pousser des gens à venir vivre dans des lieux pareils, commenta Holliday.

— On pourrait en dire autant du Minnesota en hiver, objecta la jeune femme. Tout dépend de ce à quoi on est habitué.

— C'est sans doute vrai, concéda Holliday sans conviction comme ils faisaient demi-tour. Que pensez-vous d'O'Keefe ? demanda-t-il au bout d'un moment, alors qu'ils redescendaient vers la ville par Dunbur Road.

— C'est une chance qu'il se soit trouvé là à St Michael's Mount.

— “Chance” n'est pas vraiment le mot.

— Qu'entendez-vous par là ?

— Réfléchissez. Un raid des forces spéciales ne s'improvise pas. Cela s'organise, et ça prend du temps. Quelqu'un savait que nous serions là.

— Qui ? Encore vos prétendus espions du Vatican ?

— Quelqu'un, en tout cas, qui a les moyens de nous suivre à la trace grâce à ma carte de crédit. C'est le seul moyen de nous localiser.

— Et qui est capable de faire ça ?

— La police italienne, à Venise, peut-être ? Quoique ça me semble peu vraisemblable.

— Et le chauve de Prague ? Ou l'homme que vous avez qualifié d'assassin et que vous avez… tué, sur le bateau ?

— Possible, mais guère plus convaincant.

— Quoi qu'il en soit, je ne vois pas le rapport avec M. O'Keefe.

— Vous ne trouvez pas curieux que la *Mary Deare* se soit trouvée là, ancrée devant la plage, juste au moment où nous avions besoin d'un bateau ?

— C'est le genre de chose qui arrive.

— Seulement dans les vieux épisodes de *Columbo*. Non, O'Keefe nous attendait, tout autant que l'équipe du SO19 était au courant de notre présence. Notre évasion était programmée.

— Vous devriez peut-être consulter un psy pour vos fantasmes paranoïaques, suggéra Meg.

— Je ne pense pas être dans le fantasme. Je suis convaincu que quelqu'un cherche à nous manipuler, à nous mettre dans la tête que nous sommes traqués. Quelqu'un s'intéresse à nous et à nos activités. Quelqu'un qui veut nous voir continuer à démêler les fils jusqu'à ce que nos recherches aboutissent.

— Vous divaguez littéralement ! *Nous-mêmes* ne savons pas ce que nous recherchons.

— En tout cas, faites bien attention quand vous parlez avec O'Keefe ! Il n'est pas le farfadet débonnaire qu'il prétend être. Il est un peu trop bon enfant pour être honnête. »

Wicklow faisait penser à ces personnes du troisième âge qui essaient désespérément de passer pour jeunes. Les devantures des boutiques, plus pimpantes les unes que les autres, étaient toutes peintes de couleurs différentes, mais les toits d'ardoises s'affaissaient et aucune des maisons qui bordaient la rue principale n'avait moins de cent cinquante ans. Charles Dickens se serait senti tout à fait chez lui dans cette petite ville de dix mille âmes qui ne comptait pas moins de dix-sept bars-restaurants, si Holliday avait bien calculé.

Les trottoirs étaient étroits, la circulation envahissante, et tout semblait nécessiter une bonne remise à neuf. Le bitume était une véritable marqueterie de chewing-gums écrasés. Holliday se faisait l'impression d'être un géant à côté des habitants, tous petits, et des habitantes, de taille tout aussi réduite avec, de surcroît, une tendance certaine à l'embonpoint. Holliday et Meg durent descendre sur la chaussée pour laisser passer une bande de jeunes en vêtements rouge et gris qui poursuivirent leur chemin, cigarette au bec et verbe haut, sans prêter la moindre attention à qui que ce soit.

Ils firent une halte à l'office de tourisme local – *Céad Míle Fáilte*, ou « Cent Mille Bienvenues » en gaélique – pour prendre un prospectus.

« Ils expliquent qu'en gaélique le nom de Wicklow signifie "Église de l'Édenté", dit Meg en lisant la brochure.

— "L'Édenté", répéta Holliday en parcourant des yeux le morne assortiment de maisons aux tons pastel. C'est assez proche de la réalité.

— Et les *boxtys* sont des crêpes de pommes de terre.

— Pardon ?

— Les *boxtys*. Ce que Sean a prévu de cuisiner pour le dîner.

— Je vous fiche mon billet qu'il ne s'appelle pas plus Sean que moi. Son vrai nom doit être John, mais Sean plaît davantage aux filles. L'Édenté... » marmonna-t-il.

Ils atteignirent la grand-place de la ville, ou ce qui passait pour tel : un triangle gazonné de la taille d'un mouchoir de poche, entouré d'une grille en fer forgé de cinquante centimètres de hauteur, au milieu duquel trônait une statue représentant un barbu en uniforme de capitaine au long cours. Avec son visage renfrogné, l'homme semblait souffrir de problèmes de transit, mais c'était là une expression qu'arboraient la plupart de ses contemporains de l'époque victorienne. D'après la brochure, il s'agissait du capitaine commandant le *Great Eastern*, le navire qui avait posé le premier câble sous-marin transatlantique. Le socle du monument s'ornait d'un tag rose fluo proclamant : *Pat Kenny est un gros connard.*

Dans un grand magasin de la place qui n'avait de

grand que le nom, ils achetèrent quelques vêtements et des sacs à dos pour les ranger, puis reprirent leur promenade. En redescendant vers le port par Bridge Street, ils entrèrent dans la librairie Bridge Books au rez-de-chaussée d'une espèce de cottage badigeonné d'un horrible bleu turquoise, et demandèrent un ouvrage sur l'île d'Iona.

À la grande surprise de Holliday, il n'y en avait pas un, mais deux en rayon : une histoire d'Iona du VIe siècle à nos jours incluant une carte détaillée de l'île, et un livre de prières de l'abbaye du lieu. Holliday acheta le premier, Meg le second.

Leur visite de Wicklow terminée, ils retournèrent au bateau et aidèrent O'Keefe à préparer le dîner. Le lendemain à l'aube, après avoir passé la nuit au port, ils reprirent la mer en direction du nord.

18

Iona, d'après le révérend James Walker, auteur d'*Un vol d'oies sauvages : histoire de l'île sacrée d'Iona des temps anciens à nos jours*, est une île de sept kilomètres de long sur trois de large située à deux kilomètres de Mull, une autre île, bien plus grande quoique tout aussi solitaire et ventée, des Hébrides intérieures, en face des côtes occidentales de l'Écosse.

Le prêtre presbytérien écossais la qualifie de « lieu sans épaisseur », en raison de son isolement du monde, qui en fait une interface entre le réel et le spirituel, où la présence de Dieu se fait toute proche. Son premier occupant, après les hommes du Néolithique, fut Colomban, le saint irlandais, un prêtre soldat expulsé de son pays pour avoir mené ses troupes à la défaite dans la bataille de Cul Dreimhne, en l'an de grâce 561.

Colomban débarqua sur Iona deux ans plus tard avec douze compagnons et y fonda un monastère dont chaque moine devait élever sur la plage un cairn de pierre d'une hauteur équivalente à celle de ses péchés. Les restes de ces cairns sont encore visibles à l'endroit poétiquement appelé à présent « baie du Bout de l'océan ».

Après saint Colomban vinrent les Vikings, puis un essaim de bénédictines accompagnées d'un prieur. Une abbaye fut construite en 1202 et un couvent un peu plus tard, ainsi qu'un village, Baile Mòr, dont le nom, ironiquement, signifie « grande ville ». S'il était impossible de cultiver quoi que ce soit sur les sols pierreux ou marécageux de l'île, il était en revanche possible d'y élever des moutons, nourris d'ajoncs et d'herbe rabougrie, dont on tissait la laine. L'île n'avait à offrir qu'une vie de pauvreté, mais ses occupants ne désiraient justement rien d'autre.

Au fil du temps, Iona diffusa la parole divine d'abord dans l'Angleterre païenne, puis en France et dans le reste de l'Europe. En 1307, quand Jean de Saint-Clair et la bienheureuse Juliana arrivèrent à Iona à bord de la *Santa Maria Maggiore*, l'île était déjà considérée comme un sanctuaire et pas moins de cinquante-six rois d'Écosse et de Norvège y étaient enterrés, sans compter quatre rois d'Irlande et un saint. Des siècles plus tard, John Smith, un dirigeant du Parti travailliste britannique qui y avait plusieurs fois passé des vacances, devait s'y faire inhumer à son tour.

La *Mary Deare* parvint en vue de l'île sacrée le lendemain, deux heures après le lever du soleil, alors que la brume recouvrait encore l'étroit pertuis qui la sépare de Mull et qu'Iona elle-même n'apparaissait que comme une ligne verte au-dessus du vert plus sombre de la mer. Comme ils approchaient de la côte, la brume se dissipa, dévoilant une poignée de maisons au pied d'une colline basse qui formait une double bosse.

Avec leurs toits d'ardoises sombres et leurs murs d'un blanc éclatant dans le soleil levant, ces dernières évoquaient une compagnie de mouettes posées le long du rivage. À l'extrémité nord de l'île s'élevait une autre colline, beaucoup moins large, mais plus haute que la première, sans doute la fameuse Dun I, que saint Colomban appelait la « montagne de Sion » et que ses successeurs, moines et moniales, baptisèrent le « mont du Temple ». À ce qu'assurait le révérend Walker dans son livre, le sommet de Dun I était le lieu de méditation préféré de saint Colomban, qui espérait en vain apercevoir depuis cette hauteur son Irlande bien-aimée. En réalité, la côte la plus proche dans cette direction était la péninsule d'Avalon, sur l'île de Terre-Neuve, à mille sept cents milles nautiques, où s'était établie la première colonie européenne du Nouveau Monde.

O'Keefe prit contact par radio avec la capitainerie, puis ils entrèrent lentement dans l'anse minuscule et accostèrent la simple jetée de pierre et de béton perpendiculaire à la côte rocheuse. De l'autre côté de la digue, le *MV Loch Buie*, un petit ferry, embarquait des passagers pour Fionnphort, sur l'île de Mull toute proche.

À en juger par les nuages gris acier et les rideaux argentés qui enveloppaient cette dernière, il pleuvait à torrents là-bas, mais il régnait sur Iona un temps clément et ensoleillé, avec juste assez de brise pour gonfler les voiles d'une flottille de dériveurs Laser manœuvrés par des scouts marins qui régataient autour de l'île.

« Que c'est beau ! » s'exclama Meg en débarquant.

Holliday, qui la suivait, se retourna pour regarder la timonerie de la *Mary Deare* et vit qu'O'Keefe s'y trouvait toujours. Le capitaine avait décliné leur proposition de les accompagner à terre en prétextant un travail à faire dans la salle des machines, mais force était de constater qu'il n'avait pas bougé de la passerelle, où il était en train de parler dans le micro de sa VHF.

Holliday s'abstint de faire part à Meg de ses soupçons grandissants, la jeune femme étant totalement subjuguée par le charme de l'Irlandais. La veille, alors qu'O'Keefe, à la barre, fredonnait des ballades larmoyantes célébrant l'esprit de révolte, comme *Four Green Fields* ou *The Rising of the Moon*, Holliday avait tenté en vain de lui faire dévoiler ses batteries en affirmant l'air de rien que les Irlandais ne se battaient pas pour des causes, mais tout simplement parce qu'ils aimaient ça. Sinon, pourquoi un quartier de leur capitale, Donnybrooke, serait-il devenu, cas unique au monde, un terme générique désignant en anglais une rixe d'ivrognes ?

« Ah, une bonne bagarre ! C'est vrai qu'on aime ça, nous autres ! » s'était contenté de répondre O'Keefe avec un sourire.

Holliday se détourna pour rejoindre sœur Meg sur la jetée. O'Keefe, songea-t-il, n'était pas un Irlandais d'opérette. Mais son comportement avait quelque chose de profondément ambigu, et il était bien décidé à découvrir ce qu'il cachait dès leur retour à bord – en commençant par jeter un coup d'œil dans la cale de la *Mary Deare*, par exemple…

Se frayant un chemin parmi la foule des passagers du *Loch Buie*, ils se dirigèrent vers l'entrée de la jetée. Quelques mètres devant eux, une douzaine d'hommes tondus comme des marines et trimballant d'énormes sacs de sport identiques avançaient en bavardant gaiement.

Holliday les observa soigneusement à distance et vit qu'ils portaient tous le même coupe-vent noir décoré d'un écusson à l'effigie de la statue de la Liberté sous lequel on lisait *48e escadre de chasse – Lakenheath – Équipe de* paintball. Des pilotes américains basés dans le Suffolk. Parvenus au commencement de la digue, Holliday et Meg demandèrent le chemin de l'abbaye à un homme qui avait tout de l'autochtone avec ses bottes de caoutchouc et son pull à col roulé tout dépenaillé.

« Vous avez la poste, là, répondit le bonhomme avec un accent à couper au couteau tout en désignant un bâtiment blanc qui faisait face à la mer. Eux, ils sauront vous dire. »

Manifestement content de sa petite malice, il rit, se racla bruyamment la gorge et cracha dans l'eau. Holliday et Meg allèrent jusqu'à la poste. Là, un employé compassé répondant au nom de Mockitt leur expliqua comment se rendre à l'abbaye, où travaillait le révérend Walker. La poste faisant aussi épicerie, Holliday acheta un Mars au comptoir avant de ressortir.

Ils montèrent une allée de gravier jusqu'à la route principale nord-sud. Aucune voiture n'était visible ; seuls de nombreux piétons et quelques cyclistes zigzaguant sur des vélos de location occupaient la chaussée. Le vent se leva et Holliday regarda en direction de Mull tout en cassant en deux la barre chocolatée poisseuse, dont il tendit le plus gros morceau à Meg.

« Vous savez qu'ils font frire les Mars, ici ? demanda-t-il avant de mordre dans la friandise écœurante qui collait aux dents.

— Vous plaisantez ? répondit la jeune femme.

— Absolument pas. Ils utilisent la même huile que pour les frites.

— Mais c'est répugnant !

— Que voulez-vous, il faut bien faire comme les gens du pays, dit Holliday, qui prit une nouvelle bouchée de son Mars et la mâcha avec un miam-miam de délectation.

— Je me suis trompée : c'est *vous* qui êtes répugnant ! » commenta Meg.

Les scouts marins avaient disparu derrière les haillons de pluie qui masquaient la côte de Mull. Ils devaient être en train de se faire tremper comme des soupes avec délice, bien à l'abri des exhortations inquiètes de leurs mères à ne pas prendre froid.

Holliday sourit en songeant aux cadets de West Point qui, eux aussi, trouvaient leur épanouissement en rampant sous la pluie lors des exercices ou des parcours du combattant, treillis couverts de boue, visages maculés, regards ravis.

Ses élèves et son travail d'enseignant lui manquaient. West Point lui manquait, ce qu'il n'aurait jamais cru possible. Mais par-dessus tout, Amy lui manquait autant qu'il l'avait prédit dix ans plus tôt, alors qu'elle se mourait. Il tourna de nouveau la tête vers la route, regarda Meg, qui avait pris quelques mètres d'avance sur lui, et pensa à Amy pendant tout le trajet jusqu'à l'abbaye.

Conformément aux indications de M. Mockitt, l'abbaye se trouvait à environ quinze cents mètres du port, sur un terrain en pente douce. Elle consistait en un groupe de bâtiments de pierre grise blottis sur un des rares endroits constructibles de l'île, au milieu d'un champ d'ajoncs enclos d'un mur de pierre bas qui bordait la route sur une centaine de mètres.

Mis à part son site, le monastère n'avait rien d'exceptionnel. Le guide du révérend Walker expliquait qu'il avait été élevé en 1203 à l'emplacement de l'église paroissiale de saint Colomban, puis s'était agrandi, les années passant, d'un réfectoire, du couvent voisin et, surtout, du scriptorium où avait été rédigé le splendide manuscrit enluminé connu sous le nom de *Livre de Kells*, le trésor le plus précieux que possède l'Irlande.

Ils trouvèrent Walker dans le réfectoire, à l'autre bout de l'abbaye. L'homme, perché sur une échelle, s'employait à frotter ce qui ressemblait à un carré de plastique plaqué contre le mur entre deux fenêtres étroites.

Le révérend était une sorte de colosse roux et ventripotent qui arborait une barbe fournie et une épaisse moustache à pointes redressées. Sentant leur présence, il se tourna légèrement sur son échelle. Comme beaucoup d'hommes de sa corpulence, il se mouvait avec grâce. Ses sourcils orangés semblaient se promener comme deux chenilles velues au-dessus des vieilles lunettes en écaille qu'il avait sur le nez.

« Salut à vous ! Vous venez assister à la chute d'un ministre du culte ? dit-il avec un grand sourire. Notez bien que ce ne serait pas une première ! » ajouta-t-il en riant.

Son accent, écossais, avait perdu de son grasseyement. Il avait dû vivre longtemps ailleurs qu'en Écosse. Cambridge ? Oxford ?

« Révérend Walker ? s'enquit Holliday.

— En personne », répondit le géant, qui descendit de son échelle et leur tendit la main.

Il serra d'abord celle de Holliday, puis celle de Meg et ils se présentèrent.

« Je prenais des empreintes de quelques signes maçonniques, reprit-il. On les trouve dans les coins les plus invraisemblables. »

Il leur montra celle qu'il venait de prendre : un ensemble de figures inversées comprenant des flèches, des chiffres 4, des lettres, deux X côte à côte. Le matériau qu'il avait utilisé pour le moulage était une sorte de pâte à modeler.

« On appelle ça de la "pâte à malaxer", expliqua Walker. C'est une espèce de plastique plutôt qu'une pâte, à vrai dire. Ça s'utilise généralement pour rééduquer les mains des victimes d'AVC, mais c'est excellent pour les empreintes, dont je fais ensuite des reproductions en plâtre.

— À quoi servaient-elles ? s'enquit Meg. Les marques, je veux dire.

— Chaque maître maçon avait la sienne et la gravait sur toutes les pierres qu'il posait comme preuve de son travail, pour être payé. On s'en servait parfois aussi comme motifs décoratifs, ou pour informer les autres maçons de qui les avait précédés sur le chantier. Les francs-maçons aussi en faisaient un grand usage. Venez avec moi, je vais vous en faire voir quelques-unes que j'ai prises hier. Elles sont très amusantes. »

Suivi de Holliday et Meg, le pasteur se dirigea vers le fond du réfectoire. Là, au pied d'une grande croix fixée au mur, il leur montra une bonne centaine de graffitis obscurs rangés sur une table improvisée faite d'un battant de porte et de deux tréteaux. Comme il parcourait du regard la collection de mystérieux symboles venus du fond des âges, Holliday se figea soudain.

« Celui-ci, dit-il en pointant son doigt. D'où vient-il ?

— Ah, oui, celui-ci est un peu curieux. Je n'en avais jamais vu de semblable, en fait.

— C'est le seul qui existe dans l'église ?

— Oui, à ma connaissance... Mais qu'est-ce qui vous arrive, jeune homme ? Vous êtes blanc comme un linge. »

Dans d'autres circonstances, Holliday aurait éclaté de rire : cela faisait bien longtemps qu'on ne l'avait pas appelé « jeune homme » !

« Je viens de voir un fantôme », répondit-il avec un sourire forcé.

Ce qu'il venait de reconnaître sur un petit bloc de matière plastique rouge vif n'était autre que la croix engrêlée des Saint-Clair. Aucune erreur possible.

« Cette croix, là. Où l'avez-vous trouvée ?

— Dans l'hypogée.

— L'hypogée ? Qu'est-ce que c'est ?

— Sous une église, c'est une crypte ; au sens figuré, le terme peut désigner un souterrain quelconque, intervint Meg.

— On ne peut plus exact, ma chère, acquiesça Walker, visiblement impressionné.

— Dans lequel des deux sens avez-vous utilisé le mot ? demanda Holliday.

— À l'origine, l'endroit en question était la cuisine en sous-sol de l'abbaye, sous le réfectoire où nous sommes. Par la suite, il a été converti en crypte. J'ai pris cette empreinte juste au-dessus d'une des pierres tombales qui s'y trouvent.

— Celle d'un chevalier ? demanda aussitôt Meg.

— Grand Dieu ! s'exclama le révérend. Comment l'avez-vous deviné ? »

La jeune femme ôta son sac à dos, fouilla dedans et en sortit le livre de prières qu'elle avait acheté à Wicklow. Elle en tourna rapidement les pages puis, ayant trouvé celle qu'elle cherchait, se mit à lire la prière suivante :

Seigneur Dieu, couronné dans le Temple,
Nous, ton fidèle soldat et ta servante,
Ne demandons rien d'autre que ta grâce
Si, en humbles serviteurs, menons à bien la tâche.
Protège-nous encore de la satanique et royale vengeance
Et donne-nous les ailes sacrées de Marie
Pour voler jusqu'à la plus lointaine rive
Où tes trésors retrouveront abri dans l'arène
Entre les bras pâles d'Arcadie.

« La stupéfiante *Prière du chevalier*, dit Walker. La plus ancienne de toutes les prières connues de l'abbaye.

— Composée en 1307, précisa Holliday.

— De plus en plus curieux… marmonna l'ecclésiastique en les dévisageant attentivement tour à tour. Comment pouvez-vous savoir de quand elle date ? Même moi, je l'ignore.

— Parce qu'il se trouve que nous savons qui étaient le "fidèle soldat" et la "servante", à quel moment exact ils sont venus ici et pourquoi, répondit Holliday. Et maintenant, pouvez-vous nous montrer l'endroit où vous avez découvert cette marque ? »

19

La crypte, sous le réfectoire, était une salle tout en longueur dont le plafond bas reposait sur une rangée médiane de quatre forts piliers. Un escalier s'ouvrait à l'extrémité est ; une petite cave servant de silo à pommes de terre à l'extrémité ouest. Entre les deux, le long du mur nord, étaient alignées vingt pierres tombales aux inscriptions presque complètement effacées. Des plaques mortuaires en blanc sur fond noir étaient accrochées au mur au-dessus des dalles.

Walker, Holliday et sœur Meg parcoururent l'allée entre les dalles et les piliers, Holliday étudiant soigneusement chaque plaque.

« C'est celle-ci, dit-il enfin.

— Comment le savez-vous ? demanda Walker, fasciné par le récit que Holliday et Meg venaient de lui faire.

— L'écu est écartelé, expliqua Holliday. Dans le quartier supérieur gauche, vous avez la croix engrêlée des Saint-Clair ; dans celui qui lui fait face, la représentation d'un navire vénitien à voile latine. Dans chacun des deux quartiers inférieurs est représenté un croissant, pointes tournées vers l'intérieur. Si l'image était en couleurs, les croissants seraient sans doute verts – des îles.

— Très intéressant, mais pourquoi des îles ? Les croissants pourraient tout aussi bien être des lunes, ou des symboles arabes, objecta Walker.

— Le poème ! intervint Meg, semblant comprendre soudain l'idée de Holliday. *Et donne-nous les ailes sacrées de Marie/Pour voler jusqu'à la plus lointaine rive/Où tes trésors retrouveront abri dans l'arène.* La plus lointaine rive : l'autre côté de l'Atlantique !

— Que faites-vous d'"arène" ? demanda Walker.

— Je vous rappelle qu'"arène" est aussi un synonyme poétique de "sable", comme le sable d'une plage, par exemple…

— Dans ce cas, votre problème est résolu ! s'exclama Walker, ironique. Vous n'avez plus qu'à trouver une plage de sable sur la côte est de l'Amérique du Nord.

— La prière est codée, dit Holliday. Elle contient en elle-même la réponse, si nous savons la trouver.

— Oh, Seigneur ! soupira le prêtre replet. Encore ces histoires de codes ! Tout cela est un peu exagéré, vous ne pensez pas ? Les Illuminati, les francs-maçons, l'Opus Dei, que sais-je encore… Quelle est cette manie actuelle de voir des conspirations religieuses partout ? Croyez-moi, plus personne ne s'intéresse à ce point à la religion, de nos jours.

— De nos jours, peut-être, mais elle intéressait beaucoup de monde au XIVe siècle, fit remarquer Holliday. En fait, il n'est pas nécessaire de chercher bien loin pour comprendre le sens de cette prière. »

Il prit le livre des mains de Meg avant de poursuivre :

« La *satanique et royale vengeance* renvoie de toute évidence à la persécution des Templiers par Philippe le Bel, et les *ailes sacrées de Marie* aux voiles de la *Santa Maria Maggiore*, le navire de Saint-Clair. Quant aux *bras pâles d'Arcadie*, ils ne peuvent être qu'une allusion à la Nouvelle-Écosse, dans les provinces maritimes du Canada, que l'on appelait jadis l'Arcadie. La tombe de Jean de Saint-Clair, dans une chapelle du Mont-Saint-Michel, en Normandie, porte l'inscription *In Arcadia Est*.

— Une interprétation très divertissante, mais qui me semble tout de même plutôt fantaisiste, dit le prêtre.

— Tout ce qu'il y a de plus fantaisiste, même, admit Holliday.

— Vous convenez donc que votre prétendu message codé et les graffitis sur cette tombe pourraient ne rien vouloir dire du tout ?

— Tout à fait. Il n'empêche que c'est ce genre d'idée fantaisiste qui nous a conduits du Mont-Saint-Michel à Prague, puis aux archives de Venise et à St Michael's Mount avant d'arriver ici. Ce n'est pas que le hasard, il y a une logique là-dedans.

— J'y vois surtout des coïncidences.

— Vous avez peut-être raison. Mais je mise sur l'imagination de Jean de Saint-Clair et de la bienheureuse Juliana. Ils essayaient de soustraire un trésor constitué de reliques à l'avidité vengeresse d'un roi et à un pape assoiffé de pouvoir. Ils voulaient mettre ces reliques hors de portée des deux hommes, mais sans que cela déclenche un conflit.

« Si le roi Philippe avait attaqué St Michael's Mount, Édouard II d'Angleterre aurait aussitôt saisi ce prétexte pour partir en guerre contre son vieux rival. S'il s'en était pris à Iona, cela aurait embrasé l'Écosse et lui aurait valu la colère des Irlandais, alors alliés aux Français et aux royaumes scandinaves, lesquels étaient loin d'être quantité négligeable.

« Jean de Saint-Clair et Juliana devaient donc cacher leur trésor encore plus loin, mais sans savoir quand – ni même si – ils pourraient venir le rechercher. Il leur fallait par conséquent laisser derrière eux des indices susceptibles de leur survivre longtemps, peut-être des siècles. Et quel meilleur endroit pour ce faire qu'une terre sacrée où sont enterrés des rois ? La *Prière du chevalier* est évidemment un de ces indices. N'a-t-elle pas survécu plus de sept cents ans… Moins longtemps que le *Notre père*, mais tout de même ! »

Le colosse roux partit d'un éclat de rire tonitruant et frappa dans ses mains.

« Bravo, monsieur Holliday ! s'exclama-t-il. Vous m'avez presque convaincu.

— Mais pas tout à fait…

— Suffisamment quand même pour que je prenne pour vous une deuxième empreinte de votre mystérieux blason. Elle pourra être prête ce soir. Peut-être l'excellente sœur et vous-même accepterez-vous d'être mes hôtes à dîner ? Je cuisine un *cabbie claw* très convenable… même si mon opinion n'engage que moi.

— Eh bien, je… commença Holliday.

— Ce sera avec plaisir, dit Meg en le coupant. Nous avons un ami avec nous, l'Irlandais qui nous a amenés ici. Pourrait-il nous accompagner ?

— Bien sûr, répondit le révérend, rayonnant. Disons 18 heures ? J'habite à mi-chemin entre ici et le village. Le cottage sur la gauche, avec la porte bleue et les canards dans le jardin. Vous ne pouvez pas le manquer. J'ai toute une bibliothèque consacrée à la mémoire d'Iona, nous y trouverons peut-être des informations complémentaires sur votre fameux Jean de Saint-Clair. Je fais un peu office d'historien local et si ce Templier a joué un rôle dans le passé de l'île, il serait bon que je sois au courant. »

Quelques minutes plus tard, après avoir pris congé de Walker, Holliday et Meg reprirent le chemin du village et de la *Mary Deare*. Comme ils atteignaient la route principale, ils se retrouvèrent au milieu d'un groupe de promeneurs qui redescendaient en ordre dispersé de Dun I, la colline la plus élevée de l'île avec ses trois cents mètres d'altitude et donc le lieu idéal pour prendre des photos. Marcher au milieu d'une route où ne circulait aucune voiture procurait un vague sentiment d'étrangeté, mais permettait aussi de se faire une bonne idée de l'atmosphère qui prévalait au temps des pèlerinages.

Ils parvinrent bientôt à la hauteur du cottage à la porte bleue de Walker, une simple maison basse, blanchie à la chaux, dont la moitié des ardoises manquaient. Les canards dont avait parlé le révérend étaient bien là, au nombre d'une douzaine, cancanant agressivement derrière un muret de pierre qui les empêchait d'aller pincer les mollets des passants.

Après la maison, sur la droite, un sentier menait à la zone marécageuse appelée Lochan Mor, ou le « vivier de l'Abbé », jadis une retenue d'eau destinée à fournir de l'énergie pendant les travaux d'excavation dans le granit. Ce n'était plus aujourd'hui qu'un terrain boueux traversé par une chaussée empierrée permettant d'accéder à la lande au-delà. Le ciel au-dessus d'eux était gris acier, à présent. La pluie était en train d'arriver de Mull.

« Colonel Holliday ? » fit une voix polie derrière eux.

Holliday s'arrêta et se retourna. Un jeune homme d'allure militaire se tenait là, vêtu d'un coupe-vent et d'un pantalon noirs. Un membre de l'équipe de *paintball*. Un étui de jumelles pendait à son épaule gauche. Il pouvait avoir dix-huit ans. Trop jeune pour être l'un de ses anciens élèves. Il tenait sa main droite dans la poche de son coupe-vent.

« Je vous demande pardon, dit Holliday. Je vous connais ?

— Vous n'avez pas besoin de me connaître, mon colonel, mais seulement de faire exactement ce que je vous dirai. »

De la main qu'il tenait dans sa poche, il écarta le pan de son vêtement, dévoilant le petit pistolet-mitrailleur métallique qu'il portait en bandoulière. Un silencieux en forme de saucisse prolongeait le canon trapu.

« Doc ? » dit Meg d'une voix inquiète en empoignant le bras de Holliday, dont les yeux étaient rivés sur le jeune homme.

Le pistolet était un MAC 11 américain, la version compacte du MAC 10, l'arme de prédilection des méchants dans les séries du genre *Deux flics à Miami*. Le MAC 11 n'avait jamais vraiment eu les faveurs des policiers, des commandos ou des services secrets. Arme à culasse ouverte, difficile à contrôler et tirant des munitions de 380 subsoniques à faible pouvoir de pénétration, il n'était utile que dans les espaces clos, comme les avions. À la connaissance de Holliday, aucune force constituée n'en était équipée. Ce qui signifiait que l'individu qu'il avait devant lui n'appartenait pas à une composante de l'armée américaine.

« Qui êtes-vous, mon garçon ? demanda-t-il d'un ton conciliant.

— Peu vous importe, répliqua l'autre. Tournez-vous et avancez ! Au sentier, vous prendrez à droite… Et je ne suis pas votre garçon. »

La voix était fiévreuse, tendue. Le gamin était manifestement capable de presser la détente du MAC 11 sans s'en rendre compte tant il était terrifié. Un pétard sur le point d'exploser.

« Doc ? répéta Meg.

— Faites ce qu'il dit », ordonna Holliday.

Arrivés au sentier, ils s'y engagèrent et prirent la direction de l'ancien étang. Il se mit à pleuvoir au moment où ils quittaient la route, un crachin serré qui promettait de se transformer en forte pluie à en juger par la couleur des nuages bas.

« Où nous conduisez-vous ? demanda Meg.

— La ferme !

— *Boro Bacheh Kooni*, dit Holliday avec calme. *Khar Kos seh, maadar jendeh.* »

Aucune réponse. Étant donné les insultes dont il venait de gratifier le jeune homme en farsi, il semblait évident que celui-ci n'avait jamais mis les pieds en Irak ou en Afghanistan.

« *Maadar-e-to Gayidam* », ajouta-t-il pour vérifier.

Toujours pas de réaction. Le gars devait être un mercenaire, mais sans expérience.

La pluie se renforçait, balayant par bourrasques le bas-fond marécageux. La visibilité s'était réduite à quelques mètres, ce qui laissait supposer qu'on ne pouvait plus les voir depuis la route.

« Vous n'êtes pas très ancien dans le métier, je me trompe ? dit Holliday.

— Suffisamment ancien, répondit sèchement le blanc-bec.

— Quel âge avez-vous ? Dix-sept ans ? Dix-huit ?

— Vingt et un !

— Ben voyons ! s'exclama Holliday avec une dérision appuyée.

— Je vous ai déjà dit de vous taire ! »

Holliday ralentit l'allure. Le moment était venu de jouer au petit soldat. Le « pied-tendre » au MAC 11 ne faisait à l'évidence pas le poids. Holliday respira à fond, cligna les paupières pour chasser l'eau qui lui coulait dans les yeux, puis entama les hostilités.

« Il y a un truc que vous devriez savoir si vous tenez à votre peau, mon petit bonhomme, dit-il. Sur un MAC 11, le coulisseau de sécurité qui se trouve devant la queue de détente doit être tiré vers l'arrière quand on marche dans le dos d'un prisonnier. »

Derrière lui, le pas et la respiration du garçon marquèrent une hésitation. Il avait dû baisser le regard vers l'arme et sortir la main droite de sa poche pour tester la sécurité. Ce qui donnait à Holliday un avantage de quelques infimes secondes.

Pivotant sur son pied gauche, il envoya le droit dans un mouvement tournant contre la cuisse de son adversaire, le faisant trébucher. Puis il le frappa aussitôt de sa paume gauche sous le menton. La tête brutalement rejetée en arrière, l'autre perdit l'équilibre, partit à la renverse et bascula sur le dos. Sans prendre le temps de réfléchir, Holliday se laissa tomber de tout son poids sur la poitrine de l'homme, genou en avant.

Plusieurs os se brisèrent dans un craquement parfaitement audible. Sous la pression du genou de Holliday, l'extrémité déchiquetée de la troisième côte s'enfonça dans l'artère pulmonaire, qui se rompit. Le sang jaillit des narines et de la bouche du jeune homme, qui mourut dans un hoquet avant même de comprendre qu'il était par terre. Ses yeux bleus se révulsèrent et son corps s'avachit. Holliday se remit debout.

« Il est mort ? demanda Meg d'une voix blanche.

— Oui.

— Vous n'auriez pas pu simplement le… le désarmer ?

— Non », répondit Holliday, sans plus de justifications.

Jeune ou pas, le mercenaire de pacotille avait menacé leur vie. En choisissant d'être soldat, il avait implicitement accepté le contrat que souscrivent tous ceux qui se font la guerre depuis que Caïn tua Abel : coup pour coup, pas de quartier, tuer ou être tué.

« Et maintenant ?

— Retournez-le sur le ventre et retirez-lui son coupe-vent ! » ordonna Holliday.

Meg s'exécuta pendant qu'il jetait un regard alentour. Ils étaient hors de vue de la route et aucun coup de feu n'avait été tiré. Le seul risque était que quelqu'un prenne le sentier depuis l'autre côté de l'île pour courir au village se mettre à l'abri de la pluie battante.

Meg, qui avait fini d'ôter la veste du jeune homme, se releva. Holliday s'accroupit près du cadavre à son tour, défit la sangle du holster Bungee qu'il portait et lui fouilla les poches. Des clés, quelques pièces de monnaie anglaises et américaines, un gros poignard haut de gamme de l'armée suisse. D'après les papiers d'identité que contenait le portefeuille, le mort était un dénommé Ian Andrew Mitchell, vingt et un ans, domicilié à Wilmington, dans le Delaware. Il possédait aussi un permis de port d'arme dissimulée délivré par les autorités du Delaware. Un étui renfermant un Beretta de poche calibre 38 était glissé dans son pantalon, contre son dos. Le permis était établi avec la caution de la société Blackhawk Security Systems d'Odessa, également dans le Delaware. Un passeport au nom d'Andrew Mitchell le présentait comme « consultant en sécurité ».

Mitchell avait aussi sur lui trois cents euros en liquide et plusieurs cartes de crédit, que Holliday s'appropria avant de se relever pour jeter le portefeuille et ce qui restait de son contenu le plus loin possible dans le marécage. Il glissa le Beretta dans sa propre ceinture, passa la sangle Bungee autour de sa poitrine et y rattacha le MAC 11. Pour finir, il suspendit les jumelles à son épaule après avoir endossé le coupe-vent noir.

« Aidez-moi à le tirer sous le buisson d'ajoncs, là-bas », dit-il.

Meg prenant un poignet, Holliday l'autre, ils traînèrent le corps jusqu'au taillis sur l'herbe et le sol fangeux. Cela fait, ils regagnèrent le sentier, crottés comme des bassets. La pluie qui tombait sans arrêt ne tarderait pas à effacer toute trace de ce qui s'était passé.

« Vous avez l'air si calme, remarqua Meg, acerbe.

À croire que tuer un gosse est une chose toute naturelle pour vous. »

Holliday serra les dents. Les mots de la jeune femme ravivaient un vieux souvenir qu'il aurait préféré oublier.

« Je vais vous raconter une histoire, répondit-il. J'étais en faction à une entrée de la zone verte, à Bagdad, un matin, quand une fillette de neuf ans s'est présentée au *check point*. Le soldat irakien qui était avec moi m'a alors fait remarquer qu'il était rare de voir une gamine si jeune en burqa. Il lui a ordonné de stopper, mais elle s'est mise à courir droit sur nous. L'Irakien a crié de nouveau sans qu'elle s'arrête. Je portais un vieux 45 automatique. Voyant que l'Irakien hésitait, j'ai abattu la petite d'une balle dans la poitrine.

— Et vous vous êtes senti mieux, après ça ? »

Holliday sentait encore le sable fin comme du talc qui collait à la peau comme une couche de crasse même après une douche.

« La gamine se trouvait peut-être à quinze mètres quand je l'ai touchée. En explosant, la ceinture d'explosifs qu'elle portait sous sa burqa a creusé dans la chaussée un cratère d'un mètre de profondeur sur trois de diamètre. Le soldat irakien a été tué par des éclats, ainsi que deux marchandes qui tenaient un étal de fruits à proximité. Le souffle de l'explosion m'a arraché mes rangers. Alors, évitez l'expression "tuer des gosses", mon petit, d'accord ? »

L'espace d'une seconde, debout sous la pluie, ses cheveux roux enchevêtrés en longues torsades contre ses joues, la nonne sembla vouloir répliquer, puis se ravisa.

« Bon, qu'allons-nous faire, à présent ? demanda-t-elle pour finir.

— Ce gamin n'était pas un assassin, dit Holliday. C'était un livreur.

— Comment ça, un livreur ?

— Son rôle était de nous mener jusqu'à quelqu'un. Et j'ai bien l'intention de découvrir qui, et où. »

20

« J'en étais sûr », murmura Holliday avec une colère froide après avoir braqué les puissantes jumelles Steiner prises au mercenaire mort.

Meg et lui, à plat ventre sur les rochers surplombant la baie du Bout de l'océan, observaient la plage qui formait un long arc de cercle irrégulier le long de la façade ouest de l'île. Ils étaient trempés jusqu'aux os par la pluie qui tombait toujours et avaient depuis longtemps renoncé à tout espoir de se sécher.

Gardant prudemment la tête baissée, il passa les jumelles à la jeune femme en lui montrant du doigt une vieille barque de pêcheur peinte en rouge qui avait été tirée sur le sable, proue face à l'océan lisse et monotone. Le tableau arrière de l'embarcation était équipé d'un gros moteur hors-bord Mercury en position relevée.

Blotti à la poupe, un homme s'abritait sous la petite bâche de protection du moteur. Il portait un coupe-vent noir identique à celui qu'ils avaient emprunté au mort. Sans doute un autre employé de Blackhawk Security. Mais qu'était au juste cette société, et pourquoi s'en prenait-elle à eux ?

« Mais c'est le bateau de Sean, au large ! La *Mary Deare* ! s'exclama Meg, qui avait dirigé les jumelles vers la mer.

— Oui… Si tant est que Sean soit son véritable nom », dit Holliday entre ses dents.

À l'œil nu, le vapeur n'était qu'une masse indistincte sur l'horizon noyé de pluie, mais avec les Steiner, on discernait chaque tache de rouille et de minium sur sa coque. La *Mary Deare* mouillait sur deux ancres à environ un mille de la côte. Le bateau semblait attendre. Mais quoi ? La seule réponse logique était qu'O'Keefe avait quitté le port parce qu'il avait rendez-vous de ce côté-ci de l'île avec l'homme de la barque rouge, qui lui-même guettait l'arrivée de Ian Andrew Mitchell et de ses prisonniers. L'opération avait été soigneusement planifiée. Dans quel but ? Pourquoi ne pas avoir attendu qu'ils regagnent d'eux-mêmes la *Mary Deare*, puisqu'ils ne pouvaient aller nulle part ailleurs ?

« Je ne comprends rien à toute cette histoire, dit Meg en rendant à Holliday les jumelles, qu'il rangea dans leur étui.

— Quelqu'un cherche à nous arrêter à tout prix. Votre petit ami O'Keefe travaille pour les gens qui nous ont pris pour cible. L'idée était sans doute de nous ramener à bord de la *Mary Deare* sans que personne nous voie, puis de nous torturer pour nous faire dire ce que nous savons avant de nous balancer à la mer.

— D'abord, Sean n'est pas mon petit ami, répliqua Meg. Et ensuite, j'ai du mal à l'imaginer faisant une chose pareille.

— Vous pouvez imaginer ce qui vous chante. Mais

la dure réalité, c'est le type en coupe-vent de la Blackhawk Security qui est assis dans le doris. Vous avez pu constater comme moi que ces gens-là sont tout à fait capables de "faire une chose pareille", comme vous dites.

— Soit, concéda Meg. Et comment comptez-vous vous y prendre pour affronter la "dure réalité" qui est assise dans cette barque ?

— En rusant. »

Après cinq minutes d'âpre discussion, Holliday et Meg se mirent debout puis, elle devant, lui derrière, ils commencèrent à descendre lentement la dune basse qui faisait suite aux rochers plus élevés. Percevant leur mouvement, l'homme assis dans la barque dressa la tête et scruta la butte à travers le rideau de pluie. Il se leva, la bâche sur les épaules, une main en visière au-dessus de ses yeux. Holliday et Meg, qui avaient atteint le pied de la dune, se dirigèrent vers le bateau échoué en marchant tête basse, leurs pieds s'enfonçant dans le sable mouillé.

« N'oubliez pas que vous avez promis de ne pas lui faire de mal, rappela Meg à mi-voix.

— À moins qu'il n'essaie de m'en faire d'abord, répliqua Holliday, espérant faire taire la sœur, qui l'empêchait de se concentrer.

— Vous êtes vraiment un sale type, commenta-t-elle avec aigreur.

— Hé, cria l'homme depuis la barque. Il devait y en avoir deux ! Où est l'autre ? »

Holliday et Meg poursuivirent leur progression. Encore quelques mètres et Holliday pourrait agir.

« Hé ! » hurla de nouveau l'homme.

Rejetant la bâche qui lui couvrait les épaules, il

écarta un pan de son coupe-vent et plongea la main dessous. Il portait les mêmes armes que son camarade.

Holliday poussa brutalement de son bras gauche la jeune femme, qui trébucha avant de tomber à quatre pattes. Puis il ouvrit le feu avec le Beretta à travers la fente qu'il avait pratiquée dans la poche de son blouson à l'aide du poignard suisse, visant l'épaule et le bras droits du mercenaire dans l'espoir de l'immobiliser. Le Beretta contenait un chargeur de huit cartouches, plus une dans le canon. Holliday ne cessa de tirer que lorsque l'homme bascula hors du bateau et s'effondra sur la plage. Aucune tache de sang n'était visible sur le coupe-vent noir. Le type se tortillait sur le sable, se tenant le coude droit avec sa main gauche. Il lui faudrait un petit bout de temps avant de pouvoir de nouveau signer des contrats, mais il survivrait si quelqu'un l'amenait à l'hôpital dans la demi-heure. Holliday avait tiré sept munitions dont quatre avaient atteint leur but : une le coude, une le gras du bras, deux l'épaule. Trois des projectiles avaient traversé les chairs de part en part, le quatrième était toujours logé dans le biceps. L'homme, blanc comme un linge, claquait des dents, déjà en état de choc.

« Qu'avez-vous fait ? » gémit sœur Meg en s'accroupissant près du blessé.

Holliday écarta la jeune femme pour défaire la bretelle du MAC 11 que portait le mercenaire. Après avoir posé l'arme sur le sable, il retourna sans ménagement son propriétaire, qui hurla de douleur.

« Vous lui faites mal ! protesta Meg.

— Tant mieux, répondit Holliday, affable, tout en prenant le Beretta que l'homme portait dans le dos, comme son collègue. Remettez le bateau à flot ! Pendant ce temps-là, je vais tirer notre ami au-dessus de la ligne de marée.

— Nous n'allons quand même pas l'abandonner là ! s'écria la sœur comme il commençait à traîner le blessé après l'avoir empoigné par le col.

— Vous croyez peut-être que nous allons l'emmener ? »

Quand il eut atteint la ligne d'algues à demi sèches et de débris de bois qui marquait la limite de la marée haute, Holliday lâcha son fardeau puis, ignorant Meg, qui continuait à s'insurger, il retourna à l'embarcation, qu'il poussa à l'eau. Dès qu'elle fut à flot, il se hissa sur le plat-bord pour se laisser retomber sur le banc de nage. Il bascula ensuite le moteur en position de marche et chercha le démarreur.

« Que faites-vous ? demanda Meg, l'air un peu égarée.

— Je file avant que votre copain Sean ne comprenne ce qui se passe et n'appelle la cavalerie à la rescousse. Si vous voulez venir, vous feriez mieux de sauter à bord. »

Holliday trouva le démarreur électrique, qu'il actionna d'une main tout en gardant l'autre sur la commande des gaz. Poussée par les vaguelettes, la vieille barque de pêche en bois s'éloignait déjà du rivage. Meg hésita encore quelques secondes puis, entrant dans l'eau, elle lança son sac à dos dans le bateau avant d'y monter à son tour en prenant appui des deux mains sur le plat-bord. Le moteur rugit et Holliday dirigea d'un coup de barre la proue vers le large.

Katherine Franklin Sinclair, veuve d'Angus Pierce Sinclair, ambassadeur à Londres, et mère du sénateur

Richard Pierce Sinclair, déjeunait en compagnie de son fils au restaurant du Sénat. Katherine dégustait des coquilles Saint-Jacques enveloppées de bacon, Richard un panini au thon accompagné de frites.

Le chef de la majorité sénatoriale était installé à la table derrière la leur ; le président de la commission des Forces armées déjeunait d'un cheeseburger une table plus loin. Une impression grisante que cette proximité du pouvoir, mais, si Kate Sinclair parvenait à ses fins, la griserie serait encore plus forte à compter du 8 novembre suivant, date de la prochaine élection présidentielle.

Parée d'une robe rouge à la Nancy Reagan, Katherine ressemblait tout à fait à ce qu'elle était, sous le casque de ses cheveux blancs permanentés : une matriarche desséchée de Palm Beach qui avait dû être jolie. Son fils, quant à lui, sénateur quadragénaire et plutôt bel homme, portait la tenue traditionnelle de sa fonction : costume sombre à rayures blanches, chaussures noires Florsheim, chemise blanche, boutons de manchettes or et bleu cobalt – offerts par G. W. Bush en personne à l'occasion de son élection à la chambre haute –, cravate club argent et bordeaux de la très chic Phillips Exeter Academy.

« Il n'y a pas à discuter, Richard, dit Katherine. Ce vote sur l'immigration est la clé de ton élection.

— Obama a été élu entre autres grâce aux voix des Latinos de Californie : je suis sûr de perdre si je soutiens une proposition de loi qui prétend obliger tous les Mexicains à se déclarer auprès du département de la Sécurité intérieure et à porter une carte d'identité spéciale, objecta Richard. C'est l'équivalent de l'étoile jaune pour les Juifs.

— Il n'y a qu'en Californie que ça te desservira. En revanche, cela te permettra de reconquérir tous les États pro-Bush que McCain a perdus… et de montrer que tu es capable de défendre fermement les principes qui ont fait de ce pays ce qu'il est.

— Tes principes à toi, maman.

— Peu importe qu'ils soient les miens ou non ! Ils ont fait la preuve de leur efficacité dans le passé, et ils la feront de nouveau. Le pays va à vau-l'eau : tu dois faire le ménage et la première mesure à prendre est de renvoyer la racaille.

— Ça risque de ne pas améliorer mon image au sein du parti… »

Richard mordit dans son panini spongieux, le reposa dans son assiette et se mit à mâcher tout en soupirant. Kate Sinclair observa son fils, qu'elle aurait souhaité plus résolu. Mais la faiblesse de caractère de Richard n'était pas sans cause, elle le savait bien : pour le fils unique qu'il était, grandir dans l'ombre d'un père comme Angus Sinclair n'avait pas été facile. Dans tous ses aspects importants, la vie de Richard avait été organisée sans qu'il ait son mot à dire. Scolarité : Exeter, Yale. Discipline : le droit. Carrière : le service public, puis une élection stratégique mûrement réfléchie au Sénat. Suite logique : la Maison-Blanche. Tel était le plan établi par Angus Sinclair avant même la naissance de son fils, un plan dont Katherine s'était empressée de poursuivre la mise en œuvre après le décès de son mari.

« Le parti ? Qu'en as-tu à faire alors que tu disposes du vrai pouvoir pour t'épauler ? s'exclama enfin Kate.

— Tu parles de tes prétendus amis haut placés ?

demanda avec dédain le sénateur, qui savait exactement à quoi s'en tenir sur le sujet.

— Ce sont aussi les tiens, répliqua sa mère. N'oublie pas qu'ils t'ont toujours soutenu, qu'ils ont préparé la voie pour ta réussite.

— Tu veux dire qu'ils l'ont financée… ce qui fait de moi leur obligé, c'est bien ça ?

— Ils ne désirent que le bien du pays », affirma Katherine.

Elle coupa en deux une noix de Saint-Jacques, nappa un des morceaux de crème d'épinards et le porta délicatement à ses lèvres minces. Elle mâchait sans paraître bouger le maxillaire, une façon de faire qu'elle avait apprise au pensionnat pour jeunes filles de Miss Porter, à Farmington, il y avait bien longtemps.

« C'est aussi ce qu'a dit Hitler aux Polonais avant de les envahir, remarqua Richard, caustique, avant de mordre de nouveau dans son sandwich.

— Ne sois pas ridicule ! rétorqua Katherine. Tu sais parfaitement de quoi et de qui je parle. Tu n'as pas le choix. C'est ton tour, maintenant : ne serait-ce que parce que tu es l'héritier d'une histoire. Une fois que tu seras de fait le dirigeant de l'ordre, tu auras accès à toutes ses ressources et ton élection à la Maison-Blanche sera assurée.

— Parce que tu penses vraiment que Rex Deus détient encore assez de pouvoir pour ça ? demanda ironiquement Richard avant de croquer une frite.

— Je ne le pense pas, j'en suis sûre. Et toi aussi. »

Elle avait raison, bien entendu. Le sénateur soupira de nouveau. Rex Deus avait toujours fait partie de sa vie, ainsi que la question de savoir quelle place il devait y occuper. Les membres de Rex Deus, ou les Desposyni, comme on les appelait jadis, se voulaient les descendants du Christ par sa mère, Marie, une lignée dont auraient fait partie les familles royales européennes de l'époque mérovingienne. Si leurs prétentions étaient fantaisistes, leur existence, elle, était un fait historique.

À une certaine époque, les Desposyni avaient été considérés comme l'aristocratie de l'Église primitive, mais, devenus Rex Deus, ils s'étaient transformés au fil des siècles en une société secrète centrée sur l'argent et le pouvoir. À l'instar des francs-maçons, Rex Deus avait connu un grand succès auprès des premiers colonisateurs de l'Amérique, particulièrement pendant la période prérévolutionnaire du XVIIIe siècle. Ainsi, parmi les signataires de la déclaration d'Indépendance on comptait autant de francs-maçons que de membres issus des rangs de Rex Deus, parmi lesquels Benjamin Franklin, dont Katherine Sinclair était une descendante directe, et Robert Payne, un ancêtre d'Angus Sinclair.

À la veille de 1776, le règlement diplomatique des conflits entre l'Angleterre et ses colonies d'Amérique étant dans l'impasse, le recours aux armes était imminent. Il était évident que les Britanniques finiraient par abolir l'esclavage, ne serait-ce que pour enrayer la croissance de l'industrie cotonnière américaine. S'ajoutaient à cette crainte les taxes imposées par la couronne aux colons pour financer la guerre intercoloniale, contre les Français et les Indiens, ainsi que l'augmentation du prix des produits manufacturés importés.

Or les francs-maçons et les membres de Rex Deus

étaient soit de riches propriétaires terriens esclavagistes, soit de riches marchands : rien d'étonnant dans ce cas à ce qu'un tiers des signataires de la déclaration aient été issus de leurs rangs. La création du Congrès continental de 1774 et la déclaration d'Indépendance de 1776 avaient pour but d'amorcer une révolution financière autant que politique. À l'époque, comme maintenant, les motivations essentielles étaient la richesse et le pouvoir.

« D'autres que moi désirent être élus à la tête de l'ordre, dit Richard. Ce n'est pas comme si j'étais le seul à pouvoir postuler.

— Le Conclave de Marie Madeleine se tient dans moins de deux semaines, insista Katherine à mi-voix en se penchant par-dessus la table. Cette élection, nous la gagnerons, et c'est toi qui prendras le commandement de l'ordre, tu m'entends ? »

Le sénateur Sinclair la regarda. Il l'avait déjà vue dans cet état d'esprit. Une fois, lors d'épreuves de sélection sportives, à Exeter, elle avait réussi à faire de lui la risée de toute l'école par cette attitude horripilante de mère abusive.

« Je ne comprends pas pourquoi ça te tient tellement à cœur, répondit-il. Tu ne me crois pas capable de devenir Président par mes propres moyens ?

— Pas sans l'aide de l'ordre, mon chéri. Avec le soutien de l'ordre, nous pourrons tout obtenir. Nous pourrons convertir le monde entier à nos idées. Les ressources de l'ordre sont sans limites. Avec toi à sa tête, nous serons invincibles !

— Sauf que je ne suis pas du tout certain d'avoir envie de poser ma candidature, et encore moins de gagner, répliqua Richard, dont le tube digestif commençait à se ressentir de l'excès de mayonnaise que contenait son panini.

— Mais bien sûr, que tu veux être Président, Richard ! s'exclama Katherine en parcourant du regard la salle luxueusement décorée. Tout le monde rêve de devenir président des États-Unis ! Ton père en rêvait ! Moi aussi ! »

« *Mais pas moi* », songea Richard Sinclair.

« D'accord, maman, dit-il.

— Tu vois bien ! Bon, l'affaire est entendue. Et maintenant, passons au dessert. Que dirais-tu de la tourte aux pêches avec sa boule de glace ?

— D'accord, maman. »

21

Il était un peu plus de 13 h 30 quand ils arrivèrent à Fionnphort, sur l'île de Mull. Après avoir abandonné la barque de pêche, ils prirent un taxi jusqu'à la base d'hydravions de Tobermory, sur la baie du même nom. De là, un Cessna Caravan les transporta à Glasgow, où ils purent embarquer sur un vol direct d'Air Transat à destination de Pearson International, l'aéroport de Toronto.

À la nuit tombante, affamés et un peu fatigués, ils se présentaient à la réception de l'hôtel Royal York, à des milliers de kilomètres de l'île sacrée d'Iona. L'établissement, un immeuble de vingt-huit étages aux allures de château datant des années vingt, comprenait plus de mille chambres et, selon une brochure, possédait son propre rucher qui produisait sept cents livres de miel par an. Jadis le plus vaste hôtel de l'Empire britannique, il n'avait pas usurpé son nom puisque la famille royale l'avait fréquenté assidûment pendant trois générations, du duc de Windsor à la princesse Diana, sans parler de plusieurs rois et reines en titre.

L'hôtel offrait en outre l'avantage d'être situé juste en face de la gare principale de Toronto, Union Station, une monstruosité de granit, contemporaine de Grand Central, à New York, et qui ressemblait encore plus au British Museum que le British Museum lui-même. Plusieurs trains de jour en partaient pour Montréal, ainsi qu'un train de nuit pour Halifax.

En dépit des fantasmes paranoïaques d'hypersurveillance véhiculés par les productions hollywoodiennes, Holliday savait pertinemment qu'on ne s'amusait pas à reprogrammer des satellites pour le simple plaisir de rechercher deux quidams comme eux dans les rues de Toronto, et que suivre une carte de crédit à la trace était moins facile dans la réalité que dans les films de Jason Bourne. Il estimait donc qu'ils disposaient d'au moins deux jours de répit avant que les mystérieux services qui les traquaient ne se remettent en ordre de bataille. Voyager en train brouillerait un peu plus les pistes, surtout s'ils payaient leurs billets en liquide. Mais avant de partir, Holliday voulait rendre visite à un vieil ami.

Steven Braintree, professeur d'histoire médiévale à l'université de Toronto, avait son bureau au dernier étage d'un bâtiment qui faisait l'angle de Bloor Street et d'Avenue Road et dont l'architecture néocorinthienne désuète évoquait plutôt un siège de banque ou de compagnie d'assurances que des locaux académiques. De façon appropriée, le musée royal de l'Ontario était situé de l'autre côté de la rue. Un seul pâté de maisons séparait les locaux de la faculté d'histoire médiévale du centre géographique exact de la ville, le carrefour de Yonge Street et de Bloor Street.

Le bureau de Braintree, un réduit d'à peine quatre mètres carrés, était un capharnaüm de livres empilés et de dossiers épars, une tourmente de papiers divers jonchant la moindre surface plane, couvrant des étagères qui ployaient sous la charge, débordant de classeurs métalliques, s'échappant de boîtes en carton posées à même le sol. Un aspidistra orné d'une unique fleur violette défraîchie achevait de s'étioler sur le radiateur à côté de la statuette en plastique d'un chevalier en armure fixée sur le rebord de la fenêtre. La plante avait encore son étiquette de la pépinière ; l'écu du chevalier avait été remplacé par une capsule de Quidi Vidi, une bière provenant d'une petite brasserie de Terre-Neuve.

Coincée sous les combles du vieil édifice, la pièce était dépourvue de climatisation alors qu'il régnait à Toronto la même chaleur étouffante qu'à New York à cette époque de l'année. Les vantaux de la fenêtre aux vitres crasseuses étaient littéralement soudés au cadre, conséquence d'une centaine d'années de travaux de peinture successifs combinés au souci de conserver jalousement la chaleur à l'intérieur en hiver.

Braintree, qui portait un jean et un tee-shirt sur lequel on lisait TOUCHE PAS À MON CHAUCER, était à peu près aussi vaillant que son aspidistra. Ses longs cheveux bruns, ternis et rendus flasques par la chaleur, s'étaient parsemés de quelques touches de gris supplémentaires depuis sa dernière rencontre avec Holliday. Assis à son bureau, mains jointes devant sa bouche froncée, yeux écarquillés derrière d'élégantes lunettes teintées à monture de plastique, le professeur écoutait attentivement l'histoire de Jean de Saint-Clair et de la bienheureuse Juliana que lui racontait son visiteur.

« Le poème ne manque pas d'intérêt, murmura-t-il quand Holliday eut terminé. Comme vous le savez, les codes et la cryptographie de l'époque médiévale sont un peu ma spécialité.

— Vous croyez qu'il s'agit d'un texte codé ? s'enquit Meg.

— Le style est assez maladroit pour que c'en soit un, répondit Braintree en se tournant vers la sœur aux cheveux flamboyants. Un des indices de la présence d'un code dans un texte ancien est la bizarrerie des tournures, qui vient de ce que certains mots-clés doivent absolument être utilisés alors qu'ils ne s'intègrent pas vraiment au contexte.

— Par exemple ? » demanda Holliday.

Le jeune universitaire lut tout haut la seconde partie de la prière en insistant sur ce qu'il supposait être les mots-clés :

Protège-nous encore de la satanique et royale *vengeance*
Et donne-nous les ailes sacrées de Marie
Pour voler jusqu'à la plus lointaine rive
Où tes trésors retrouveront abri dans l'arène
Entre les bras pâles *d'Arcadie.*

— Ça ne colle pas, ajouta-t-il avant de se retourner pour fouiller dans une pile branlante de livres posés sur le plancher derrière lui.

— Ça ne colle pas ? répéta Meg. Qu'entendez-vous par là ?

— D'après vous, le poème date des premières années du XIVe siècle, à peu près l'époque du lai d'Havelock le Danois.

— L'époque de qui ? demanda Meg.

— De *quoi*, plutôt, rectifia Braintree. Ah ! le voilà !

s'exclama-t-il en attrapant un mince volume relié en toile beige. L'édition Clarendon Press de 1910. Très précieux. Je craignais de l'avoir égaré.

— L'époque de *quoi* ? répéta Holliday.

— Exactement. Je croyais vous l'avoir déjà dit : le lai est une chose et non une personne.

— Bref, intervint Meg, manifestement agacée. Qu'est-ce que ce *qui* ou ce *quoi* a à voir avec notre prière ?

— Comme je vous le faisais remarquer, le texte est curieusement construit. Les poèmes, les chansons, les prières, tout ce qui était versifié l'était en distiques rimés de huit pieds, comme le lai d'Havelock le Danois, ou Chaucer... »

Braintree sourit, bomba le torse, puis se mit à déclamer :

Bot I haf grete ferly that I fynd no man
Dat has written in story how Havelock his lond wan.

— Vous m'en direz tant ! s'exclama en riant Holliday, que le moyen anglais avait toujours laissé perplexe.

— C'est l'histoire d'un prince danois qui s'établit à Grimsby après avoir conquis l'Angleterre, expliqua l'historien. Shakespeare s'en est inspiré pour *Hamlet*... Mais là où je veux en venir, c'est que votre fameux Jean de Saint-Clair et sa bienheureuse Juliana n'ont certainement pas écrit cette prière, ou, s'ils l'ont fait, c'était dans un but qui n'avait rien de liturgique.

— Ils ont pu l'écrire d'abord en français, puis la traduire, ce qui expliquerait les anomalies, objecta Holliday.

— À l'époque, les conventions poétiques étaient les mêmes en anglais et en français. Le distique rimé était la seule forme admise. S'ils avaient voulu composer une véritable prière, vos amis l'auraient fait selon la norme en vigueur. De plus, comme je vous le disais, certaines associations de mots paraissent forcées. Personne n'aurait songé à réunir des termes comme “satanique” et “royale” à moins d'avoir voulu faire passer un sens caché. De même, l'expression “les bras pâles d'Arcadie” a quelque chose de contradictoire. L'Arcadie était censée être un paradis luxuriant et désirable, qu'elle ait des “bras pâles” ne la rend pas particulièrement attirante.

— Alors, à quoi le texte fait-il allusion ? demanda Meg.

— À la Nouvelle-Écosse, anciennement Arcadie, répondit Holliday.

— Non, regardez une carte, dit Braintree. La Nouvelle-Écosse ressemble à un homard auquel il manque une pince. Incompatible avec “des” bras pâles… »

Braintree s'interrompit un instant, puis, comme frappé par une idée soudaine :

« En revanche, il existe bien un endroit qui remplit tous les critères. À la perfection, même ! Si le navire vénitien de Jean de Saint-Clair voguait vers la “plus lointaine rive” de l'Atlantique, il a au moins dû passer très près du lieu en question, s'il ne s'est pas échoué entre ses bras pâles !

— Où cela se trouve-t-il ? » s'enquit Meg.

Braintree écarta une pile de papiers sur son bureau, révélant un ordinateur portable Hewlett-Packard.

Il pianota un instant sur les touches puis scruta l'écran de son regard myope par-dessus ses lunettes.

« Quarante-trois degrés quatre-vingt-quinze minutes de latitude nord ; cinquante-neuf degrés quatre-vingt-onze minutes de longitude ouest, déclara-t-il. On en parle souvent comme du cimetière de l'Atlantique. Pas moins de trois cent cinquante navires y ont fait naufrage depuis 1583, ce qui représente quelques stères de bois de chauffage ! C'est un banc de sable de quarante-cinq kilomètres de longueur en forme de croissant de lune situé au milieu de nulle part, et cela s'appelle l'"île de Sable". »

À environ cent cinquante kilomètres des côtes de la Nouvelle-Écosse, l'île était une longue barre de sable incurvée en forme d'arc épais en son milieu et de plus en plus effilé vers les extrémités. Cet énorme écueil, posé à un ou deux milles nautiques de la fin du plateau continental, émergeait de l'océan au centre des turbulences tant marines que météorologiques générées par la rencontre du Gulf Stream avec le courant du Labrador.

L'île de Sable se trouvait en plein sur la première route commerciale entre l'Europe et la côte est de l'Amérique ou la Caraïbe, à la limite des Grands Bancs, où les Basques venaient déjà pêcher avant la découverte du Nouveau Monde. Elle avait probablement été découverte pour la première fois par Éric le Rouge, au début du XIe siècle.

Elle constituait le premier obstacle que les grandes tempêtes, les bancs de brouillard, les ouragans et autres vagues scélérates rencontraient sur le chemin du continent américain et, de ce fait, sa forme variait en permanence, modelée par le vent, les courants et les marées.

Elle était devenue un centre d'intérêt pour les compagnies pétrolières dont l'une avait récemment tenté en vain d'y implanter une tour de forage. Plusieurs plateformes flottantes, en revanche, continuaient à fonctionner à proximité. Quatre fonctionnaires résidaient à demeure sur l'île avec pour mission d'entretenir les phares automatisés qui en signalaient les pointes et de veiller sur les poneys sauvages qui semblaient y prospérer.

Le seul autre occupant, installé dans une cabane de fortune, était un chercheur chargé d'étudier l'écosystème étrange du lieu. L'île n'était desservie que par un petit avion équipé de pneus spéciaux pour atterrir sur le sable et il fallait un permis pour la visiter. Toute tentative d'y aborder sans autorisation était passible d'une amende.

Les rares visites, guidées, étaient organisées par le Conservatoire de l'île de Sable à l'intention de touristes « verts » désireux d'observer les chevaux sauvages. L'île n'était pas un désert aride : elle comprenait des étangs saumâtres et quelques petits lacs d'eau douce, dont le plus important, dans la partie centrale, s'appelait le lac Wallace. Sans cette eau, les quatre cents poneys n'auraient pas pu survivre.

Personne ne savait au juste comment ces animaux étaient arrivés là. L'hypothèse historique la plus vraisemblable liait leur venue à la Déportation des Acadiens, dans la seconde moitié du XVIIIe siècle. Ils auraient constitué un butin transporté sur l'île de Sable par Thomas Hancock, l'oncle du célèbre John Hancock, signataire de la déclaration d'Indépendance

– un détail que Meg sembla trouver particulièrement intéressant.

« Il faut que nous allions là-bas le plus tôt possible, déclara-t-elle avec excitation après avoir écouté les explications de Braintree. L'arche s'y trouve, je le sais.

— Du calme, nous ne faisons pas la course ! s'exclama Holliday.

— Il vous faudrait y aller clandestinement et on pourrait vous mettre en prison pour ça, remarqua l'universitaire.

— Nous ne sommes plus à ça près, je le crains », dit Holliday.

Braintree se renversa contre le dossier de son fauteuil et posa les pieds sur une pile de livres chancelante.

« Je dois avouer que cette histoire me fascine, reprit-il, l'air songeur. L'Arche authentique fait partie de ces légendes urbaines qui ont probablement un pied dans le réel… ou peut-être plus.

— L'arche n'a rien d'une légende, elle existe, affirma Meg.

— Oui, comme le suaire de Turin, admit Braintree en souriant. Sauf que le suaire est un faux, comme le sont tous les fragments de la vraie Croix ou les flacons miraculeux du vrai sang que possèdent les cathédrales du monde entier. Si l'on reconstituait la croix à partir de tous ces morceaux, elle aurait la taille d'un gratte-ciel, et un pétrolier géant ne suffirait pas à recueillir tous les échantillons du sang qu'a versé le Christ.

— Vous n'êtes pas croyant, je suppose.

— Je suis médiéviste, répondit Braintree avec un haussement d'épaules. Je crois en l'histoire et en ce qu'elle peut nous apprendre.

— Mais vous ne croyez pas en Dieu.

— Je n'ai pas dit ça.

— Vous ne croyez pas que la parole de Dieu soit telle qu'elle a été transcrite.

— Je n'ai jamais rien vu que Dieu ait écrit. »

Si Braintree semblait y prendre un plaisir certain, cet échange d'arguments commençait à horripiler sérieusement Holliday. Il venait de tomber de Charybde en Scylla en essayant de retracer le parcours d'un chevalier du Temple, et voilà que son amie la nonne ne trouvait rien de mieux à faire que se lancer dans un débat théologique. Et ce avec des accents vaguement fanatiques et un éclat halluciné dans le regard qui ne lui disaient rien qui vaille. Il avait connu des talibans kamikazes en Afghanistan et des assassins à machettes au Rwanda qui ne s'exprimaient pas autrement.

« Vous ne croyez pas que les Évangiles soient la parole de Dieu ? insista Meg.

— Ils sont peut-être des interprétations de ce que leurs auteurs prenaient pour la parole divine, mais je n'irai pas plus loin.

— Et l'histoire ? N'est-elle pas aussi une simple "interprétation", comme vous dites ?

— Bien sûr ! Le passé et l'avenir n'ont pas de réalité. Seul l'instant présent en a une, et il fuit constamment. Tout le reste est donc sujet à interprétation.

— Vous voyez bien que vous utilisez le mot vous-même : "interprétation" ! s'exclama sœur Meg, comme si elle venait de marquer un point dans une sorte de match.

— Vous pouvez m'expliquer à quoi rime cette discussion ? intervint finalement Holliday en se levant.

— Je veux simplement démontrer que l'Arche authentique est une réalité, répéta Meg avec fermeté, comme si elle essayait de se convaincre elle-même. Elle existe ! Et elle contient le Graal, la couronne, le suaire et l'anneau.

— Il n'y a qu'un moyen de s'en assurer, répliqua Holliday. Allons chercher ce maudit machin et laissons le Pr Braintree retourner à son cher Chaucer !

— En tout cas, tenez-moi au courant ! dit le jeune homme alors qu'ils prenaient congé. Ce qui me plaît par-dessus tout, c'est qu'on m'apporte la preuve de mes erreurs. »

Ils regagnèrent le rez-de-chaussée par le vieil ascenseur grillagé, franchirent les lourdes portes de chêne et descendirent le large perron de granit baigné de soleil.

Holliday prit la mesure du traquenard en une fraction de seconde et comprit qu'aucune fuite n'était possible. Deux hommes portant costume, chaussures et lunettes noires se dirigeaient vers eux depuis l'angle de la rue. Deux autres, habillés de la même manière, venaient de la direction opposée.

Au bord du trottoir, un cinquième se tenait près de la porte coulissante ouverte d'un Ford Econoline bleu foncé, une main glissée dans la poche d'un coupe-vent bien trop chaud pour la saison, leur barrant le passage. Enfin, un individu en jogging, une main dans un sac banane accroché sur son ventre, dévalait les marches derrière eux de façon à leur interdire toute retraite. Il portait une oreillette qui ressemblait à un écouteur d'iPod mais devait être une radio.

« Montez dans la camionnette, colonel ! Vous et la fille ! ordonna-t-il. Et pas un mot ou je vous électrocute au Taser, compris ?

— Compris », acquiesça Holliday.

Le joggeur les poussa en direction du véhicule tandis que l'homme au coupe-vent s'écartait de la porte ouverte. Six gros bras, une camionnette, mais aucune présence apparente de la force publique. Le genre d'enlèvement qui passe inaperçu jusqu'à ce que la presse en fasse état le lendemain.

Encore trois pas et il serait trop tard. Qui étaient ces types ? Pas des policiers, en tout cas. Les flics n'opéraient jamais avec une telle discrétion. Des gens de Blackhawk ? Peut-être, mais si c'était le cas, ils prenaient un risque énorme. Même si le Canada était le meilleur ami des États-Unis, ce n'en était pas moins un pays étranger dont les autorités apprécieraient modérément la présence active d'une bande de paramilitaires américains sur le territoire national.

« Qu'est-ce qu'on fait ? chuchota Meg, l'air terrifiée.

— On obéit, répondit Holliday. On monte dans la camionnette. »

Et c'est ce qu'ils firent.

22

« Hou, hou ! Il y a quelqu'un ? fit dans le noir la voix de Meg, rendue rauque par la drogue qu'on leur avait administrée dans la camionnette.

— Je suis là, répondit Holliday », tout aussi enroué. Sa langue parcheminée lui collait au palais et il avait un mal de tête épouvantable. La pièce où ils se trouvaient était totalement obscure. Il n'aurait pas pu dire combien de temps s'était écoulé depuis leur enlèvement en plein centre de Toronto.

À l'arrière du fourgon, dans la pénombre, il avait juste eu le temps de sentir une odeur d'essence et d'apercevoir la silhouette de quelqu'un qui les attendait, puis l'homme au coupe-vent était monté derrière eux et ils avaient reçu chacun une injection. Il avait lutté assez longtemps contre l'effet du produit pour entendre une voix énoncer : « Quatre cent un à quatre cents, puis plein nord. » Une route à suivre, manifestement, mais pour aller où ? Quelque part au nord de la ville, sans doute.

« Doc ? coassa Meg.

— Oui, je suis là, répéta Holliday.

— Où sommes-nous ? »

Holliday essaya de remuer les bras et entendit un cliquetis suivi d'un raclement métallique. Il était menotté à un lit. Au jugé, Meg devait se trouver à trois mètres de lui.

« Vous êtes attachée sur un lit ? demanda-t-il.

— Je crois que oui », répondit-elle, un peu plus distinctement cette fois.

Holliday huma l'air. Une odeur de bois de cèdre, sans l'ombre d'un doute. Très puissante. Ses yeux s'habituant à l'obscurité, il distingua vaguement des poutres au-dessus de lui. Il percevait aussi un son lointain, venu du dehors. Un tambourinement sur une surface liquide. Un vrombissement aigu. Un hors-bord ? Quelqu'un qui faisait du ski nautique ?

« Je pense que nous sommes au bord d'un lac ou d'une rivière. Peut-être dans un chalet. J'entends un canot à moteur.

— Je l'entends aussi », dit Meg après un silence.

Holliday tourna la tête vers la droite, puis vers la gauche. À gauche, quatre traits faiblement lumineux dessinaient le contour d'un rectangle. Une fenêtre condamnée ? À droite, à l'extrême limite de son champ de vision, il aperçut un point de lumière rouge. Il essaya de nouveau de remuer les bras. Même bruit métallique, accompagné cette fois d'un pincement douloureux aux poignets. Les menottes qu'on lui avait passées ne venaient pas d'un magasin de farces et attrapes. Impossible de les ouvrir sans clé. Et deux paires pour lui tout seul ! Que de précautions ! Celui qui l'avait attaché devait savoir de quoi il était capable même avec une unique main libre.

Holliday continua de tendre l'oreille. Le vrombissement de moteur s'estompa, faisant place au murmure du vent dans des arbres. Un bruissement léger. Sans doute des conifères. Aucun bruit de circulation. Pas de doute, ils étaient à l'écart de tout.

Une porte s'ouvrit soudain, inondant la pièce de lumière. Trois mètres sur cinq, plancher en bois, deux lits métalliques à une place avec des matelas minces recouverts de coutil. Un écoute-bébé sur une table de nuit : le voyant rouge que Holliday avait aperçu dans le noir. L'homme au jogging entra. Il s'était changé et portait à présent un short en jean et un tee-shirt avec une phrase imprimée qui proclamait : *Une danse du ventre gratuite par pizza en retard. Suffisant pour entrer au Canada ?* Humour local, sans doute.

« C'est marrant, ce qui est écrit, j'imagine, commenta Holliday pendant que le type lui ôtait une de ses deux paires de menottes.

— Maintenant, vous enlevez l'autre paire vous-même et celles de votre copine, répondit le lascar avec un accent du Kansas agricole en laissant tomber un porte-clés en plastique sur la poitrine de Holliday. Quand ce sera fait, descendez au rez-de-chaussée. Petit déjeuner dans quinze minutes. Vous avez des toilettes en haut de l'escalier. »

Le petit déjeuner ? Ils avaient donc dormi au moins vingt-quatre heures. Holliday prit la clé, libéra sa deuxième main, puis alla délivrer Meg.

Le rez-de-chaussée était aussi spacieux que somptueux. Holliday avait déjà vu des demeures semblables dans le Vermont et le Connecticut : des résidences familiales de vacances que leurs propriétaires vieillissants n'utilisaient plus, mais louaient au mois ou à la semaine pour pouvoir les entretenir. Un mur entier de l'immense cuisine était percé de fenêtres donnant sur un grand lac entouré de forêts. Depuis une large terrasse à l'arrière de la maison, un escalier menait à un débarcadère en contrebas. Un vieux Chris-Craft en bois qui devait coûter aussi cher qu'une Bentley y était amarré. Le chalet semblait perché sur un promontoire rocheux environné de grands cèdres.

Un homme s'affairait devant un billot de boucher entre une cuisinière et une immense table en érable entourée de chaises en pin ciré à barreaux en pointe de flèche – d'authentiques antiquités de prix en vogue dans les années soixante. Le couvert était mis pour trois personnes, deux d'un côté, une de l'autre. Un grand verre d'orange pressée était disposé à côté de chacun des emplacements. Au centre de la table trônaient un service à café complet et un porte-toasts en argent fin rempli d'épaisses tranches de pain de mie grillé dont la moitié étaient beurrées. Il n'y avait personne d'autre dans la pièce, mais un garde en costume-cravate était assis dans un fauteuil de jardin Adirondack sur la terrasse. Il tenait sur ses genoux un fusil à pompe MAG7 à crosse de pistolet. Une arme sud-africaine, mais cela ne constituait pas un indice de la nationalité des ravisseurs.

L'homme qui se tenait devant le billot était en train de hacher des légumes à la main. Poivrons, oignons, céleri... Il avait déjà mis de côté un petit tas de jambon coupé en dés et un autre de fromage râpé. Par-dessus une chemise blanche à manches roulées, il avait revêtu un tablier rayé bleu et blanc comme en portaient jadis les marchands de fruits et légumes de Covent Garden, à Londres. Grisonnant, coupe de cheveux d'allure militaire et lunettes d'écaille sur le nez, il devait approcher la soixantaine.

« Le secret d'un petit déjeuner parfait réside dans la synchronisation », déclara-t-il.

Il n'avait aucun accent particulier et aurait aussi bien pu être anglais qu'américain. Soit il était né aux États-Unis et avait été élevé en Angleterre, soit l'inverse. Impossible à dire. Mais sa voix avait quelque chose d'artificiel et de bizarrement sinistre.

« Il importe que tout soit préparé dans un ordre rigoureux », ajouta-t-il.

Comme pour illustrer ce précepte, il ramassa méthodiquement avec une spatule les ingrédients rangés sur le billot avant de les jeter l'un après l'autre d'un geste rapide et adroit dans une grande poêle en fonte posée sur la cuisinière derrière lui à côté d'autres récipients. Il aimait manifestement cuisiner et s'y entendait.

« Mais asseyez-vous donc, colonel, je vous en prie », dit-il sans se retourner.

Meg entra à cet instant dans la cuisine, le regard encore un peu vague mais le visage rafraîchi. Elle frottait une marque rouge sur un de ses poignets. La trace des menottes. Tout cordon-bleu qu'il puisse être, il ne fallait pas perdre de vue que l'homme au tablier était leur ravisseur et leur geôlier. Holliday s'assit, se versa une tasse de café et attendit la suite. Meg l'imita. Les tasses à café étaient en Wedgwood, décor Kutani Crane.

L'homme remplit trois assiettes alignées sur le plan de travail voisin de la cuisinière puis les transporta, deux en équilibre sur l'avant-bras gauche, une dans la main droite, jusqu'à la table, sur laquelle il les posa avec l'aisance d'un serveur chevronné. Chacune contenait une omelette en forme de demi-lune impeccable, trois fines tranches de bacon et une généreuse portion de légumes poêlés. Il ôta ensuite son tablier en le faisant glisser par-dessus sa tête, le suspendit au dossier de sa chaise et s'assit. Après s'être versé du café, il y ajouta un peu de lait puis adressa un sourire à ses hôtes en prenant sa fourchette.

« Commencez avant que ça ne refroidisse », conseilla-t-il poliment.

Il coupa avec minutie un morceau d'omelette qu'il porta à sa bouche d'un geste gracieux. Holliday et Meg l'imitèrent. L'omelette, admirablement cuite, était excellente, de même que le café, serré sans être amer. Cafetière à piston, pensa Holliday.

« Vous savez manifestement qui nous sommes, dit-il. Et vous, qui êtes-vous ?

— Le petit déjeuner est-il à votre convenance ?

— Tout à fait, merci. Qui êtes-vous ?

— Je m'appelle Coing, comme la gelée. Nathan Coing, répondit l'homme en souriant. Je soupçonne ma mère de m'avoir rêvé professeur de lettres homosexuel dans une petite fac perdue du Nebraska, écrivant des recueils de poèmes à ses heures. Une existence tranquille. Hélas, son rêve ne s'est pas réalisé.

— Et que faites-vous dans la vie, si vous n'êtes pas un poète du Nebraska ? demanda Holliday tout en continuant à déguster son omelette.

— Disons que je suis un facilitateur. Je fais en sorte que certaines choses arrivent. Je donne de temps en temps un petit coup de pouce à l'histoire, rien de plus. En tant qu'historien, je suis sûr que vous appréciez cette fonction à sa juste valeur.

— Et il se trouve que nous vous empêchons de donner un de ces fameux coups de pouce, c'est bien ça ?

— Pas nécessairement… »

Coing prit une tranche de pain dans le porte-toasts, la sépara en deux, garnit l'une des moitiés avec un peu d'omelette et mit le tout dans sa bouche. Il garda les yeux fixés sur Holliday le temps de mâcher et d'avaler avant de reprendre :

« Nous ne faisons que vous surveiller.

— Et c'est pour mieux nous surveiller que vous nous avez enlevés ?

— Le monde est sujet à bien des tempêtes, colonel Holliday. Il est parfois préférable de se mettre à l'abri des gouttes.

— Je n'ai pas senti de gouttes.

— Mais ça n'aurait pas tardé. Votre petite quête intéresse beaucoup de monde.

— Vous y compris.

— Nous y compris », acquiesça M. Coing en hochant la tête.

Il avala une gorgée de café. Dehors, sur le lac, le hors-bord tirant un skieur nautique était de retour.

« Et que désigne ce "nous" ? demanda Holliday.

— Une partie intéressée à l'affaire.

— Un des services à trois lettres : CIA, DEA, NSA ? Ou un de ces nouveaux homologues qui poussent comme des champignons depuis dix ans ?

— Vous n'y êtes pas, nous n'avons rien à voir avec l'État. Le monde a changé, colonel. Nous sommes entrés dans l'ère de la mondialisation, de l'entreprise.

— Donc, vous faites partie du privé.

— Employés sous contrat. Facilitateurs, comme je vous le disais. Un problème surgit, nous le réglons.

— Bref, des nervis, résuma Holliday en humant son café.

— Tout à fait, admit aimablement Coing. Puisqu'il en faut.

— Mais pourquoi nous ?

— D'après mes informations, vous et votre amie religieuse êtes à la recherche d'une certaine Arche authentique. Aux yeux de certaines personnes, cette relique revêt une importance symbolique bien supérieure à sa valeur marchande. Notre tâche consiste à nous assurer que cette arche, si elle existe, ne tombe pas entre de mauvaises mains.

— Et quelles mains considérez-vous comme "mauvaises" ?

— Toutes, sauf celles de mon client.

— Qui est ?

— Ça, je ne peux pas vous le dire. Raisons de sécurité.

— Fin de la discussion », commenta Holliday.

Il choisit un toast, y étala de la confiture puisée dans un petit pot étiqueté MARMELADE DE PRUNE DE MOIRA et mordit dans la tartine. Moira méritait tous les éloges.

« Pourquoi nous avoir enlevés ? s'enquit Meg, muette jusque-là.

— Je sais de source sûre que vous avez à vos trousses cinq services de police différents plus l'agence de renseignements du Vatican. Il faut dire que les cadavres se multiplient dans votre sillage… Nous essayons simplement de nous distinguer de la concurrence, si je puis m'exprimer ainsi. D'après nos informateurs, vos amis du Saint-Siège se rapprochaient dangereusement de vous. Nous avons donc décidé de vous mettre sur la touche pendant quelque temps. Pour votre sécurité, et celle de votre entreprise.

— Vous êtes donc de notre côté ? demanda Holliday.

— Tant que je n'aurai pas reçu d'avis contraire de mon client, oui.

— En somme, seul le contrat vous intéresse. Aucune loyauté envers qui que ce soit. Pour vous, ce n'est qu'une question d'argent.

— Qu'est-ce qui ne l'est pas, colonel ? Ne soyez pas naïf ! Toutes sortes de gens se font la guerre pour toutes sortes de raisons, mais au bout du compte ce sont toujours les marchands d'armes qui s'enrichissent. La vie est une foire commerciale, comme Noël. »

Sur le lac, le hors-bord, parfaitement visible maintenant, n'était plus qu'à une vingtaine de mètres du quai au pied de la terrasse. Le claquement des skis sur l'eau et le vacarme des deux moteurs du canot rendirent bientôt impossible toute conversation. Tout le monde se tourna vers le bateau, y compris le garde, dehors. Il y avait quatre hommes à bord, tous portant des gilets de sauvetage noirs. Parvenu à la hauteur du débarcadère, le skieur lâcha soudain le palonnier tandis que le pilote de l'embarcation coupait presque les gaz. Les quatre hommes se tournèrent vers la rive.

Des gilets de sauvetage *noirs* ?

23

Pas des gilets de sauvetage, des gilets pare-balles !

« À terre ! » hurla Holliday.

Empoignant Meg par le bras, il la fit tomber de sa chaise sur le sol. Les fenêtres donnant sur le lac volèrent en éclats et la cuisine explosa littéralement sous l'impact de balles silencieuses. Le garde de la terrasse fut réduit en charpie avant même d'avoir pu se lever.

On faisait feu aussi depuis les arbres autour de la maison. Le hors-bord n'avait été qu'un leurre. Les assaillants arrivaient de tous les côtés à la fois. Coing gisait à plat ventre sur le sol, les bras en croix, son index droit encore passé dans l'anse délicate de sa tasse en porcelaine décorée. L'arrière de sa tête n'existait plus. Tout était constellé de confiture de prunes. Les rafales s'enchaînaient sans interruption, assourdies par l'usage de silencieux.

« Qui nous tire dessus ? cria la jeune femme.

— Les concurrents de M. Coing », répondit Holliday.

Se déplaçant en crabe, il traversa la cuisine tout en tirant derrière lui la jeune femme, dont il n'avait pas lâché le bras. Ils se blottirent sous l'escalier, probablement l'endroit le plus sûr de la maison. Dans le petit réduit, ils retrouvèrent leurs sacs à dos, sans doute jetés là après avoir été fouillés pendant qu'ils dormaient.

« Qu'allons-nous faire ? »

La voix de Meg tremblait. Holliday, lui, était dans son élément : le combat. L'usage voulait qu'on attaque toujours depuis un point élevé, mais, étant donné les circonstances, il n'était pas question de monter à l'étage. Ou alors autant se suicider. Selon les manuels aussi, la meilleure stratégie à adopter quand on se trouvait en infériorité numérique était de se replier en ordre – ce qui signifiait « battre en retraite » en langue militaire. Malheureusement, ils étaient dans la même situation que George Armstrong Custer à la bataille de Little Bighorn : complètement encerclés.

« Attrapez votre sac et mettez-le ! » ordonna Holliday, surtout soucieux d'occuper la jeune femme à quelque chose.

Il avait besoin de réfléchir et il la sentait sur le point de perdre ses moyens, ce qui n'avancerait pas à grand-chose.

Meg obéit pendant qu'il risquait un regard par-delà le coin de l'escalier. Dehors, le garde achevait de répandre son sang sur le beau fauteuil Adirondack et les hommes en gilet pare-balles escaladaient déjà les marches du débarcadère. Ils étaient six, équipés de divers types de fusils et d'armes automatiques. Dans trente secondes au plus, ils seraient là.

Holliday sentit Meg lui tirailler la manche et se retourna, agacé.

« Ce n'est pas le moment de… commença-t-il.

— Regardez ! » insista-t-elle.

À la place qu'avait occupée son sac se dessinait le contour d'une trappe sur le sol. Logique. La maison étant bâtie sur une dalle de roc, toute la plomberie se trouvait entre celle-ci et le plancher, dans un vide sanitaire auquel il fallait pouvoir accéder en cas de besoin. Quoi qu'il en soit, cette ouverture était leur seule chance de salut.

Holliday mit son sac à dos et tira sur l'anneau de cuivre de la trappe qui s'ouvrit sans difficulté, révélant trois marches grossièrement taillées. Une odeur de pierre et de cèdre monta de la cavité. Le mitraillage s'intensifiait autour d'eux, déchiquetant le bois de l'escalier. Les vitres éclataient. Des trous de la taille d'un poing apparaissaient soudain sur les murs. Même amortie par les silencieux, une telle débauche de feu devait s'entendre de loin, à l'extérieur. Quelqu'un finirait bien par appeler la police locale, mais, même s'il arrivait à temps, que pourrait faire contre cette armada le malheureux îlotier du coin, sans doute à moitié myope et armé au mieux d'un 38 ?

« J'y vais le premier », dit Holliday.

Meg acquiesça. Les yeux agrandis par la peur, elle sursautait chaque fois qu'un projectile percutait un mur. Holliday descendit les marches. L'espace entre le sol et les solives du plancher était si restreint qu'on pouvait tout juste s'y mouvoir à croupetons.

Il jeta un coup d'œil autour de lui. Impossible de gagner même en rampant l'arrière de la maison : la dalle de roche montait en pente douce vers la terrasse et l'espace libre de ce côté se réduisait progressivement à un interstice d'une trentaine de centimètres de hauteur. De toute façon le gros des tirs semblait venir de l'escalier qui menait de la terrasse au débarcadère.

Il regarda par-dessus son épaule. Meg se trouvait juste derrière lui. Le sol était couvert de feuilles mortes en décomposition et de débris moisis d'anciens matériaux de construction. Des araignées se promenaient au-dessus de leur tête, de sinistres bestioles rampaient sous leurs pieds : un décor de film d'horreur. Les gens n'imaginaient même pas ce qui se passait à l'intérieur de leur propre demeure, dans leurs caves ou leurs greniers. Un véritable cauchemar domestique.

Holliday alla jusqu'au coin de la maison et s'agenouilla pour observer les environs. Une douzaine de mètres de terrain découvert éclaboussé de soleil séparaient le mur latéral du chalet des premiers arbres de la forêt. Alors qu'il scrutait les lieux, un homme en treillis et cagoule verte, mains camouflées avec du maquillage Camtech, émergea de la lisière. Il portait un fusil d'assaut Atchisson AA-12 muni d'un chargeur à tambour de vingt cartouches et un pistolet Glock ou équivalent dans un holster de poitrine.

L'Atchisson, conçu pour le combat rapproché, tirait des balles Magnum capables de tuer net un ours Kodiak ou un éléphant, de couper un homme en deux à trente mètres et, *a fortiori*, de traverser le chalet de part en part.

L'homme marqua un arrêt d'à peine une seconde en débouchant du bois puis se mit à courir vers la maison. Dix points de moins aux exercices tactiques de West Point : s'il s'était accroupi pour s'approcher de sa cible, il aurait pu apercevoir la silhouette de Holliday tapie dans l'ombre du vide sanitaire. Arrivé près du mur, il s'immobilisa de nouveau. D'après la position de ses pieds, il comptait longer le bâtiment jusqu'à une fenêtre en faisant des pas de côté. Il portait des bottes de combat légères Belleville couleur sable, modèle réglementaire.

Sans hésiter, Holliday empoigna les deux chevilles et leur donna une vigoureuse secousse en arrière. Pris complètement par surprise, le soldat partit à la renverse. Sa tête heurta durement le sol rocheux et il lâcha son fusil. Holliday le tira par les pieds sous la maison. Son adversaire à demi assommé se débattait, mais Holliday lui plaça son coude contre la trachée et appuya de tout son poids. Il y eut un craquement puis un flot de sang s'échappa dans un gargouillis de la bouche du soldat, qui cessa de remuer.

Après avoir traîné le corps un peu plus en retrait, Holliday le dépouilla de son arme de poing ainsi que de plusieurs clips de 9 millimètres contenus dans une sacoche porte-chargeurs. Il s'appropria également une musette que le mort portait en bandoulière et qui contenait deux tambours de réserve pour le fusil Atchisson.

Il trouva en outre dans un étui une dague de commando Ek identique à celles qu'il avait maniées chez les rangers. Il la prit et la glissa sous la sangle du holster de poitrine. Cela fait, il écarta le cadavre et, s'avançant prudemment jusqu'à la limite de sa cachette, il se remit à observer le terrain baigné de soleil.

Il y eut un coup de sifflet immédiatement suivi d'explosions à l'intérieur du chalet : des grenades incapacitantes du type utilisé pour les libérations d'otages. L'air résonna soudain de hurlements et du fracas de portes enfoncées. Les tirs reprirent, au-dessus de lui, cette fois. Les hommes de M. Coing, retranchés à l'étage, tentaient un ultime baroud. C'était l'hallali.

Holliday entendit des martèlements de bottes sur la terrasse. Le moment était venu d'agir. Toute l'attention des assaillants allait être concentrée sur l'intérieur du chalet ; personne ne songerait à en surveiller les abords. Il agrippa le poignet de Meg et se précipita hors de son abri, entraînant la jeune femme à sa suite.

« Restez baissée ! » ordonna-t-il tandis qu'ils traversaient en courant l'espace exposé entre la maison et l'orée de la forêt.

Deux secondes pour atteindre le fusil Atchisson, qu'il ramassa au passage, trois de plus pour gagner le couvert des arbres et, imité par Meg, il se laissa tomber à plat ventre tout en se retournant vers le chalet.

Des volutes de fumée s'échappaient de toutes les fenêtres. Peut-être des gaz lacrymogènes ? Quelques tirs sporadiques retentirent encore, puis les armes se turent et Holliday n'entendit plus que le remue-ménage des commandos qui fouillaient chaque recoin. Reculant lentement sans quitter la maison des yeux, il s'enfonça davantage dans l'épaisseur de la forêt puis se mit debout. Meg en fit autant. Ils étaient hors de vue, à présent, en sécurité pour un temps. Il actionna la culasse du fusil. Une cartouche éjectée tomba sur le sol. Vert clair. Une balle à fragmentation. De quoi faire le vide dans une pièce.

« Venez ! chuchota-t-il tout en continuant à s'enfoncer dans l'ombre des bois.

— Où allons-nous ? demanda la jeune femme.

— On se tire. »

Progressant entre les cèdres et les gros blocs de

granit, ils décrivirent un long arc de cercle sans cesser de descendre en direction du lac. Il leur fallut deux minutes pour rejoindre l'orée de la forêt et la berge rocheuse. L'immensité du lac apparut alors clairement à Holliday. Il distinguait tout juste la rive opposée, noyée dans une brume de chaleur. Des voiles multicolores glissaient silencieusement au loin, en plein soleil. Des échos de voix indistinctes se mêlaient au-dessus de l'eau aux vrombissements de canots invisibles.

Il regarda à gauche. Il se tenait au bord d'un escarpement qui dominait de quatre ou cinq mètres la surface du lac. Le chalet avait décidément été construit dans un lieu des plus isolés. Aucun appontement n'était visible alentour. Pas étonnant que la cavalerie ne soit pas arrivée à la rescousse… Il tourna ses regards vers la droite. À cinquante mètres, la jetée du débarcadère s'avançait dans les eaux transparentes comme du cristal. Il voyait le hors-bord et le vieux canot automobile amarrés l'un en face de l'autre.

Bien qu'un peu décrépit, le hors-bord, un Bayliner, était l'embarcation idéale pour un commando, avec ses deux puissants moteurs et sa capacité suffisante pour loger une bonne douzaine de personnes, une moitié entassée dans la cabine avant, l'autre sur le pont. Pour le moment, seul un homme en combinaison de plongée noire était visible à bord : le skieur qui avait servi de leurre. Holliday parcourut des yeux l'étendue d'eau. De quel lac s'agissait-il ? Il essaya de se rappeler son cours de géographie du lycée portant sur les Grands Lacs.

Toronto se trouvait sur le lac Ontario ; la maison de son oncle, au nord de l'État de New York, sur le lac Érié. Existait-il au nord de Toronto un lac assez petit pour qu'on puisse en distinguer une rive en se tenant sur l'autre ? Il se souvenait vaguement d'un lieu qui avait à voir avec l'abolition de l'esclavage dans l'Empire britannique. Puis cela lui revint : le lac Simcoe, l'une des plus grandes réserves d'eau douce de la planète, ainsi nommé en l'honneur du père de l'émancipation des Noirs en Ontario. Mais peu importait. Ce qui comptait dans l'immédiat était de se débarrasser de l'occupant du bateau avant le retour de ses acolytes.

« Restez ici ! Quand vous entendrez des coups de feu, rejoignez-moi en courant. Et pas d'atermoiement, surtout, sinon je pars sans vous », souffla-t-il à Meg, qui fit oui de la tête et se remit à couvert.

Protégé par l'ombre des arbres, Holliday se glissa à pas de loup vers l'embarcadère en évitant soigneusement de marcher sur une brindille sèche ou de faire rouler des cailloux. Il atteignit ainsi une saillie rocheuse qui surplombait de quelques mètres le horsbord et fit halte.

L'homme en combinaison de caoutchouc, sur le qui-vive, avait le regard fixé sur l'escalier d'accès à la terrasse du chalet. Il était assis au poste de pilotage, la porte menant à la cabine en contrebas sur sa gauche, une de ses mains posée sur le volant, l'autre tenant un gros pistolet. Encore un Glock.

En haut de l'escalier, le silence régnait à présent dans la maison. Il n'y avait pas une seconde à perdre. Après s'être accroupi, Holliday posa l'AA-12 sur le sol meuble puis, sortant de son holster le Glock qu'il avait pris sur le cadavre, il l'arma, se redressa et s'avança en pleine lumière.

Alerté par le mouvement, l'homme du bateau tourna

la tête vers lui. Le fair-play serait pour un autre jour. Holliday pressa trois fois la détente, visant la poitrine de sa cible qui vacilla avant de tomber à l'eau. Il remit ensuite le Glock dans son étui, ramassa le fusil et se laissa glisser le long de la dalle abrupte de granit jusqu'au débarcadère.

Ayant mis le sélecteur de tir du AA-12 en position semi-automatique, il vida dans un vacarme d'enfer la moitié d'un chargeur dans la coque du vieux Chris-Craft. Les projectiles à fragmentation mordirent dans le bois verni des membrures, réduisant la carène en miettes. Le vénérable canot commença aussitôt à couler.

Holliday défit promptement les amarres du Bayliner, sauta à bord et courut au tableau de commande maculé de sang. Les moteurs revinrent à la vie dans un grondement dès qu'il tourna la clé de contact.

Un bruit le fit se retourner. Sœur Meg, son sac lui battant le dos, dévalait la pente raide. Elle dégringola plutôt qu'elle sauta dans le bateau. Elle percuta Holliday, qu'elle renversa presque à l'instant même où il percevait un mouvement sur sa gauche. Reprenant *in extremis* son équilibre, il leva le fusil pour envoyer à l'aveugle une volée de balles mortelles en direction de l'escalier. Le chargeur se vida dans un tonnerre d'aboiements hargneux tandis que la fenêtre d'éjection expulsait un chapelet continu de cartouches vides.

Sans prendre le temps d'évaluer les dégâts produits, il se retourna et poussa à fond les deux manettes des gaz. Le Bayliner bondit en avant, soulevant une énorme gerbe d'écume dans son sillage. Quand ils furent à une centaine de mètres au large, Holliday risqua un œil par-dessus son épaule. Au pied du chalet environné de fumée, plusieurs silhouettes noires s'agitaient sur le débarcadère.

Il inspira à fond avant de vider lentement ses poumons tout en réduisant légèrement les gaz, une main toujours crispée sur le volant. Il s'en était fallu de peu… Le reflux de l'adrénaline lui donnait la nausée.

Meg, à côté de lui, semblait étonnamment calme. Son regard vert fixé sur l'horizon, elle paraissait avoir déjà évacué de son esprit comme un mauvais rêve l'enfer auquel ils venaient d'échapper pour se concentrer sur ce qui les attendait. Pour la première fois depuis sa rencontre avec l'énigmatique religieuse, Holliday se demanda sérieusement si la prétendue Arche authentique qu'elle cherchait n'avait pas une certaine réalité. Il fallait tout de même bien qu'elle en ait une si des hommes étaient prêts à tuer et à mourir pour elle.

24

La ville d'Halifax, en Nouvelle-Écosse, est célèbre à double titre.

Tout d'abord, elle fut pendant la Première Guerre mondiale le plus grand centre de formation des convois transatlantiques en Amérique du Nord jusqu'au 6 décembre 1917, date à laquelle le *Mont-Blanc*, un navire français chargé de munitions, explosa dans le port, causant la mort de deux mille personnes et provoquant un raz-de-marée qui dévasta tout sur des kilomètres à la ronde, déclencha des centaines d'incendies et raya pratiquement la ville de la carte. L'explosion du *Mont-Blanc* est encore aujourd'hui classée comme la plus forte déflagration non nucléaire de tous les temps.

Halifax est par ailleurs connu pour avoir été le berceau du Canada anglais, ce qui ne manque pas d'ironie quand on sait qu'elle fut construite sur un territoire colonisé à l'origine par les Français. À cette époque, la Nouvelle-Écosse s'appelait l'Acadie, déformation d'Arcadie.

Les Britanniques étant ce qu'ils étaient s'avisèrent qu'ils avaient absolument besoin de ce que les Français possédaient là, à savoir un port en eau profonde sur les côtes du Nouveau Monde encore mieux abrité que celui de New York. Ils attaquèrent donc l'Acadie française, s'assurèrent le contrôle du Canada tout entier puis expulsèrent les Acadiens. La plupart de ces derniers allèrent s'installer dans les colonies côtières du Maine et du New Hampshire, une partie retourna en France et les plus endurants – quelques centaines – émigrèrent en Louisiane francophone, où leurs descendants sont maintenant connus sous le nom de Cajuns.

Holliday et Meg n'eurent aucun mal à gagner Halifax. Après avoir rejoint sans encombre la rive du lac Simcoe à un endroit nommé Jackson's Point, ils prirent un car pour Toronto, où ils arrivèrent peu avant midi. Faisant usage de ses cartes de crédit jusqu'à concurrence des plafonds autorisés, Holliday parvint à rassembler suffisamment d'argent pour acheter deux billets de train à destination de Montréal et à réserver des places sur l'*Ocean Limited*, qui assurait la liaison ferroviaire avec la côte est et les provinces maritimes.

À la gare, personne ne sembla choqué qu'il règle en liquide ni n'exigea de voir ses papiers d'identité. Apparemment, le concept de sécurité intérieure ne s'était pas encore imposé au Canada et aucun vigile armé ne rôdait sous les voûtes sonores de la vieille Union Station. Le train de Montréal, qui comprenait un wagon-restaurant et une voiture-bar, était moderne et rapide. Ils arrivèrent assez tôt à la grande ville du Québec pour faire quelques achats dans le centre commercial de la gare avant de monter dans l'*Ocean Limited*, qui partait à 18 h 30.

Le train, constitué de voitures Streamliner des années trente, offrait un service étonnamment raffiné. Les nappes et les serviettes des restaurants, par exemple, étaient en lin véritable, et il y avait même un wagon pourvu d'une verrière surélevée pour admirer le paysage. S'il n'avait pas été un fugitif recherché par les polices de deux continents, Holliday aurait certainement apprécié cette petite escapade touristique. Mais il passa en l'occurrence tout le temps du trajet enfermé seul dans son compartiment individuel à essayer de comprendre ce qui se tramait. Il ne vit Meg qu'au moment des repas et ils évitèrent l'un comme l'autre de parler de M. Coing ou des événements relatifs à leur enlèvement.

Si les hommes qui avaient donné l'assaut au chalet appartenaient très vraisemblablement à la mystérieuse officine Blackhawk Security, M. Coing lui aussi s'était présenté comme un mercenaire du même genre. Mais les entreprises comme Blackhawk louaient généralement leurs services aux États, ou au moins à de puissantes multinationales. En fait, elles étaient le plus souvent la propriété de puissantes multinationales !

Question : quelle multinationale pouvait bien s'intéresser à un mythique objet médiéval au point d'envoyer des hommes de main pour le récupérer ? Cela n'avait aucun sens.

Quelqu'un était sur leur trace depuis que le chauve les avait suivis du Mont-Saint-Michel jusqu'à Prague. Et ce quelqu'un semblait en savoir plus qu'eux-mêmes sur la prétendue Arche authentique.

Il tourna et retourna le problème dans sa tête pendant que le train traversait le Québec, le Nouveau-Brunswick et la Nouvelle-Écosse, mais il n'avait toujours pas trouvé la pièce manquante du puzzle quand ils arrivèrent à Halifax à 15 h 30 le lendemain.

Sa seule certitude était qu'il avait dû à un moment ou à un autre négliger quelque chose dans son raisonnement.

Halifax avait plus ou moins tourné le dos à son passé maritime pour devenir un important centre administratif et un prospère piège à touristes avec restaurants haut de gamme où les serveurs donnaient leur prénom aux clients avant de leur tendre un menu sans indication de prix. Une armada de bus touristiques sillonnait la ville, ainsi que des véhicules de débarquement amphibies en aluminium décorés de grenouilles peintes en vert et jaune pour les intrépides désireux de compléter leur visite par une promenade sur les eaux du port.

Aucune vraie grenouille, malheureusement, n'aurait survécu à un plongeon dans le port : des millions de mètres cubes d'eaux usées non traitées s'y déversaient en effet chaque jour en provenance d'une station d'épuration défectueuse, et la municipalité en était réduite à utiliser des pastilles géantes de déodorant pour lutter contre la puanteur qui envahissait régulièrement les hôtels et les casinos du front de mer auquel on avait voulu redonner vie.

Finalement, ce ne fut pas à Halifax même, mais de l'autre côté du large chenal du port, dans la zone industrielle de Dartmouth, que Holliday et Meg trouvèrent ce qu'ils cherchaient. Dartmouth, port d'attache atlantique de la marine de guerre canadienne à l'écart des quartiers bien fréquentés, avait toujours été la face obscure d'Halifax. Ici, pas d'attractions touristiques ni de restaurants branchés, mais une pléiade de bars où marins et dockers pouvaient étancher leur soif après leurs longues journées de travail.

L'Admiral Benbow était situé à mi-côte dans une petite rue en pente raide qui partait de Tufts Cove. Il existait une douzaine de ces rues commerçantes oubliées sur le port de Dartmouth. Tufts Cove avait été autrefois un port langoustier florissant, mais les grands groupes avaient depuis longtemps marginalisé la pêche artisanale et, compte tenu de la situation économique, il était devenu plus avantageux pour les pêcheurs de vivre de l'aide sociale que de brûler du carburant et de risquer leur vie à parcourir l'océan.

Le Benbow, ainsi nommé en souvenir de l'auberge de Jim Hawkins dans *L'Île au trésor*, avait curieusement opté pour un décor western, avec un enclos baptisé « corral des filles » où les femmes dansaient en ligne et un espace rodéo, Old Tex, dont l'accès était réservé aux messieurs et aux jeunes personnes pouvant s'enorgueillir d'un tour de poitrine supérieur à quatre-vingt-dix centimètres. Les serveuses portaient santiags, éperons, chapeau de cow-boy et short jaune vif. Même les plats faisaient honneur à la tradition du western. Les hot dogs au chili y étaient nommés « morsures de serpent », les beignets de piments *critter fritters* et les ailerons de poulet *wang dang thangs*, comme au Texas. Un écriteau bien en vue au-dessus du bar annonçait que des *wang dang thangs* étaient offerts pour chaque chope de bière pression consommée entre 19 heures et minuit le mercredi. On s'était donné beaucoup de mal pour que l'ancien hangar à filets qu'avait été le Benbow ressemble à une grange, mais l'odeur de poisson était tenace. En ce début de soirée, l'endroit était bondé. Des serveuses à la poitrine opulente circulaient dans la salle haute de plafond, chargées de grosses chopes de bière mousseuse. La fête allait bon train du côté rodéo et le corral des filles était occupé par une foule de femmes seules, quelconques pour la plupart, qui dansaient en ligne comme des pingouins femelles déguisés en Annie du Far West, cherchant à attirer le mâle. Pitoyable spectacle.

« Je dois avouer que je ne me sens pas très à l'aise, ici », dit Meg comme ils s'asseyaient au bar.

Elle portait un jean chic mais pas trop et une chemise d'homme blanche par-dessus, mais il suffisait de voir sa moue désapprobatrice pour comprendre que ce n'était pas une habituée de ce genre d'établissement.

« Et ça se voit ! commenta Holliday. Vous feriez mieux de vous détendre, sinon ça ne marchera jamais.

— Était-il vraiment nécessaire de venir dans un endroit pareil pour trouver un bateau ? »

Une barmaid au tee-shirt décoré d'un taureau menaçant et de l'avertissement APPROCHE UN PEU POUR VOIR prit leur commande. Pour Meg, un virgin Caesar, version canadienne du Bloody Mary avec du jus de tomate parfumé au court-bouillon de palourde ; pour Holliday un single malt local Glen Breton sans glace.

Holliday attendit que les boissons soient servies pour répondre à la question de la jeune femme. Comme il ouvrait la bouche, des baffles surdimensionnés se mirent soudain à beugler *Bud the Spud*, une chanson de Stompin' Tom Connors sur un camionneur qui transporte des patates.

« Nous avons déjà parlé de ça dans le train, dit-il en haussant la voix. L'île de Sable est un espace protégé. Il est interdit d'y débarquer sans autorisation, donc aucun capitaine n'acceptera de nous y conduire officiellement, de peur de se faire confisquer son bateau. De plus, il est presque impossible d'aborder sur l'île à cause des courants et des marées, et quand les gens y vont, c'est en avion.

— Dans ce cas, il n'y a qu'à en louer un.

— Vous savez piloter ? Parce que moi, je ne sais pas.

— Il se trouve que oui, répondit Meg avec hauteur. J'ai passé mon brevet quand j'étais jeune. Pour les petits monomoteurs, du moins. Mon père possédait un Piper Cherokee.

— Et quand avez-vous volé pour la dernière fois ?

— Il y a un petit moment.

— C'est-à-dire ?

— Quand j'étais au lycée.

— Alors, non merci. Ils utilisent des avions avec des pneus mous pour atterrir sur la plage, là-bas. Vous vous sentez capable de vous poser sur le sable ?

— Pas vraiment.

— Donc, pas d'autre solution que le bateau.

— Mais pourquoi être venus dans ce bouge ?

— Parce que le type avec qui je parlais tout à l'heure, dans l'autre bar, me l'a suggéré. »

L'autre bar était un boui-boui appelé Chez Buddy, sur le bassin de Bedford, tout au fond du port. Le patron du lieu s'était montré étonnamment direct.

« Si vous voulez transporter des trucs du point A au point B sans que l'administration s'en mêle, demandez Arnie Gallant, au Benbow », avait-il déclaré après les avoir jaugés d'un coup d'œil.

Arnie était surnommé « Super Mario », et le sobriquet n'était pas usurpé, avait expliqué Buddy. Râblé, très brun, carré d'épaules, il arborait une grosse moustache à la Groucho Marx tout comme le personnage du jeu vidéo et, pour parfaire l'illusion, il portait une salopette bleue. D'après Buddy, Arnie Gallant ferait certainement une apparition au Benbow puisqu'on était mercredi, jour des *wang dang thangs*, une gourmandise qu'il aimait plus que sa vie.

À Toronto, Holliday avait pris le temps de chercher un livre sur l'île de Sable et en avait trouvé un dans une librairie près de leur hôtel. L'ouvrage, qu'il avait lu dans le train, s'intitulait *Une dune à la dérive*. C'était une sorte de *curriculum vitae* du sinistre banc de sable depuis ses origines glaciaires jusqu'à nos jours. Une chronique passionnante, mais qui n'avait rien d'engageant.

Le croissant de sable mouvant avait mesuré jusqu'à cent cinquante kilomètres de longueur. Perchés au bord du plateau continental, au carrefour de tous les vents et courants dangereux de l'océan, sur la trajectoire des tempêtes et des ouragans soufflant depuis les Bermudes et les Grands Bancs de Terre-Neuve, ses hauts-fonds constituaient un piège sournois sur les voies de navigation transatlantiques depuis que celles-ci existaient. On ne comptait plus les vies et les rêves qui s'étaient achevés là.

L'endroit semblait décidément peu fréquentable, et la lecture du livre avait peu à peu ôté à Holliday toute envie de s'y rendre. Si leur quête de l'Arche authentique n'avait pas suscité la frénésie meurtrière dont ils étaient la cible, il l'aurait abandonnée depuis longtemps. Mais il s'était trop engagé dans l'aventure pour faire machine arrière maintenant. Si lui-même n'avait toujours aucune certitude quant à l'existence de l'arche, d'autres que lui – et des gens puissants – y croyaient dur comme fer.

« Une Keith blanche et une portion de *thangs*,

chérie ! » lança un quinquagénaire à la barmaid en se laissant tomber sur un tabouret de bar à côté de Holliday.

L'homme, tout en buste et en épaules, ressemblait à un modèle réduit de plaqueur défensif. Il avait des cheveux bruns bouclés grisonnant aux tempes, un cou de taureau, des mains comme des battoirs et une grosse moustache qui évoquait un accessoire de farces et attrapes. Il portait des lunettes demi-lune rouge vif à double foyer derrière lesquelles ses yeux noirs pétillaient comme s'il venait de raconter une blague particulièrement salace. La serveuse lui apporta sa bière, sans verre, et il en but une bonne lampée au goulot. Il posa ensuite la bouteille avec un soupir d'aise, aspira la mousse retenue dans ses bacchantes et se tourna vers Holliday.

« Vous devez être le Doc dont Buddy m'a causé, dit-il en le dévisageant par-dessus ses drôles de lunettes.

— Comment avez-vous deviné ? demanda Holliday avec un sourire.

— Quand on porte un bandeau sur l'œil comme dans *Pirates des Caraïbes*, ça ne passe pas inaperçu », répondit le moustachu.

La barmaid posa devant lui un panier en plastique rouge doublé de papier sulfurisé et rempli d'ailerons de poulet couverts de sauce luisante. Il en prit un, dont il arracha la chair à belles dents avec l'aisance que confère une longue pratique avant de s'octroyer une nouvelle gorgée de bière.

« Vous aimeriez louer mon bateau et mes services pour une opération clandestine, si j'ai bien compris », reprit-il en jetant dans le panier les os de poulet dénudés.

Son accent nasillard n'était pas sans rappeler celui de Stompin' Tom Connors, qui continuait à brailler *Bud the Spud* dans les haut-parleurs.

« Qui a parlé de clandestinité ? » s'insurgea Holliday.

Arnie éclata d'un rire de gros fumeur.

« Vous n'allez quand même pas me raconter que vous voulez apprendre à attraper les homards qu'on ne trouve plus là-bas et que personne ne peut s'offrir vu leur prix ! »

Gallant dépeça un deuxième aileron de poulet et but un coup de bière.

« Pourquoi dites-vous ça ? Nous voulons peut-être simplement faire un peu de tourisme », répondit Holliday.

Il savoura une petite gorgée de son whisky, qui était très bon, avec un étrange arrière-goût de caramel. *Bud the Spud* se termina, mais Stompin' Tom enchaîna sur une autre chanson, où il était question de gloire et de hareng fumé.

« Bon, écoutez, je ne suis pas flic et vous non plus. Alors si on oubliait les foutaises deux minutes pour parler sérieusement ? » suggéra Gallant avant de faire un sort à un nouvel aileron de poulet.

Holliday regarda un moment le bonhomme, qui ressemblait à un personnage des contes de Grimm et n'avait pas l'air d'un plaisantin.

« Nous voulons aller à l'île de Sable, dit-il enfin.

— Mais c'est illégal, ça », déclara Gallant, une lueur amusée dans l'œil.

Holliday écouta distraitement les paroles de la chanson qui parlait de gloire et de poissons – une sorte de *Swing Low, Sweet Chariot* à l'usage des marins-pêcheurs, apparemment – pendant que Super Mario rongeait un aileron supplémentaire.

« Une opération clandestine, comme vous disiez, admit-il.

— Ce qui est clandestin est cher…

— Nous avons de quoi payer.

— Qu'est-ce que vous voulez faire à l'île de Sable ?

— Est-ce vraiment votre problème ?

— Il s'agit de mon bateau, de mon problème… Et de mon prix.

— Nous sommes à la recherche de quelque chose, intervint Meg. Quelque chose qui a été perdu sur l'île.

— Un trésor enterré sur l'île de Sable ? Ça, au moins, ce n'est pas banal ! s'exclama Gallant. Vous vous intéressez à une épave en particulier ? Il y en a à peu près cinq cents, là-bas… »

Nouvelle dégustation d'aileron, puis :

« Il y a même celle d'un navire qui a coulé dans les années vingt après avoir heurté une autre épave. Vous êtes cinglés. L'île bouge sans arrêt. Rien ne reste en place, là-bas. C'est pour ça que c'est si dangereux.

— Nous savons où chercher », affirma la jeune femme. Holliday la regarda. C'était la première fois qu'elle faisait état d'un lieu précis. Qu'avait-elle en tête ?

« Et qu'est-ce que vous cherchez, au juste ?

— Pas un trésor à proprement parler. Une relique sacrée.

— Pas de pièces d'or, de perles cachées par Barbe-Noire ou de trucs dans ce genre ? demanda Gallant, railleur.

— Non », répondit Meg avec le plus grand sérieux.

Gallant avala encore deux ailerons en silence, l'air pensif et les yeux fixés sur les rangées de bouteilles derrière le bar, puis il regarda Holliday.

« Il n'y a rien sur l'île qui ressemble à ce que vous dites, assura-t-il. Il y a beaucoup de sable, ça oui, et quelques poneys oubliés là Dieu sait quand, mais pas de reliques. S'il y en avait eu, elles auraient été trouvées depuis longtemps. L'île de Sable n'a rien de sacré… Maintenant, je ne sais pas qui vous êtes, mais si vous aimez les contes de fées, c'est votre affaire, pas la mienne. Que vous vouliez aller là-bas par jeu, pour réaliser un rêve ou parce que vous avez gobé une histoire de trésor qu'un toqué vous a vendue sur Internet, je n'y vois pas d'inconvénient, mais il faut que vous sachiez une chose : l'île de Sable n'est pas une plaisanterie, ni un rêve. C'est un endroit très dangereux entouré d'eaux très dangereuses. Si vous y allez, c'est à vos risques et périls.

— Quand pouvons-nous partir ? » demanda Meg.

25

Joseph Patchin, assis à une table élégamment dressée dans le salon Domingo du Café Milano, à Georgetown, se régalait d'un homard grillé accompagné d'une salade de cœurs de palmier. Sachant que la note serait pour Kate Sinclair, puisque c'était elle qui avait sollicité l'entrevue, il boudait d'autant moins son plaisir. Kate et lui étaient seuls dans la petite pièce séparée de la grande salle de restaurant par des cloisons de bois mobiles qui assuraient à leur entretien la plus parfaite confidentialité. Patchin but une gorgée de son inabordable sauvignon blanc Alteni di Brassica des vignobles Gaja puis se tamponna les lèvres avec sa serviette de lin amidonnée pour en ôter un soupçon de beurre aromatisé.

« Voici bientôt une heure que nous sommes là, Kate, dit-il en regardant son interlocutrice au visage aussi émacié que rébarbatif. Largement de quoi susciter les interrogations et les commentaires de CNN, du *Washington Post* et de tous les journalistes sérieux sur les raisons d'être de ce tête-à-tête entre le directeur des Opérations de la CIA et une proche de l'étoile montante du Parti républicain. Alors, si nous en venions au fait ? »

Abandonnant sa superbe côte de veau, Kate plongea la main dans la pochette Lana Marks sur mesure qu'elle tenait sur ses genoux. Elle en sortit un étui à cigarettes en or massif Van Cleef & Arpels ayant appartenu à sa mère et y puisa une Dunhill qu'elle alluma avec un briquet assorti à l'étui.

« Je croyais qu'il était interdit de fumer dans les restaurants de la capitale, commenta Patchin.

— Pour le prix que va me coûter ce repas, Franco pourra se charger de payer l'amende, répliqua sèchement Kate, qui aspira une bonne bouffée de sa cigarette et se laissa aller contre le dossier de sa chaise. Parlez-moi de votre fiasco, au Canada.

— *Mon* fiasco ? Mais nous n'avons pris aucune part à cette affaire ! répondit Patchin avec une surprise non feinte.

— Vous essayez de me dire que ce M. Coing ne faisait pas partie de vos services ?

— Il en *faisait* effectivement partie… il y a vingt ans. Il a été viré par George Tenet, le nouveau directeur que Clinton avait mis en place à sa prise de fonctions. Il travaillait pour son compte, depuis.

— Si Coing n'était pas un de vos hommes, qui l'employait ?

— Je l'ignore. Vous n'êtes pas sans savoir que nous avons opté pour une attitude attentiste dans cette histoire… »

Typiquement le genre de langue de bois administrative que la mère du sénateur Sinclair n'avait pas envie d'entendre.

« Ne jouez pas à ce petit jeu avec moi, Joseph, vous perdrez à tous les coups ! répliqua-t-elle. Si mon fils ne prend pas les commandes de Rex Deus, l'influence de la confrérie lui fera défaut pour les primaires l'an prochain et il les perdra. Ce qui implique qu'il ne sera pas Président et que vous-même perdrez tout espoir d'occuper le secrétariat d'État. C'est comme des dominos, Joseph, la chute du premier entraîne celle de tous les autres.

— Nous disposons d'un plan B pour pallier ce genre d'éventualité, rappela tranquillement Patchin.

— L'opération *Croisade* ? C'est ce qui se rapproche le plus d'un acte de haute trahison. »

Son appétit soudain envolé, Patchin repoussa son assiette.

« Il n'empêche que si le sénateur n'est pas désigné candidat à l'investiture, *Croisade* sera peut-être la seule chance qui nous restera, argumenta-t-il. Que ce socialiste illuminé passe encore quatre ans à la Maison-Blanche et nous n'aurons plus qu'à nous torcher avec la Constitution : il a déjà jeté le pays dans les toilettes et tiré la chasse !

— Seriez-vous prêt à garantir le succès de l'opération ? demanda Kate Sinclair en éteignant sa cigarette dans son sauvignon à soixante dollars le verre.

— Avec l'aide de vos amis ? Absolument. Néanmoins, il serait nettement préférable que votre fils parvienne à prendre les rênes de votre… organisation. *Croisade* signerait la fin des États-Unis tels que nous les connaissons.

— Ce que d'aucuns considéreraient comme un bienfait.

— Et d'autres comme la chute définitive d'un empire. Non, *Croisade* n'est pas la solution. Il faut même éviter d'y avoir recours à tout prix.

— Alors, prêtez-moi votre concours. Si l'arche est

retrouvée, aidez-moi au moins à faire en sorte qu'elle ne tombe pas entre de mauvaises mains.

— De mauvaises mains ? À qui faites-vous allusion, au juste ?

— À part nous, Rex Deus comprend sept autres familles issues des Desposyni, la lignée du Christ. Toutes sont de sang royal.

— Épargnez-moi le charabia mystique et les signes secrets de reconnaissance ! J'ai juste besoin d'informations pratiques. Ces sept familles ont-elles des chances égales de prendre le contrôle ?

— Non. Si toutes descendent des fils et filles de Marie – les frères et sœurs du Christ –, Rex Deus accepte uniquement en son sein depuis la dissolution de l'ordre du Temple ceux de leurs membres qui ont survécu et sont venus en Amérique. Sur les cinquante-six signataires de la déclaration d'Indépendance, huit appartenaient à Rex Deus et se connaissaient entre eux. Ce sont ces huit-là qui sont à l'origine du Rex Deus que nous connaissons aujourd'hui.

— Je n'ai pas le souvenir qu'aucun des Pères fondateurs ait porté le nom de Sinclair.

— C'est la filiation maternelle qui prévaut chez Rex Deus et les Desposyni, comme chez les Juifs, le peuple auquel appartenait le Christ à sa naissance. Les membres de ces sociétés sont moins les descendants de Jésus que de Marie.

— Il existe donc encore des gens pour croire en ces sornettes ? On croirait lire un roman !

— À votre avis, les francs-maçons, les membres du club Bilderberg, de l'Église catholique ou des Skull and Bones, la société secrète de l'université de Yale, sont-ils des personnages de roman ? Si j'ai bonne mémoire, vous-même faites partie des Skull and Bones. Promotion de quatre-vingt-quatre, je crois.

— Quatre-vingt-deux, rectifia Patchin, qui but une longue gorgée de précieux sauvignon comme si c'était de l'eau.

— Eh bien, Rex Deus n'est pas différent de ces institutions, Joseph : symboles mis à part, leur obsession à toutes est d'amasser de l'argent, beaucoup d'argent, afin de s'arroger un pouvoir presque illimité.

— C'est pourtant bien à des symboles que nous nous intéressons, en l'occurrence. »

Kate Sinclair alluma une nouvelle cigarette.

« C'est le seul aspect des choses que M. Dan Brown ait traité avec justesse dans son livre, ce qui explique sans doute son succès, d'ailleurs : l'emprise que peut avoir un symbole sur l'esprit des gens, même quand ils ignorent tout de son origine.

« Les fers à cheval, par exemple, sont censés porter bonheur parce qu'ils ont la même forme que les auréoles dorées des saints qui subsistaient sur les tableaux après que toutes les autres couleurs s'étaient estompées. La croix est connue depuis l'âge de pierre et n'a rien à voir avec le christianisme. La couleur blanche est celle des funérailles, au Japon, pas celle des mariages. Le svastika était en usage dès le VIIIe siècle en Islande, où on l'appelait “marteau de Thor”, et en Inde bien avant cela, mais montrez-en un à un Israélien et vous verrez comment il réagira. Comme l'a bien dit un publicitaire, il y a des années : “Seul importe ce que l'on croit.” »

Kate s'interrompit pour faire tomber la cendre de sa Dunhill dans ce qui restait de sa côte de veau.

« Et ce que croit Rex Deus, reprit-elle, c'est que

l'Arche authentique et son contenu sont les objets symboliques les plus sacrés d'un saint ordre très ancien. Il serait impensable d'introniser un souverain britannique sans le sceptre, l'orbe et la couronne, n'est-ce pas ? Eh bien, le but sacré de Rex Deus est de sauver l'Amérique, et à travers elle l'humanité tout entière, jusqu'au jour du Jugement. Et l'Arche authentique est le symbole qui rendra ce but accessible.

— Et vous croyez à tout ça ? demanda Patchin, abasourdi.

— Peu importe ce que je crois, Joseph. Ce qui compte, c'est que la personne qui rapportera l'Arche authentique à sa place légitime sera assurée de devenir l'*adelphos*, le doyen de Rex Deus, et de jouir de tous les pouvoirs que confère une telle charge.

— Et les concurrents ?

— Des sept familles, seules trois peuvent prétendre au titre.

— Lesquelles ? »

Kate Sinclair sortit de sa coûteuse pochette une feuille de papier pliée qu'elle tendit à Patchin. Il la déplia, lut les trois noms qui y figuraient et écarquilla les yeux.

« Mon Dieu ! murmura-t-il, le regard rivé sur la courte liste.

— C'est le mot, commenta la vieille femme avec un sourire froid.

— Mais le premier nom, là, c'est… »

Kate Sinclair posa son index décharné sur ses lèvres minces pour le faire taire.

« Pouvez-vous m'aider quand même ? »

Joseph Patchin la dévisagea, atterré, en se demandant dans quelle fosse aux serpents il était tombé.

« Quand le vin est tiré, il faut le boire », songea-t-il, tentant mentalement de dédramatiser.

Puis il se souvint que c'était là le genre de raisonnement qui avait valu à Bernard Madoff cent cinquante années de centrale et il déglutit avec difficulté.

« Je vais voir ce que je peux faire », promit-il.

La mer, lisse comme du verre, était d'un noir d'encre. Seule une longue houle gonflait les eaux sombres, imprimant au langoustier de dix mètres un lent dandinement qui soulevait un peu le cœur, comme en témoignait le visage légèrement plombé de Meg, assise à l'arrière sur la caisse d'appâts. Le *Deryldene D* filait ses douze nœuds depuis son départ d'Halifax, à l'aube, presque sept heures plus tôt. Le ciel formait au-dessus du bateau un couvercle d'un gris uniforme.

« Je m'attendais à pire, comme conditions météo, dit Holliday », debout près de la barre, au côté de Gallant.

Le tableau de bord, sous le pare-brise, comprenait une collection d'instruments à la pointe de la technologie, dont un sondeur bathymétrique, un sonar à balayage latéral, un détecteur de poissons, un écran radar couleur et une VHF marine.

« Vous connaissez l'expression "le calme avant la tempête", j'imagine, répondit le capitaine.

— Bien sûr.

— Eh bien, c'est ça.

— Une tempête approche ? demanda Meg d'une voix inquiète.

— Nous sommes dans un système de haute pression qui se déplace dans le sens de la houle à la rencontre d'un système de basse pression. Ça provoque ce qu'on appelle un “effet cyclonique”. Dans le Sud, on parlerait d'une tempête tropicale. C'est comme ça que commencent les ouragans.

— Ne me dites pas que nous allons être pris dans un ouragan !

— Ce ne sera peut-être pas un ouragan dans un premier temps, mais ça ne devrait pas tarder à en devenir un. L'île et les plateformes pétrolières ont été évacuées, ce qui ne se fait pas en cas de tempête ordinaire. Le tout est de savoir quand ça va nous tomber dessus.

— À votre avis ? » s'enquit Holliday.

Gallant haussa les épaules et se caressa la moustache.

« Il faudrait être simplet pour prétendre deviner ce que mijote la mer, mais si j'en crois mon expérience et les indications du radar Doppler nous avons encore quelques heures devant nous.

— Vous dites qu'il n'y a plus personne sur l'île de Sable ? demanda Meg.

— À titre indicatif, le capitaine du *Queen Elizabeth II* a signalé un jour une vague de trente mètres dans les parages. La hauteur d'un immeuble de huit étages, alors que le point le plus élevé du banc de sable se situe à quatre mètres à peine au-dessus du niveau de la mer. Je peux vous assurer que je n'aimerais pas trop me trouver sur l'île au moment où un monstre pareil frapperait.

— Il vaudrait peut-être mieux vérifier tout de suite le matériel que vous avez acheté », suggéra Holliday en dévisageant avec insistance la jeune femme, qui acquiesça.

Il poussa la petite porte qui s'ouvrait à gauche

du tableau de bord et ils descendirent l'un derrière l'autre les trois marches étroites permettant d'accéder au carré.

Celui-ci était équipé d'un réchaud à gaz butane à bâbord et d'une table pliante en Formica flanquée d'une banquette recouverte de vinyle adossée à la cloison tribord. Tout ce que renfermait la pièce étriquée, où flottait une odeur caractéristique de poisson bouilli, luisait d'une pellicule huileuse déposée au fil du temps par les vapeurs de cuisine. Holliday traversa le carré en baissant la tête et pénétra dans la cabine avant.

Le matériel auquel il avait fait allusion consistait en deux pelles de camping pliantes, deux GPS portables Lowrance Safari et deux détecteurs électroniques de métaux Garrett dernier cri, très légers, petits frères de leurs homologues en service dans les aéroports et les lieux sécurisés.

Holliday s'assit sur la couchette bâbord à la couette soigneusement tirée. Meg le rejoignit. Les mouvements de montagnes russes dus à la légère houle étaient plus prononcés dans cette partie avant du bateau et la nonne, franchement livide à présent, posa la main sur son estomac.

« Que voulez-vous vérifier ? demanda-t-elle avec colère. Toutes les batteries sont chargées et le vendeur a réglé les détecteurs pour le cuivre, le bronze et le fer en plus de l'or et de l'argent – les métaux les plus susceptibles de former l'enveloppe extérieure de l'arche.

— Je voulais vous parler en privé.

— De quoi ? En tout cas, dépêchez-vous ! Je ne tiendrai pas longtemps sans respirer l'air frais.

— Je ferai vite. Tout d'abord, une question : quand

vous parliez à Gallant, au bar, vous avez affirmé savoir à quel endroit l'arche était enfouie. Comment est-ce possible alors que vous ignoriez l'existence de l'île de Sable il y a encore quelques jours ?

— Mon Dieu ! Ce que vous pouvez être soupçonneux ! s'exclama la jeune femme avant de déglutir en fermant brièvement les paupières, sans doute sous l'effet d'une brusque nausée.

— Appelons plutôt ça de la curiosité professionnelle.

— D'accord, apaisons votre curiosité… »

Elle inspira longuement par saccades pour dominer son mal de mer avant de poursuivre :

« Quitte à froisser votre susceptibilité de mâle, je vous rappelle que je suis tout aussi historienne que vous et qu'il peut m'arriver à moi aussi de résoudre des énigmes.

— Quelle énigme, en particulier ?

— Celle du tableau de Cranach, à Prague. Vous ne compreniez pas ce que signifiaient les six moines autour du puits, vous vous souvenez ?

— Oui. Continuez…

— Vous m'avez bien dit qu'il y a un lac d'eau douce sur l'île de Sable, non ?

— Oui, le lac Wallace. Il est alimenté par une source, mais elle-même n'est qu'une accumulation d'eaux pluviales, ce qui explique les grosses variations de niveau dans le bassin. C'est du moins ce qu'explique le livre que j'ai lu.

— Pensez-vous que ce lac se trouvait déjà là à l'époque de la bienheureuse Juliana et de Saint-Clair ?

— C'est vraisemblable.

— Vous ne comprenez pas ? Le puits, c'est le lac

Wallace ! dit Meg, parvenant à esquisser un sourire de triomphe.

— Et les six moines ?

— Sixte.

— Pardon ?

— Sixte. La plus importante des heures canoniques. La sixième du jour, sacrée même pour les Juifs. À l'origine, sixte correspondait au lever du soleil, mais avec l'apparition des horloges, à l'époque de la bienheureuse Juliana, il a été décidé arbitrairement que la première heure de la journée, prime, serait décalée à 6 heures du matin et sixte à midi, l'heure de la crucifixion du Christ. Sixte était aussi le moment que saint Benoît, le patron des Templiers, considérait comme le plus sacré et propice à la prière. Jean de Saint-Clair et la bienheureuse Juliana ont enseveli leur trésor à l'endroit précis que marquent l'ombre de la tige d'un cadran solaire ou les aiguilles d'une horloge à midi. Nous trouverons l'Arche authentique sur la rive du lac Wallace, dans la direction qu'indiqueraient les aiguilles à midi si le lac était un cadran de montre.

— Nom d'un chien ! » murmura Holliday.

26

Assis sous le double-toit de tente qui lui servait de bureau, suant à grosses gouttes, Raffi Wanounou, professeur d'archéologie médiévale à l'université hébraïque de Jérusalem, classait des paperasses éparpillées sur une table constituée d'une planche de contreplaqué.

Par l'ouverture de la tente, il avait vue sur l'intégralité du site qu'il fouillait : un temple utilisé par les tribus nomades du désert quatre mille ans avant notre ère. Au-delà des ruines où ses étudiants s'affairaient telles des fourmis sous le soleil de plomb, il apercevait les plages blanches de sel et les flots bleu vert de la mer Morte.

En plissant les paupières, il pouvait distinguer la rive jordanienne, à quinze kilomètres, et, avec de bonnes jumelles, le massif d'halite culminant à deux cents mètres que l'on avait coutume d'appeler « mont Sodome ».

Il faisait plus de quarante degrés à l'ombre et il allait bientôt rappeler ses étudiants pour la pause de midi. Il était temps qu'ils se restaurent, s'hydratent et aillent éventuellement piquer une tête dans une des sources de l'oasis Ein Gedi, toute proche. Raffi soupira. La période chalcolithique n'était pas du tout son centre d'intérêt, mais, comme tous ses collègues de l'UFR, il se devait d'assumer sa part de sorties sur le terrain pour initier les étudiants au travail de fouille.

Cependant, ce n'était pas tant l'ennui que l'inquiétude qui lui avait tiré un soupir. L'inquiétude pour Peggy. Elle avait beau n'en être qu'à son deuxième mois de grossesse, il s'angoissait déjà. Il était même allé jusqu'à envisager de faire dans l'après-midi un aller-retour à Jérusalem, distante de plus de cent kilomètres en empruntant des routes secondaires en plein désert qui n'avaient pas grand-chose à voir avec les autoroutes américaines. Il aurait fait n'importe quoi pour Peggy, qu'il aimait par-dessus tout. Sa rencontre avec elle avait été la chance de sa vie. Même sa mère l'admettait, en dépit du fait que Peggy Blackstock était une *shiksa* qui avait gardé son nom de jeune fille quand ils s'étaient mariés. Il ne put s'empêcher de sourire : faire admettre quoi que ce soit à Reyna Wanounou tenait du miracle. Même son père le disait.

Raffi tira la glacière de sous la table, en sortit une bouteille en plastique d'eau de source Neviot et en dévissa la capsule. Il avala une longue gorgée, puis une deuxième. Un autre sujet de préoccupation pour lui était que Peggy n'avait pas l'habitude des chaleurs torrides de l'été israélien. Il sourit de nouveau. S'il faisait partie intégrante du psychisme juif de s'alarmer à tout propos, il fallait croire que Peggy était loin d'avoir atteint ce stade d'assimilation.

Il entendit le bruit d'un véhicule qui approchait sur la piste d'accès au site. Sans doute un camion, à en juger par la note grave du moteur. Raffi se leva tout en mettant ses vieilles lunettes de soleil Serengeti Drivers et sortit de la tente en plein soleil pour voir qui venait. L'engin qu'il avait entendu était un Humvee de l'armée israélienne camouflé aux couleurs du désert.

Le blindé trapu et carré stoppa près de la tente. C'était un M1145, le dernier modèle récemment adopté par l'armée américaine pour remplacer l'ancien. Il fallait avoir le bras long dans la Défense nationale pour en obtenir un. À la connaissance de Raffi, il n'y en avait qu'une poignée pour l'ensemble du territoire. À l'époque où lui-même effectuait son service militaire, l'armée utilisait encore de simples jeeps.

Un officier descendit par la portière du côté passager, deux soldats par les portières arrière. Ils étaient tous les trois en uniforme kaki, mais les épaulettes vertes du gradé s'ornaient des trois branches d'olivier signalant le grade de colonel alors que les deux autres hommes arboraient sur leurs manches les trois chevrons des sergents d'état-major. Ils étaient coiffés du béret vert foncé des services de renseignements militaires.

Le colonel avait à la ceinture un pistolet Desert Eagle dans son étui ; les sergents portaient des fusils d'assaut Tavor, d'allure futuriste. Le colonel se dirigea vers Raffi. Visage carré, buriné, cheveux ras grisonnant aux tempes, il devait approcher la soixantaine. Les deux sous-officiers se postèrent l'un à sa droite, l'autre à sa gauche, légèrement en retrait. Leurs yeux dardaient sans arrêt des regards dans toutes les directions. Des loups. Il fallait que le colonel soit un gros poisson pour bénéficier d'une garde rapprochée.

« Colonel Abraham ben El'azar, service de renseignements militaires, dit-il. Je cherche le Pr Raffi Wanounou.

— C'est moi, répondit Raffi. Que puis-je faire pour vous ?

— C'est au sujet de votre femme, monsieur. J'ai bien peur qu'elle n'ait été enlevée. »

Peggy Blackstock flânait dans la rue Mahane-Jehuda tout en prenant des photos et en achetant pour le dîner ce qui la tentait aux étals de *ha shouk*, le célèbre marché en plein air du centre de Jérusalem. Elle avait déjà dans son cabas des dattes fraîches, des pistaches et un sachet de « cigares » farcis à la viande et à la pomme de terre – une sorte de *pierogi* marocains dont son mari raffolait.

Elle sourit en pensant à Raffi, son époux si sérieux. Il serait malade d'inquiétude, là-bas, au bord de la mer Morte, s'il la savait en train de faire les courses toute seule.

Dans l'esprit de Raffi, elle n'était plus la photographe casse-cou capable de passer deux mois au cœur de la forêt amazonienne pour être initiée par les Indiens matis au maniement de la sarbacane et au rite de la grenouille *kambo*, connue pour les propriétés aussi hallucinogènes que laxatives de ses sécrétions, dans le seul but d'illustrer un reportage.

Son état de future mère l'avait, croyait-il, privée de toute énergie pour la transformer en une fleur délicate de féminité risquant de se flétrir à la moindre exposition directe au soleil. L'attitude de Raffi était certes délicieusement romantique, mais aussi un peu pesante, voire étouffante, et, pour tout dire, absurde.

Et quelles ne seraient pas ses angoisses s'il apprenait que c'était à Mahane-Yehuda qu'elle se trouvait ! Dans ce *shouk* qui avait été le théâtre de trois attentats suicides entre 1995 et 2002, et dont les deux entrées, côté rue Agrippas et route de Jaffa, étaient encore fermées par des postes de contrôle tenus par des gardes armés. Une précaution ridicule et de pure forme, bien sûr, que la mise en place de *check points* aux extrémités de ce dédale de passages et de ruelles par lesquels n'importe qui pouvait entrer dans le marché sans attirer l'attention.

Peggy se promenait parmi la foule bruyante, regardant au passage les minuscules échoppes serrées les unes contre les autres : une épicerie vendant trente-six variétés de halva voisinant avec un marchand d'articles religieux, un salon de coiffure côtoyant un établissement de jeu tellement bondé que ses tables empiétaient sur la rue noire de monde, un étal de CD en solde faisant suite à une joaillerie de luxe… Elle jetait de temps en temps un coup d'œil aux étages des vieilles maisons, au-dessus des boutiques, dont les appartements, avait-elle appris, étaient occupés par des peintres, des écrivains et des musiciens. *Ha shouk* était en voie de « boboïsation ». Une sorte de Greenwich Village du désert. Et cela avait quelque chose d'un peu triste.

Deux agents de police venaient dans sa direction, se frayant sans difficulté un chemin parmi la foule. L'un était un homme entre deux âges au physique passe-partout, l'autre une jeune femme. Amusée par le contraste entre leur uniforme d'été bleu clair et les costumes bigarrés des gens autour d'eux, elle leva son Nikon et prit rapidement quelques clichés.

Les deux policiers s'arrêtèrent pile devant elle, lui bloquant le passage et obligeant le flot des passants à les contourner comme une rivière se divise autour d'un rocher. Sentant que quelque chose d'anormal se passait, les boutiquiers mirent fin à leurs bruyants marchandages. Peggy regarda les deux représentants de l'ordre, un peu perplexe. À sa connaissance, aucune loi israélienne n'interdisait de prendre en photo des gardiens de la paix. Ce n'était tout de même pas des agents du Mossad !

« Peggy Blackstock ? » demanda l'homme.

Peggy remarqua que la femme avait la main sur l'étui de son Jericho 915, et aussi que ni elle ni son collègue ne portaient d'insigne indiquant leur grade. Comment pouvaient-ils connaître son nom ?

« Oui, répondit-elle.

— Pakad Yakov Ben-Haïm, du quartier général de la police israélienne. »

Un *pakad* – un inspecteur principal ? Que faisait un fonctionnaire aussi gradé en uniforme de simple îlotier ?

« Que puis-je pour vous, inspecteur ? J'espère que cela ne vous a pas contrarié que je vous aie pris en photo ?

— Je vous demanderais de bien vouloir nous suivre, répondit le policier, ignorant la question. Il s'agit de votre mari… Un accident. »

L'île n'apparut d'abord que comme une tache lointaine sur la courbure de l'horizon, vers l'est, ressortant sur un arrière-plan de nuages compacts, si sombres au niveau de leur base qu'ils semblaient presque noirs.

« Vous n'aurez pas beaucoup de temps après avoir débarqué, prévint Gallant. Deux heures tout au plus. »

Le robuste pêcheur moustachu secoua la tête avant d'ajouter :

« Au-delà de ça, ne comptez plus sur moi, je serai parti. »

Holliday regarda Meg, s'attendant à l'entendre protester, mais elle resta muette, fixant d'un regard sans expression à travers le pare-brise du *Deryldene D* la masse nuageuse qui s'accumulait au loin. Holliday, lui non plus, ne pouvait pas détacher les yeux de ce chaos mouvant de nuages noirs annonciateurs d'un proche avenir qui n'avait rien de réjouissant.

Ils progressèrent en direction de l'est pendant encore une heure et demie, l'île devenant de plus en plus visible. Vaincue par le mal de mer, Meg était descendue s'étendre dans la cabine. Dans un premier temps, avec ses faux airs d'île paradisiaque tendant les deux pointes de son croissant vers l' « Arcadie » et le Nouveau Monde, l'île de Sable parut à Holliday bien plus grande qu'elle n'était en réalité.

Mais l'illusion se dissipa peu à peu. Ce n'était pas là un de ces atolls des mers chaudes où les jolies vahinés se prélassent sous les palmiers, mais un banc de sable adossé à l'infini de l'océan, battu par les vents, un alignement de dunes désolées, mal fixées par une formation végétale d'herbes et d'arbustes suffisamment robustes pour survivre au fil des saisons.

Le bateau était maintenant assez proche de la côte pour que Holliday distingue à la crête des dunes les panaches de sable soulevés par le vent d'est comme de la neige par le blizzard.

Dans une violente embardée, la proue du *Deryldene D* se déporta soudain vers le sud. Gallant jura dans sa barbe et rectifia le cap d'un vigoureux coup de barre à bâbord.

« Que s'est-il passé ? demanda Holliday.

— C'est à cause de ça qu'il y a tant de naufrages par ici, répondit Gallant tout en luttant pour contrôler le volant, un œil sur ce qui se passait devant le bateau, l'autre sur le sondeur numérique. Ça s'appelle un "vortex". Un *skookumchuck* sur la côte pacifique.

— Un *skookumchuck ?* Quèsaco ?

— Un tourbillon, si vous préférez. »

Quatre courants s'entrecroisent autour de l'île de Sable : le courant du Labrador, celui de l'embouchure du Saint-Laurent, le courant de Nouvelle-Écosse, qui suit une direction sud en longeant la côte sud-est de l'île, et, en profondeur, le plus puissant de tous, le Gulf Stream, qui monte vers le nord du côté du large.

Les mouvements rapides de ces masses d'eau gigantesques autour du banc génèrent un effet Coriolis et des turbulences juste sous la surface de l'eau. Les grands voiliers qui partaient des Caraïbes en direction de l'Europe en suivant le Gulf Stream étaient brusquement déviés de leur route et jetés sur les hauts-fonds à l'est de l'île tandis que les navires longeant la côte de Nouvelle-Écosse vers New York et le Sud allaient s'échouer sur les plages faisant face au continent.

Les cartes de l'île de Sable signalent des centaines d'épaves recensées, réparties à peu près équitablement entre les deux rives du banc, avec un léger avantage pour le côté Gulf Stream, où les navires filaient vent arrière.

Gallant pointa le menton vers le tableau de bord.

« Surveillez l'échosondeur ! ordonna-t-il tout en continuant à se battre avec la barre. Annoncez-moi la profondeur toutes les dix secondes ! Si vous voyez une tache jaune clair sur bâbord, tribord ou droit devant, avertissez-moi ! Compris ?

— Compris », répondit Holliday.

Ils se rapprochèrent encore de l'île, Holliday annonçant les profondeurs à intervalles réguliers tandis que Gallant s'efforçait de garder le cap sur la pointe du croissant de sable, côté tribord. Meg remonta sur le pont, mais Holliday la remarqua à peine. Elle regarda un instant la côte puis redescendit dans la cabine et revint avec les détecteurs de métaux et les sacs. Holliday continuait d'égrener ses nombres.

Les hauts-fonds sableux où ils risquaient de s'échouer étaient tous perpendiculaires à la rive. Un phénomène curieux, mais ce n'était pas le moment d'interroger Gallant à ce sujet alors qu'il concentrait toute son attention sur la manœuvre d'approche. La profondeur diminuait rapidement. À deux cents mètres de la plage, elle était d'à peine deux mètres cinquante. À cent mètres, elle n'était plus que d'un mètre quatre-vingt et à vingt-cinq d'un mètre vingt.

« Quel est notre tirant d'eau ? s'enquit Holliday.

— Un mètre. Nous allons toucher terre dans quelques secondes.

— Vous n'avez pas peur de vous ensabler ? demanda Meg.

— À cette heure-ci, la mer monte, ma petite dame », répondit Gallant avec un sourire.

À cet instant, le *Deryldene D* heurta brutalement le fond avec un raclement. Gallant donna une brève accélération pour finir d'échouer le bateau, puis il coupa le moteur.

Ils étaient arrivés à destination.

27

Le cardinal Antonio Niccolo Spada, ministre des Affaires étrangères du Vatican, se reposait au bord de la grande piscine de sa villa, non loin du périphérique nord de Rome. Il était enveloppé d'un épais peignoir blanc en tissu-éponge décoré du blason de sa famille : deux clés entrecroisées et un phénix à deux têtes. Il s'étonnait toujours de l'ironie du sort qui avait fait de lui, descendant direct quoique lointain des Borgia, le subordonné du pape actuel, fils d'un garde champêtre bavarois et ex-membre des Jeunesses hitlériennes. Mais, bien sûr, à Saint-Pierre comme ailleurs, c'était souvent en coulisse que s'exerçait le véritable pouvoir…

Spada resserra son peignoir autour de sa maigre poitrine. S'il aimait encore se baigner chaque jour, comme il venait de le faire, le fond de l'air lui semblait frais malgré la douceur de l'après-midi, signe qu'il ne rajeunissait pas plus que tous les vieux amis qui commençaient à disparaître autour de lui.

Il se demanda si les péchés qu'il avait commis lui vaudraient d'aller en enfer après sa mort. D'après la doctrine catholique, il suffisait de se confesser et de recevoir l'extrême-onction pour gagner le paradis, mais il n'était même pas certain de croire au ciel ni au feu éternel. Il lui arrivait parfois d'espérer que la mort n'était finalement qu'une simple et banale perte de conscience suivie d'une nuit sans fin.

Ce qui intéressait le cardinal dans le catholicisme était davantage la dimension politique que l'aspect religieux. S'il avait été un sincère adorateur de la Sainte Croix, il n'aurait pas eu de plus haute ambition que d'œuvrer humblement comme curé de paroisse. Cette idée le fit sourire.

Avocat confirmé, le premier poste qu'il avait occupé au Saint-Siège avait été celui d'assistant auprès du cardinal Pietro Ciriaci, responsable du Conseil pontifical pour les textes législatifs, un organisme chargé d'interpréter le droit canon. Cette première nomination n'avait été qu'un marchepied à partir duquel il avait entamé, sans jamais regarder en arrière ni éprouver le moindre regret, la longue et parfois scabreuse ascension qui l'avait mené jusqu'au Sacré Collège.

Le père Thomas Brennan, chef de Sodalitium Pianum, la CIA vaticane, sortit de la villa par une porte-fenêtre et se dirigea vers Spada en traversant le patio. En ce début d'après-midi, le soleil éclatant faisait étinceler en un semis de diamants l'eau bleue de la piscine agitée par la brise.

L'espace autour du bassin, entouré sur trois côtés d'une haie de haute taille et inspecté quotidiennement par les hommes de Brennan, était totalement à l'abri des regards ou des systèmes de détection électroniques. Quant à la villa elle-même, elle était protégée par un haut mur de pierre couronné de piques, un réseau de caméras de sécurité et un détachement armé du Corpo della Gendarmeria, la gendarmerie du Saint-Siège.

Comme à l'accoutumée, le prêtre irlandais marchait légèrement courbé. On aurait dit qu'il portait comme un cercueil le monde et le cosmos sur ses épaules tombantes. Comme d'habitude, aussi, il fumait et les revers de son costume bon marché étaient constellés de cendre. Il s'assit à la table basse en verre à piétement de fer forgé près de laquelle Spada était installé.

Un serviteur apporta sur un plateau un gros cendrier en céramique et deux boissons – un Negroni couleur de framboise et un thé glacé Long Island ambré. Le domestique posa le Long Island et le cendrier devant Brennan, le Negroni devant Spada, adressa une légère révérence à ce dernier puis se retira. Les deux hommes regardèrent un moment sans rien dire les reflets dansants du soleil sur l'eau.

« Alors ? Avez-vous des nouvelles fraîches ? demanda enfin le cardinal, rompant le silence comme à regret.

— Après s'être échappés du chalet sur le lac, ils ont pris le train pour Halifax, en Nouvelle-Écosse, répondit Brennan.

— Le train ?

— Un choix judicieux, il faut l'avouer. Pas de fouille de sécurité comme dans les aéroports, pas de justificatifs d'identité à présenter à l'achat des billets, pas de police ferroviaire digne de ce nom, du moins une fois à bord…

— Et ils sont toujours à Halifax ?

— Ils y ont pris contact avec un certain Gallant.

— Qui est-ce ?

— Un marin-pêcheur. Spécialisé dans le homard, pour être précis.

— Un marin-pêcheur ?

— Ce Gallant n'a pas très bonne réputation, dit Brennan en écrasant sa cigarette dans le cendrier pour en allumer aussitôt une autre. À en croire la rumeur, il fait de la contrebande entre le Maine et la Nouvelle-Écosse. Tabac, produits pharmaceutiques canadiens à bas prix, des choses de ce genre. À l'heure où nous parlons, lui et son bateau ont disparu, ainsi que Holliday et la femme.

— Vous pensez qu'il est en train de les faire entrer clandestinement aux États-Unis ?

— C'est possible. Il est devenu beaucoup plus compliqué de passer la frontière discrètement depuis que le passeport est devenu obligatoire.

— Mais pourquoi maintenant ? Il n'est pas logique qu'ils abandonnent leurs recherches à ce stade.

— Ils ont peut-être pris peur à cause de l'attaque du chalet. »

Spada trempa les lèvres dans son verre puis secoua la tête.

« Il faudrait avant tout savoir pour quelle raison ils sont allés au Canada, dit-il. Et ce Braintree, que vient-il faire là-dedans ?

— Braintree était un collègue de l'oncle de Holliday. Ce n'est pas la première fois qu'il lui vient en aide.

— Ah, oui ! Le fameux oncle ! Je me souviens. Le tristement célèbre Henry Granger, espion, tueur de nazis, académicien et dernier héritier des Templiers à lui tout seul. »

Les lèvres minces de Brennan se contractèrent dans un rictus.

« Pas le dernier, rectifia-t-il d'un air sombre. Les

recherches obstinées de son colonel de neveu nous ont au moins appris ça. »

L'expression sinistre de Brennan fit sourire le cardinal Spada, ce qui constituait un événement en soi.

« Gardez votre sang-froid, Thomas ! Gardez votre sang-froid ! Holliday vous a damé le pion, il est vrai, mais soyez beau joueur. N'ayez crainte, vous aurez votre revanche. »

Le prélat réfléchit un instant avant d'ajouter :

« Croyez-vous que Holliday ait compris à quoi il est mêlé ? Qu'il ait conscience de la portée des enjeux ?

— J'en doute, répondit Brennan. À mon avis, il doit s'imaginer que c'est lui qui a entraîné la femme dans l'aventure et non l'inverse.

— Depuis qu'ils ont uni leurs forces, ils ont connu cinq alertes successives. L'homme qui les filait, à Prague, les Pesek à Venise, l'histoire de St Michael's Mount, la tentative d'enlèvement à Iona, et pour finir l'attaque du chalet au Canada. Il n'est tout de même pas naïf au point de se figurer que c'est nous qui sommes responsables de tout ça ?

— Pour ce qui est des Pesek, il avait déjà eu affaire à eux. Vous vous rappelez sûrement ce fâcheux épisode en Libye l'an dernier ?

— Comme si c'était hier.

— Donc je pense qu'il nous soupçonne d'avoir lancé les Pesek à leurs trousses et organisé la filature du type de Prague qui travaille pour la CIA, poursuivit Brennan après avoir allumé une troisième cigarette. Quant à l'intervention en Cornouailles, nous pouvons être à peu près certains qu'il la met sur le compte de la même CIA, en partant du principe que c'est le seul service capable d'orchestrer ce genre d'opération en si peu de temps.

— Et pour le reste ?

— Il sait que la société Blackhawk est responsable de la tentative de rapt. L'homme qu'il a éliminé portait ses papiers sur lui, comme un imbécile ! Et puisque la police a interrogé celui qu'il a blessé, nous pouvons être sûrs que le MI-5 et la CIA sont maintenant au courant de l'implication de Blackhawk.

— Holliday peut-il soupçonner le lien entre Rex Deus et Blackhawk ?

— Je n'en ai pas l'impression. Blackhawk n'est qu'une petite entreprise… Rien à voir avec Halliburton ou Blackwater.

— Une petite entreprise que nous ne connaissons que trop bien… murmura Spada.

— Vous n'auriez pas dû laisser les mains libres à la banque, Votre Éminence. Je vous l'avais déconseillé, à l'époque, si vous vous en souvenez.

— Il n'était pas en mon pouvoir d'empêcher ce qui s'est passé. RhineHydraulik et Aquadyn étaient toutes les deux des sociétés européennes dans lesquelles nous étions lourdement engagés. L'Institut pour les œuvres de religion ne pouvait pas deviner qu'elles feraient l'objet d'une OPA hostile et d'un regroupement d'actions de la part de la famille Sinclair.

— Ils auraient dû voir venir le coup ! Ce sont des banquiers, tout de même ! dit Brennan, cassant.

— Et vous, vous l'aviez vu venir ? répliqua Spada sur le même ton. Je vous rappelle que c'est sur vous que compte l'Institut pour obtenir ce genre de renseignement !

— Je n'avais peut-être pas anticipé à ce point, c'est

vrai, mais je savais au moins que RhineHydraulik et Aquadyn étaient vulnérables. Et de ça aussi, je vous avais averti à l'époque, comme j'avais averti Bertone, à la banque… Résultat de l'opération : le Saint-Siège a maintenant pour partenaire une organisation de chrétiens intégristes qui dispose d'une armée privée. Si nous nous retirons de Rhine et d'Aqua, nous perdons des milliards. Si Rex Deus vend ses parts, cela provoque un effondrement des cours et nous perdons aussi des milliards ! Rex Deus est en position d'étrangler toute l'Église catholique si ça lui chante.

— Je sais tout cela. C'est précisément pour ces raisons que nous devons reprendre l'avantage sur eux. Il nous faut les contrôler, ou nous occuper d'eux d'une autre manière… »

Le ton martial de Spada amena un demi-sourire sur les lèvres de Brennan.

« Si vous pouviez préciser votre pensée, Votre Éminence… dit-il. Parce que je ne dispose pas de toute une armée d'Antonin Pesek, si c'est là que vous voulez en venir. Je ne peux pas commander des assassinats comme on commande un plat dans un restaurant.

— Nous dérivons. Oublions cela pour le moment. Il était question de Holliday. Que s'est-il passé au Canada ?

— Ce n'est pas encore très clair. Les gens qui ont enlevé Holliday et la femme n'ont pas été identifiés ; ceux qui ont attaqué le chalet du lac, en revanche, appartiennent à Blackhawk. »

Brennan termina son cocktail et se mit à broyer les glaçons entre ses dents.

« Quelque chose nous échappe, dit le cardinal.

Ce n'est sûrement pas la quête d'une relique à moitié imaginaire qui peut susciter une telle concentration de forces diverses et variées. »

Sourcils froncés, lèvres serrées, il médita un moment, laissant errer son regard froid. Un brusque coup de vent fit bruire les branches de la haie autour de la piscine. Enfant, Spada était persuadé que ce chuchotement était celui des morts, annonçant un désastre. Il frissonna et se recroquevilla dans son peignoir. Peut-être croyait-il encore à ces sottises.

« *Eh bien, maintenant, les riches, pleurez, hurlez sur les malheurs qui vont vous arriver. Votre richesse est pourrie, vos vêtements sont rongés par les vers*, murmura-t-il.

— Je vous demande pardon, Votre Éminence ? dit Brennan, déconcerté.

— Une citation des Saintes Écritures, père Brennan. Épître de saint Jacques, chapitre V, pour être précis.

— Je ne suis pas sûr de comprendre…

— Toute cette histoire tourne autour de l'argent. Je le sens. »

Le cardinal réfléchit un moment, tête courbée. Il avait presque l'air de prier, chose qui ne lui était pas arrivée depuis bien longtemps.

« Il y a environ un an, reprit-il enfin, vous avez fait état d'une rumeur qui circulait à Washington à propos de quelque chose que l'on appelait "opération *Croisade*". Le nom de Sinclair y était associé. En avez-vous appris plus à ce sujet ?

— Un peu, oui, mais il ne s'agissait pas d'argent. À ce que je sais, *Croisade* est un nom de code qui fait référence à un plan de riposte militaire en cas de menace terroriste majeure sur le territoire des États-Unis.

— Donc, rien qui *nous* concerne ?

— Pas directement, non. »

Un jeune prêtre apparut dans l'encadrement d'une porte-fenêtre. Après un instant d'hésitation, il se dirigea vers Spada et Brennan. Sans doute une des recrues de l'Irlandais, songea le cardinal, si l'on en jugeait par son physique de beau ténébreux. Le garçon s'arrêta, s'inclina devant Spada, puis se tourna vers Brennan.

« *Is ea anois, an bhféadaim cúnamh leat*, Michael ? » dit celui-ci.

Spada sourit pour la deuxième fois en entendant Brennan parler gaélique, une langue que tous ses messagers devaient impérativement connaître. Une méthode subtile pour protéger un secret, même devant un cardinal, et qui n'était pas sans rappeler celle des « messagers du vent » navajos imaginée par les marines pendant la Seconde Guerre mondiale. Le jeune homme répondit d'une phrase aussi rapide et brève qu'incompréhensible avant de saluer de nouveau respectueusement Spada et de s'en aller.

« De quoi s'agissait-il ? s'enquit le prélat en regardant l'estafette s'éloigner dans les profondeurs de la villa. Si je puis me permettre, naturellement…

— L'affaire Holliday se complique, répondit Brennan. Sa cousine Peggy et son mari se sont évanouis dans la nature. »

28

Holliday régla sur deux heures la lunette rotative servant à mesurer le temps écoulé sur sa vieille montre Luminox, puis Meg et lui entrèrent leur position dans leurs GPS respectifs en se fondant sur les données du système de navigation du *Deryldene D*. D'après ces dernières, ils trouveraient le lac Wallace en longeant la plage sur deux kilomètres avant de s'enfoncer de six cents mètres au milieu des dunes.

La station météo où travaillaient habituellement cinq des six résidents permanents de l'île était située à un kilomètre et demi de l'endroit où ils se tenaient, dans la courbure du croissant. Quelques plateformes pétrolières étaient visibles, loin au large, mais, le banc de sable ayant été évacué, il était peu probable que quelqu'un vienne les déranger dans leurs recherches.

Il leur fallut près d'une demi-heure pour atteindre le point où ils devaient tourner et commencer à marcher vers l'intérieur de l'île, la finesse extrême du sable gris rendant la progression plus difficile qu'ils l'avaient escompté. Dix minutes supplémentaires leur seraient nécessaires pour arriver au lac. Et le retour, bien sûr, prendrait autant de temps sinon davantage.

Il leur restait donc moins d'une heure en tout pour découvrir un objet qui, s'il existait bien, ne se trouvait peut-être pas à l'endroit prévu. Et même s'il s'y trouvait, les chances de tomber dessus alors qu'il était enterré là depuis sept cents ans étaient infimes. Après avoir déniché un étroit sentier qui montait en zigzaguant entre les dunes, ils le suivirent jusqu'à son point le plus élevé et firent une halte pour reprendre leur souffle.

Sur l'horizon, face à eux, le ciel n'était plus maintenant qu'un bouillonnement tumultueux, une vaste contusion parcourue de déchirures. D'où ils se tenaient, ils voyaient à présent la forme étroite et allongée du lac, ainsi que la plage sud, dix fois plus large que celle du nord où Gallant avait échoué le *Deryldene D*.

Entre la grève et l'horizon, la mer offrait une vision de cauchemar. D'énormes vagues moutonnantes se formaient sur les barres les plus éloignées avant de courir vers la côte en sautant par-dessus les bancs les plus proches dans un vacarme de train de marchandises pour déferler enfin et s'écraser sur le sable.

Que des centaines de naufrages se soient produits ici au cours des siècles n'avait rien d'étonnant. N'importe quel navire sombrant sur les barres ne pouvait qu'être réduit en miettes, et les éventuels survivants se noyer en tentant de nager jusqu'à la côte.

« C'est de la pure folie ! s'exclama Holliday. Jamais nous ne trouverons ce machin. Nous ferions mieux de rentrer à Halifax et d'attendre la fin de la tempête pour revenir.

— Impossible, répondit Meg d'un air farouche. Avec l'ouragan, la mer va submerger le lac et l'arche se retrouvera sous les eaux. »

Elle remonta son sac à dos d'un coup de reins et se remit en marche, ses pieds s'enfonçant dans le sable mou. Depuis le sommet d'une dune couverte de chardons et d'oyats, trois poneys les regardaient sans bouger. Leurs longues crinières hirsutes flottaient comme des haillons dans le vent qui se renforçait.

À combien d'ouragans les générations successives de ces petits chevaux avaient-elles survécu ? se demanda Holliday, avant de se poser une autre question : comment sœur Meg pouvait-elle être sûre que le trésor apporté sur l'île par sa chère Juliana allait être submergé ? D'après le livre qu'il avait lu dans le train, la superficie du lac Wallace n'avait cessé de se réduire au cours des siècles. Son niveau de plus hautes eaux d'alors devait être bien au-dessus de l'actuel.

La réponse à la seconde question était évidente, bien sûr. La totale absence de doute de la religieuse n'était qu'une nouvelle manifestation de l'incroyable entêtement dont elle avait déjà fait preuve à plusieurs reprises. Elle possédait la foi inébranlable des vrais croyants, ceux qui rejettent en bloc les conclusions de Darwin au prétexte que la Bible ne mentionne ni l'évolution, ni les dinosaures, ni les hommes des cavernes, et qu'elle affirme la position centrale de la Terre dans l'univers.

Holliday consulta de nouveau sa montre. S'il leur fallait encore cinq minutes pour gagner le lac, le calcul était facile à faire. Quarante minutes aller, quarante minutes de fouille, quarante minutes retour s'ils voulaient rejoindre le bateau dans la limite des deux heures. Et il valait mieux s'en tenir là, car Gallant ne semblait pas être du genre à accorder des sursis.

Il regarda le monstrueux tohu-bohu glauque du large et l'ouragan qui se ruait inexorablement vers eux. Celui-ci était assez proche maintenant pour qu'il puisse voir distinctement les éclairs aveuglants darder leurs fourches à la base des nuages noirs de jais comme dans une vision de l'Apocalypse peinte par Goya.

Holliday sentit son estomac se nouer. Était-ce un avertissement de son instinct, l'effet de la peur, ou les deux ? Fuir ou se battre ? Le chasseur néandertalien sur le point d'affronter son premier mammouth ou son premier tigre à dents de sabre n'avait pas dû éprouver autre chose. À la suite de Meg, il dévala le sentier menant au fond de la cuvette qu'occupait le lac. Le vent forcissait, leur soufflant au visage de cinglantes rafales de sable. Holliday jeta encore un coup d'œil à sa montre. Quelques minutes supplémentaires s'étaient écoulées. Il jura entre ses dents.

« Vous avez dit quelque chose ? demanda Meg en se retournant.

— Non, rien. »

La jeune femme poursuivit sa descente, Holliday suivant consciencieusement le mouvement.

À l'idée de l'enfer qui se préparait à l'horizon, il était fortement tenté de faire demi-tour pour forcer la main à Meg, mais il savait pertinemment qu'il n'irait pas jusque-là. Ils parvinrent au pied de la pente et traversèrent une zone de terrain compact encroûté de sel jusqu'à la rive du lac, frangée d'herbes et de plantes rases à cette saison.

L'eau sombre commençait à former des vaguelettes sous l'action du vent. Meg regarda à gauche, à droite, puis derrière elle. La limite des hautes eaux d'hiver était clairement visible. Elle formait un léger renflement en haut d'une bande de sable de cinq ou six mètres de large, plus foncé qu'ailleurs, qui ceinturait le lac. La jeune femme monta jusqu'à cette démarcation puis parcourut encore quelques mètres au-delà. Cherchant à évaluer les distances, elle jeta un nouveau coup d'œil à droite et à gauche avant de s'éloigner d'une quinzaine de mètres vers sa gauche pour s'arrêter à un point qui semblait à peu près équidistant des deux extrémités du plan d'eau.

« Voilà, c'est ici », déclara-t-elle avec assurance.

Posant son sac à dos sur le sol, elle détacha les sangles qui retenaient la pelle pliable puis sortit les écouteurs de son détecteur de métaux, qu'elle brancha sur la console de l'appareil. Holliday l'imita après l'avoir rejointe. Ils étaient enfin à pied d'œuvre.

« Nous avons trente-sept minutes pour localiser votre truc et le déterrer, dit-il en regardant de nouveau sa montre. Si nous n'avons pas décroché le jackpot d'ici une demi-heure, nous décampons. D'accord ?

— Comme vous voudrez, répondit distraitement la sœur en finissant d'ajuster autour d'elle la sangle du détecteur.

— Je ne plaisante pas, insista Holliday. Ce délai passé ne serait-ce que d'une minute, je vous plante là. »

Il désigna d'un signe de tête l'impressionnante masse orageuse qui fonçait sur eux avant d'ajouter :

« Je ne tiens pas à être encore là quand cette horreur s'abattra sur l'île.

— Rassurez-vous, j'avais compris la première fois ! répliqua Meg, qui ramassa son sac de sa main libre et le suspendit à son épaule. Je vais vers la droite ; vous n'avez qu'à aller à gauche.

— Très bien », acquiesça Holliday.

Mais la jeune femme avait déjà commencé à marcher, ses écouteurs sur les oreilles. Il la regarda s'éloigner en secouant la tête puis s'équipa à son tour de son détecteur et partit lentement dans la direction indiquée, balançant méthodiquement le disque de la « poêle à frire » devant lui, quelques centimètres au-dessus du sable.

Le livre sur l'île de Sable s'attardait longuement sur la géologie du lieu. Le banc s'était formé pendant la dernière glaciation, à l'époque où les glaciers s'étaient retirés, laissant derrière eux des moraines sableuses. Des poches d'huile minérale s'étaient constituées au sein de ces énormes dépôts de sable accumulés sur une couche épaisse de sédiments tertiaires, d'où les plateformes pétrolières.

La leçon à tirer de tout cela était qu'il n'existait aucune formation rocheuse sur l'île. Donc, pas d'effet de sol à craindre : un déclenchement du signal sonore de son détecteur et un déplacement de l'aiguille du vumètre à LED n'indiqueraient pas autre chose que la présence soit d'une épave, soit de l'Arche de Meg.

Il consulta sa montre pour la énième fois et sentit sa mâchoire se contracter. Dix minutes venaient de s'écouler. Dix minutes de moins avant l'arrivée de l'ouragan… Ce n'était plus de la folie douce mais de la folie furieuse ! Les visions mystiques d'une nonne illuminée allaient leur coûter la vie ! L'Arche authentique n'avait aucune existence réelle, c'était évident.

Tout à coup, un cri amorti par le vent et les écouteurs du casque le firent se retourner. À trois cents mètres, Meg lui adressait de grands signes en hurlant. Il ôta le casque et tendit l'oreille.

« … trouvé… quelque chose ! »

« Elle plaisante ! » marmonna-t-il en regardant la petite silhouette qui s'agitait frénétiquement au loin.

La jeune femme se laissa tomber à genoux et se mit à creuser avec sa pelle. Calant son détecteur sur son épaule, il courut vers elle à travers les volées de sable que le vent violent lui jetait dans les yeux. Il la rejoignit une minute plus tard, complètement essoufflé. Elle avait déjà devant elle un trou de trente centimètres.

« C'est un miracle, dit-elle d'une voix entrecoupée. L'aiguille a sauté d'un seul coup jusqu'à la valeur la plus haute en même temps que le bip se mettait à sonner en continu. J'ai tout de suite compris que je l'avais trouvée ! J'en étais sûre !

— Quels métaux ? demanda Holliday.

— Tous ! C'est le plus incroyable. Le bronze, l'or, l'argent… Le compteur signalait du métal lourd, aussi. Probablement du cuivre, du nickel ou du plomb.

— Sans doute du plomb. On faisait des tuyaux avec, à l'époque. Ou peut-être de l'étain…

— Aidez-moi donc à creuser ! »

Holliday se débarrassa de son sac et prit sa pelle. Un coup d'œil à sa montre l'informa qu'il leur restait vingt minutes. S'agenouillant dans le sable brun en face de Meg, il commença à pelleter, élargissant le trou. À soixante centimètres de profondeur, la pelle de Meg heurta quelque chose qui sonnait le creux.

Holliday se mit à plat ventre pour déblayer à la main le sable recouvrant l'objet. Un instant plus tard, un motif profondément gravé dans un bloc de métal gris foncé apparut. Une croix engrêlée, l'antique emblème des Saint-Clair, et, en dessous, une série de lettres d'aspect vaguement runique : εν τούτω νίκα.

« Ce n'est ni du latin ni du français, dit Meg, l'air déroutée.

— C'est du grec ancien. Cela se traduit généralement en latin par *In hoc signo vinces* – par ce signe tu vaincras. Le signe étant la croix, expliqua Holliday, à qui cet énoncé n'était pas inconnu. On raconte que l'empereur Constantin a vu cette phrase dans un rêve pendant la nuit précédant la bataille du pont Milvius, en 312, et qu'il en a fait sa devise après avoir remporté la victoire. C'était aussi la devise des chevaliers du Temple.

— L'Arche authentique, murmura Meg d'une voix pleine de déférence. Nous l'avons trouvée !

— Ça alors ! Qui l'eût cru ? » dit Holliday.

Meg lui lança un regard aiguisé.

« Aidez-moi à creuser davantage ! » ordonna-t-elle de nouveau.

Pendant dix minutes, soit la moitié du temps qui leur restait, ils s'employèrent à dégager avec précaution le bloc métallique, qui se révéla être un coffret rectangulaire d'à peu près quatre-vingts centimètres de long sur vingt de large et trente d'épaisseur, apparemment constitué de feuilles de plomb. Les dimensions correspondaient à celles des reliquaires en forme de cercueil habituellement utilisés au Moyen Âge pour conserver des ossements. Le couvercle était emboîté et soudé. Après avoir sorti de son trou sans difficulté le coffret, étonnamment léger, ils l'examinèrent attentivement. Il était hermétiquement clos.

« Un simple bol de charpentier, chuchota Meg, le regard extatique.

— Pardon ?

— Le Graal. Ce n'était qu'un objet rustique, et non un joyau. L'Arche authentique lui ressemble.

— Je pensais que vous citiez une réplique d'un film d'Indiana Jones. Vous savez, celui avec Sean Connery… »

Holliday regarda l'heure. Encore cinq minutes. Ils étaient dans les temps. Il se releva en brossant le sable qui restait collé à son jean. Quel imbécile il avait été !

« Comment pouvez-vous blasphémer dans un moment pareil ? demanda Meg, toujours agenouillée devant le coffret, en le fusillant du regard.

— Parce que j'ai beaucoup de mal à avaler toute cette histoire, figurez-vous. Que de coïncidences ! Le type chauve, à Prague, pour mettre la pression… O'Keefe, l'Irlandais, avec sa *Mary Deare*, qui se trouve pile à l'endroit où il faut et au bon moment… Les moulages du révérend Walker, à Iona, et la *Prière du chevalier*… Et maintenant voilà qu'en dix minutes vous trouvez exactement ce que vous cherchiez, enterré à seulement quelques centimètres de profondeur. Un peu trop beau pour être vrai, vous ne croyez pas ? Trêve de plaisanterie, mon petit ! Au propre comme au figuré, vous m'avez mené en bateau depuis le début et j'ai tout gobé. »

Holliday s'interrompit pour soulever son sac et le jeter sur son épaule.

« De la poudre aux yeux, tout ça ! Et de la poudre qui a dû coûter cher ! reprit-il en regardant Meg, toujours accroupie, qui fouillait dans son sac. Je ne sais pas exactement ce que vous mijotez, mais j'espère pour vous que le jeu en valait la chandelle. »

Il commença à se détourner puis se figea sur place en voyant la jeune femme se mettre debout. Elle tenait à deux mains un gros 9 millimètres Stechkin APS qu'elle braquait fermement sur lui, visant la région du cœur. Un Stechkin. L'arme de prédilection des forces spéciales russes en Afghanistan. Il en avait souvent vu, là-bas, entre les mains de rebelles talibans. Des trophées pris à l'ennemi vaincu.

« Maman m'avait prédit que ça ne marcherait pas, dit Meg en continuant à pointer le pistolet sans trembler. Mais j'ai quand même voulu tenter le coup. »

29

« Prenez l'arche ! » ordonna la jeune femme. Holliday s'exécuta, soulevant à deux mains le coffret, qui ne devait pas peser plus de vingt kilos. S'il était en feuilles de plomb, celles-ci devaient être très fines pour être si légères, à moins qu'elles ne constituent un simple placage de protection collé sur autre chose. Du bois, peut-être. Quoi qu'il en soit, même s'il avait déjà porté des objets bien plus lourds que cette boîte, celle-ci allait les ralentir dans leur marche.

« Nous n'arriverons jamais au bateau à temps s'il faut que je transporte ça », remarqua-t-il.

Cheveux roux volant en tous sens dans le vent, paupières plissées contre les tourbillons de sable, Meg ramassa son sac et le hissa sur son épaule sans quitter Holliday des yeux un seul instant, le canon du pistolet vacillant aussi peu que son regard.

Son expression de ferveur religieuse avait fait place à une sorte de férocité glacée. Ce n'était plus la jolie rouquine effarouchée du Mont-Saint-Michel : la sœur Meg qui se tenait devant lui était capable de lui mettre une balle en plein front sans sourciller.

Une dingue ! Il n'était pas nécessaire d'être psychiatre

pour faire le diagnostic. Derrière eux, les vagues géantes de l'océan se poursuivaient sans relâche dans un rugissement assourdissant avant de venir se fracasser et mourir sur la plage, chacune lançant ses griffes un peu plus haut que la précédente.

« Que Gallant aille se faire voir avec son bateau ridicule ! répondit Meg. L'horaire, c'est moi qui le fixe. En route ! »

Ils refirent en sens inverse le chemin de l'aller, suivant le bord du lac en marchant sur la croûte de sel tassé avant de tourner à gauche pour escalader la dune exactement à l'endroit où ils l'avaient descendue, comme l'attestaient leurs traces de pas sur le sentier encaissé.

Holliday ressentait presque physiquement la présence du Stechkin braqué entre ses omoplates. C'était comme une démangeaison ou un coup de soleil. S'il se souvenait bien, le robuste petit automatique était équipé d'un chargeur de vingt cartouches qu'il tirait à une cadence de six cents coups minute. Meg pouvait lui vider le chargeur dans le dos en deux secondes.

« Une riche idée d'utiliser du plomb ! lança-t-il, s'adressant à l'espace vide devant lui. Un métal qu'on ne peut pas vraiment dater… Mais je n'ai aucun doute sur l'authenticité des babioles que contient ce coffret.

— Fermez-la ! répondit sèchement Meg.

— Vous ne tirerez pas, affirma Holliday avec une assurance qu'il était loin d'éprouver. Si vous aviez eu l'intention de me tuer, vous l'auriez fait depuis longtemps. J'ignore pourquoi, mais vous avez encore besoin de moi… À propos, qui est votre mère ?

— Il est vrai qu'il ne vous est jamais venu à l'idée de me demander mon nom de famille.

— Je ne pensais pas que les religieuses en avaient un.

— Elles sont comme tout le monde avant de prononcer leurs vœux. Mais qui a dit que j'étais religieuse ?

— Ah, parce que vous ne l'êtes pas ?

— Je l'ai été, mais je ne le suis plus.

— Ah, bon… Alors, comment vous appelez-vous ?

— Sinclair. Ma mère se prénomme Katherine, si cela éclaire votre lanterne. »

Holliday se rappela un article du magazine *Time* qu'il avait lu quelques mois plus tôt, où le journaliste déplorait que seules douze des cinq cents premières entreprises américaines aient pour P-DG des femmes. Kate Sinclair venait en quatrième position sur la liste après Angela Braly, de Wellpoint, Indra Nooyi, de PepsiCo, et Irene Rosenfeld, de Kraft Foods. Kate Sinclair était à la tête d'une multinationale aux contours mal définis dont les activités étaient en rapport avec l'eau.

« Celle qui s'occupe de flotte ? demanda Holliday.

— Je ne crois pas qu'elle aimerait beaucoup cette description. Elle est la P-DG et actionnaire majoritaire de l'American Fluid Dynamics Corporation, une compagnie prestataire de services d'intérêt général. Son fils, mon frère, est Richard Pierce Sinclair.

— Le sénateur ?

— Lui-même. Le prochain président des États-Unis.

— Que vous croyez. Il n'est que second sénateur d'un État paumé du genre Tennessee.

— Kentucky, rectifia Meg. Mais vous n'en reviendriez pas de voir à quel point trois années de travail et un milliard de dollars peuvent transformer l'image de quelqu'un… Arrêtez-vous là ! »

Holliday obéit. Ils étaient parvenus au sommet de la dune, qui offrait un point de vue sur l'étroite plage nord et la mer au-delà, mais le *Deryldene D*, qui devait se trouver à plus de quinze cents mètres, n'était pas visible depuis l'endroit où ils se tenaient. Il entendit des froissements derrière lui, comme si Meg s'était mise à fouiller dans son sac. Avait-elle relâché sa vigilance ? Improbable. Il préféra ne pas prendre le risque de s'en assurer.

Il y eut ensuite un claquement vaguement familier qu'il mit un instant à reconnaître : celui d'un revolver à barillet que l'on ouvre et que l'on referme. Que faisait-elle ? Pourquoi avait-elle besoin d'un revolver alors qu'elle disposait déjà d'un automatique ?

Il comprit quand il entendit une forte détonation suivie d'un sifflement aigu de fusée de feu d'artifice. Une longue traînée de fumée blanche s'éleva en courbe dans le ciel noir au-dessus de sa tête, dérivant et s'effilochant sous l'effet du vent. La trajectoire s'interrompit à son sommet dans une explosion de lumière rouge. Une fusée de détresse. Holliday pensa aussitôt à Gallant. Le pêcheur ne manquerait pas de voir le signal et de s'interroger sur sa signification, bien sûr, mais cela suffirait-il à le faire réagir ? C'était peu probable.

« Avancez ! » ordonna Meg.

Il se mit à descendre la pente sans discuter.

« Pourquoi la fusée ? demanda-t-il au bout d'un moment.

— Vous le verrez bien. »

Il commençait à avoir mal aux bras à force de porter l'arche. En regardant l'inscription sur le couvercle, *Par ce signe tu vaincras*, il lui vint l'idée de feindre une chute, de rouler sur lui-même en lâchant le coffret et de prendre les jambes à son cou. Mais à cet instant un bourdonnement lointain se fit entendre dans le ciel – le bruit caractéristique d'un avion à hélice d'assez grande taille.

« Votre chauffeur ? » s'enquit-il sans se retourner.

Il assura sa prise sur la boîte. S'il voulait s'en sortir, c'était maintenant qu'il devait saisir sa chance. Tous ses sens en alerte, il guettait le moment propice.

« Taisez-vous », répondit Meg d'une voix neutre.

Le vrombissement s'amplifia dans les airs et l'avion apparut soudain, un monoplan de transport à aile haute comme les Defender en usage dans l'armée britannique. Il allait à l'évidence atterrir sur la plage.

« Et ne vous avisez pas de tenter quoi que ce soit pour fuir, reprit la jeune femme. Il suffit de voir votre façon de vous tenir pour comprendre que vous avez une idée derrière la tête.

— De toute façon, vous n'êtes pas capable de tirer, répondit Holliday, conscient d'avoir laissé passer une occasion. Vous vous prenez peut-être pour une dure à cuire, mais je ne pense pas que vous pourriez tuer quelqu'un de sang-froid.

— Vous voulez parier ? »

Sur leur gauche, chahuté par les sautes de vent, l'appareil était en phase d'approche finale. Holliday atteignit le pied de la dune sans avoir pu agir. La présence de Meg, sur ses talons, l'empêchait de prendre la moindre initiative, d'autant que le coffret le limitait dans ses mouvements aussi sûrement qu'une paire de menottes.

Les premières gouttes de pluie s'écrasaient sur le sable, assez lourdes pour y creuser de petits cratères. Même si le vent le poussait, ce qui constituait son seul atout, Gallant n'allait pas s'amuser, en mer.

« Comment le pilote de l'avion a-t-il su à quel moment venir vous chercher ? demanda Holliday.

— Grâce à un téléphone satellite Ericsson R-290. Il tournait en rond depuis une heure dans l'attente de mon signal.

— Un téléphone satellite ? Où vous en êtes-vous procuré un ?

— Devinez ! » répondit Meg d'un ton réjoui.

Holliday réfléchit un instant, puis la lumière se fit soudain dans son esprit.

« M. Coing ! s'exclama-t-il. C'était un des vôtres ! »

Il jura entre ses dents. Comment avait-il pu être aveugle à ce point ?

« Gagné, professeur ! dit Meg en riant, manifestement très contente d'elle. L'enlèvement n'était destiné qu'à vous déstabiliser un peu plus et à vous empêcher de raisonner. D'autre part, je devais mettre ma mère et ses amis au courant des derniers développements. M. Coing m'a donné l'arme et le téléphone pendant que vous étiez encore dans les vapes… Par contre, l'attaque du chalet nous a surpris. Elle n'était pas du tout prévue au programme. »

Le bimoteur à turbines toucha le sol, les trois pneus basse pression de son train fixe à longues jambes imprimant à peine une trace dans le sable. Il était noir et blanc, avec un nom de compagnie peint sur le fuselage : Skybus Air Express.

« Une société dirigée par maman, je suppose ? dit Holliday.

— Avancez ! répliqua l'héritière Sinclair.

— Et si je m'en allais tranquillement en vous laissant l'arche ? Pas de bobo, pas de coup fourré. Vous avez obtenu tout ce que vous vouliez, non ?

— Pas tout à fait. Nous avons besoin de vous pour authentifier la découverte.

— Et qu'est-ce qui vous permet de croire que je suis prêt à faire ça pour vous ?

— Votre motivation.

— Quelle motivation ?

— Votre prétendue nièce, Peggy Blackstock, et son archéologue de mari.

— Qu'ont-ils à voir là-dedans ? »

Holliday sentit son pouls s'emballer. Le cœur au bord des lèvres, il se tourna vers Meg Sinclair, qui continuait à pointer le pistolet sur lui, son visage totalement inexpressif.

« Qu'est-ce que vous avez fait ? s'écria-t-il.

— Comme c'est touchant, cette inquiétude pour vos proches ! Il est vrai que Peggy est enceinte, j'oubliais.

— Qu'avez-vous fait ? Parlez !

— Eh bien, aujourd'hui à midi, heure israélienne, Peggy et son époux ont été enlevés. Pour le moment, ils sont sains et saufs. Il ne dépend que de vous qu'ils le restent.

— Mon Dieu… murmura Holliday, pétrifié.

— Dieu ne peut vous être d'aucun secours. Moi, en revanche, si. Coopérez avec nous, ils auront la vie sauve ; un faux pas et ils meurent. Tous les trois. Et maintenant, avancez ! »

Holliday la dévisagea. Jamais de toute sa vie il n'avait éprouvé la rage, la furie qui montait en lui, pas même en pleine bataille, pas même quand il avait senti le tranchant de son poignard ouvrir la gorge offerte d'un garde sur une plantation de pavot à Garmsir, dans la province afghane de l'Helmand.

« Si vous touchez à un cheveu de leur tête, je vous retrouverai, où que vous soyez, et je vous tuerai de mes mains dès que cette histoire sera terminée, espèce de tarée psychopathe !

— Vous vous en prendriez à une femme ? répondit Meg Sinclair avec un sourire tout en battant des cils. Je n'aurais jamais cru que votre code de chevalerie autorisait des choses pareilles.

— Dans votre cas, je ferai une exception.

— Bon, après cette minute de mâle héroïsme et de coups de menton, vous allez me faire le plaisir de traverser la plage et de monter dans cet avion. »

La pluie s'était mise à tomber plus dru. Holliday s'accorda un instant supplémentaire pour bien graver le visage de la folle dans son esprit, puis il se détourna et fit ce qu'on lui demandait.

Cinq minutes plus tard, après avoir décollé face au vent, l'avion s'éleva rapidement jusqu'à son altitude de croisière et mit le cap au sud. Au moment où l'appareil virait, Holliday aperçut le *Deryldene D* qui reprenait la mer, ses hélices soulevant de forts remous tandis qu'il faisait machine arrière pour se dégager de la plage. Il regarda sa montre. Le délai de deux heures venait de s'achever et, fidèle à sa parole, Gallant les avait attendus jusqu'au dernier moment. Adressant au ciel une prière muette pour le capitaine, il suivit des yeux aussi longtemps qu'il le put le petit bateau, qui finit par disparaître derrière le rideau de pluie.

30

Rex Deus fut introduit en Amérique avant même la naissance des États-Unis par un nommé Jonathan Edwards, pasteur puritain, théologien et missionnaire auprès des Indiens – et de tous ceux qui étaient prêts à l'écouter.

Très fier de son passé, Edwards était presque obsédé par sa généalogie. À l'instar de la plupart des membres de Rex Deus, il pouvait remonter sa lignée sans risque d'erreur jusqu'aux douze premiers monarques mérovingiens, rois des douze royaumes francs dont les territoires incluaient la France et l'Allemagne actuelles ainsi que la plus grande partie de l'Italie, Rome comprise.

Par l'intermédiaire des Mérovingiens, Edwards s'inscrivait dans la filiation des Desposyni et des *adelphoi*, les frères et sœurs cadets du Christ, qui avaient transmis l'hérédité de Jésus à leurs descendants. Edwards se croyait investi d'une mission qui consistait à découvrir d'autres descendants des Desposyni sur le sol américain et à les rassembler afin de fonder une nation.

Avant de mourir, en 1758, il avait trouvé sept autres

familles américaines de Desposyni dont l'alliance avait signé la résurrection de Rex Deus. L'objectif final de leur coalition secrète était de s'infiltrer avec efficacité et discrétion dans tous les secteurs de la société, de la politique et de l'industrie afin d'exercer à terme une bienveillante hégémonie authentiquement chrétienne sur l'Amérique, voire, à échéance plus lointaine, de diriger le monde entier en leur qualité de descendants de Dieu.

Ils militaient en faveur d'une lecture rigoureusement littérale de la Bible et presque tous possédaient des esclaves – ces « fendeurs de bois et puiseurs d'eau » chers à Josué. Ils étaient également favorables à un système de gouvernement fondé sur un suffrage strictement aristocratique, mais pouvaient être étiquetés comme révolutionnaires dans la mesure où ils ne prêtaient allégeance qu'au Christ, à l'exclusion de tout autre souverain, y compris le roi d'Angleterre. Par-dessus tout, ils attachaient la plus grande importance au secret et à l'obéissance sans faille. L'omerta de la Mafia sicilienne n'était qu'un engagement de pacotille à leurs yeux.

En 1776, Rex Deus avait déjà gagné considérablement en richesse et en influence. Huit signataires de la déclaration d'Indépendance faisaient partie de la secte et douze autres de ses adeptes siégeaient au Congrès continental, l'Assemblée législative des treize colonies. En 1861, quand éclata la guerre de Sécession, Rex Deus comptait des dizaines de membres à part entière, associés ou disciples dans chacun des deux camps et sur l'ensemble du territoire national.

Quand il devint clair que les partenaires commerciaux étrangers de l'Amérique allaient apporter leur soutien au Nord déjà industrialisé, les membres sudistes de Rex Deus œuvrèrent de leur mieux à la défaite de la Confédération sudiste. Dès le lendemain de la guerre, radicalement opposés à l'émancipation des esclaves prônée par Lincoln, ils firent en sorte de mettre un terme définitif au jusqu'au-boutisme présidentiel. Ce fut le premier assassinat politique dans lequel trempa Rex Deus, mais pas le dernier.

À l'aube du XXe siècle, avec bon nombre de maires, gouverneurs et députés élus, Rex Deus constituait une puissance occulte en mesure de soutenir toutes sortes d'orientations stratégiques, tels l'isolationnisme au moment de la Première Guerre mondiale… et la poursuite des échanges commerciaux avec l'Allemagne jusqu'en 1917 alors que les États-Unis étaient censés être neutres.

Entre les deux guerres, les gens de Rex Deus se posèrent en partisans convaincus de la Prohibition tout en investissant en toute bonne conscience d'énormes capitaux dans les distilleries canadiennes, principales pourvoyeuses d'alcool clandestin pour le marché états-unien pendant la quinzaine d'années que dura cette politique. En 1929, avertie de l'imminence d'un krach par des initiés, la société secrète retira la quasi-totalité de ses participations dans les Bourses de New York et Chicago, évitant à ses membres des pertes colossales.

Au moment de l'accession au pouvoir de Hitler, en 1933, certains éléments européens de Rex Deus s'allièrent aux nazis tandis que d'autres liquidaient en toute discrétion leurs actifs pour les réinvestir dans les industries d'armement britanniques ou américaines.

Si l'idéologie de Hitler était à bien des égards incompatible avec celle des membres de la secte, ses méthodes et ses conceptions administratives leur semblaient en revanche très saines : n'était-il pas parvenu à transformer du jour au lendemain une poignée de fidèles en une impitoyable force politique, économique et militaire ? L'homme impressionnait et ses talents d'organisateur forçaient l'admiration au sein de Rex Deus, mais il était à l'évidence complètement détraqué, indigne de confiance et, surtout, dépourvu de toute intuition ou connaissance en matière de tactique et de stratégie militaire.

Grâce à la présence de plusieurs de ses membres au sein de l'administration Roosevelt et à ses appuis dans les principales compagnies pétrolières, Rex Deus fut aussi pour beaucoup dans les décisions de politique étrangère qui conduisirent à étrangler ces « barbares de Japs » en les privant peu à peu de tout approvisionnement énergétique. Rien de surprenant quand on sait que Rose Francis Whitney Hull, épouse du secrétaire d'État Cordell Hull, était issue d'une longue lignée d'adeptes de la secte.

Certains, après la réussite de cette manœuvre, que les États-Unis seraient inexorablement entraînés dans la guerre, les responsables américains de Rex Deus entreprirent d'investir lourdement dans les productions liées à la défense, comme celles d'armements légers, de caoutchouc, d'acier et d'aluminium. Si bien que quand Pearl Harbor fut attaqué, ils étaient prêts à la riposte, au nom de Dieu tout-puissant, bien sûr, mais surtout au nom du dieu Dollar, pour lequel ils avaient une dévotion toute particulière.

Après la guerre, certains membres de Rex Deus, et parmi eux les Sinclair, se lancèrent dans l'achat de sociétés prestataires de services publics aux États-Unis et à l'étranger. D'autres continuèrent à investir dans les pétroles, d'autres encore dans l'immobilier ou la finance. Plus l'Amérique développait sa richesse et sa puissance, plus cela leur profitait.

Mais les adeptes de Rex Deus n'étaient pas de ces évangélistes pitoyables qui prêchent l'usage de la prière comme moyen d'acquérir fortune et renommée et acceptent n'importe quelle carte de crédit à condition que les fidèles appellent *dès maintenant* le numéro Vert en annonçant le montant de leur offrande. Non, les adeptes de Rex Deus étaient de *vrais* croyants, tout aussi pieux et fanatiques que les plus ardents djihadistes.

Avant même le début du troisième millénaire, les membres les plus haut placés de l'ordre représentaient collectivement la première force économique des États-Unis. Rex Deus était aussi la première organisation cultuelle du pays. Pourtant, fidèle à sa discrétion multiséculaire, la secte faisait à peine l'objet de quelques rumeurs – rumeurs qui, sitôt apparues, étaient invariablement balayées d'un revers de main après avoir été qualifiées de fantasmes paranoïaques fréquents dans la presse gauchiste ou de théories du complot engendrées dans les fumées du cannabis.

La seule chose à laquelle Rex Deus n'avait pas encore touché quand s'ouvrit 2008 était l'élection présidentielle. Mais en novembre de cette année-là, devant l'abomination que constituait la présence d'un Noir à la Maison-Blanche, il était clairement apparu aux caciques du clan qu'une action énergique s'imposait avant que l'âme même de la nation ne soit définitivement pervertie par les métastases pernicieuses de l'athéisme et de la corruption profane.

Pour combattre ces épouvantables fléaux, Rex Deus allait avoir besoin d'un nouveau chef et d'un plan d'urgence propre à assurer la survie du pays. Des mesures radicales devaient être prises, et vite. Les Desposyni furent convoqués pour un conclave secret.

Le bimoteur de Skybus Air Express rejoignit le couloir aérien correspondant au plan de vol déposé plus tôt dans la journée et atterrit à l'aéroport international de Bangor, dans le Maine, une heure et demie après avoir décollé de la plage, avec une large avance sur l'ouragan Otto qui s'était abattu entre-temps sur la petite île, avant-poste atlantique du continent américain.

En cours de vol, l'arche avait été placée dans une caisse en bois portant déjà les scellés de la douane et décrite sur le manifeste de bord comme contenant des isotopes médicaux. Quant à Holliday, il avait reçu un authentique passeport états-unien à son nom le désignant comme « copilote ».

En tant que personnel navigant, les occupants de l'avion franchirent la douane et le contrôle de l'immigration sans encombre, puis Holliday et Meg furent aussitôt conduits par les deux cerbères qui les accompagnaient pendant le vol jusqu'à un salon privé où une autre équipe de gardes du corps prit le relais. À considérer l'allure de ces derniers, Holliday supposa qu'ils avaient été militaires et qu'ils étaient armés.

Une demi-heure plus tard, ils montèrent à bord d'un jet privé Gulfstream G550 noir et rouge, aux couleurs de l'American Fluid Dynamics Corporation, qui les transporta en moins de deux heures à Lexington, dans le Kentucky. Là, trois Noirs à l'air malcommode en costume sombre et chemise blanche les attendaient sur le tarmac devant trois camionnettes Cadillac Escalade aux vitres teintées.

Un bref coup d'œil aux trois hommes suffit à Holliday pour deviner qu'ils avaient connu l'expérience de la guerre, sans doute en Irak ou en Afghanistan. Ils avaient le regard des soldats hantés jusque dans leurs rêves par des souvenirs traumatisants. Tout le monde grimpa dans les fourgonnettes, qui quittèrent l'aéroport et s'engagèrent sur l'autoroute 64 à la manière d'un minicortège présidentiel.

Un trajet de trente minutes les mena à Frankfort, la capitale d'État, une localité d'à peine vingt-sept mille habitants, qu'ils contournèrent pour gagner Poplar Hill, la demeure de la famille Sinclair depuis près de deux siècles.

À l'origine, Poplar Hill s'était appelé Stoneacre Farm – l'arpent des Cailloux – à cause des rochers que les premiers Sinclair avaient dû extraire du sol pour pouvoir le cultiver, et la maison elle-même ressemblait à la misérable cabane que célèbre l'hymne de l'État, *My Old Kentucky Home*.

Au gré de l'enrichissement de Rex Deus et des Sinclair, la vieille cabane perchée sur une colline dominant la Kentucky et l'agglomération de Frankfort, en croissance constante, avait fait place à des bâtiments de plus en plus grands dont le dernier en date était le gigantesque manoir de style néogothique écossais mâtiné de roman qui s'étalait aujourd'hui au sommet du coteau. Un monstre de pierre avec porche de granit, tourelles à la Disneyland, jardin d'hiver de la taille d'une salle de bowling, passages secrets de part et d'autre de la colossale cheminée de la bibliothèque, armoiries des Sinclair en incrustations de marbre sur le sol du vestibule et galerie souterraine menant des cuisines en sous-sol à la remise et aux écuries construites en pierre de taille à l'arrière du corps de logis. La moitié des écuries continuaient à remplir leur fonction initiale et abritaient les pur-sang de la famille ; l'autre moitié servait de garage.

Le pseudo-castel fut bâti pour un coût indécent entre 1888 et 1895 par Richard Oswald Sinclair, l'arrière-arrière-grand-père de l'actuel Richard Sinclair, à l'occasion d'un pari entre lui et son confrère collectionneur d'art, George Washington Vanderbilt, qui construisit la célèbre Biltmore Mansion[1] pendant la même période. Les deux hommes s'étaient lancé un défi mutuel : ériger la plus vaste demeure du pays. Vanderbilt gagna le pari, Biltmore occupant seize mille deux cents mètres carrés, Poplar Hill seulement quinze mille trois cents. Sinclair contesta la victoire de son rival, arguant qu'en comptant la superficie de ses écuries, reliées au bâtiment principal par un tunnel, c'était lui le gagnant. Sinclair et Vanderbilt ne s'adressèrent plus jamais la parole.

Holliday resta un bon moment assis dans la camionnette, puis l'un des anges gardiens qui avaient fait avec lui le voyage en jet le fit entrer dans le château. En traversant l'extravagant vestibule, avec son sol de marbre aux armoiries incrustées et son plafond vertigineux, il se rappela soudain, frappé par le contraste, qu'il était toujours en jean, tee-shirt et chaussures de

1. Cette résidence, située sur le domaine Biltmore, près d'Asheville, en Caroline du Nord, est considérée comme la plus grande propriété privée des États-Unis.

chantier. Un coup d'œil à sa montre lui fit prendre conscience qu'à peine quatre heures plus tôt il surveillait de très près l'approche d'un ouragan sur une île désolée.

Il songea à Gallant, espérant qu'il était parvenu à vaincre la tempête, et se promit de se renseigner sur le sort du pêcheur si lui-même se tirait vivant du mauvais pas où il se trouvait – ce dont il commençait à douter. Authentifier la prétendue Arche authentique pour les Sinclair ne le sauverait pas : ceux-ci n'auraient en effet aucun intérêt à le laisser vivre ensuite, et il ne manquait pas de place pour faire disparaître un corps sur les centaines d'hectares de champs et de forêts à l'écart de tout qui entouraient la propriété.

Holliday et son escorte tournèrent à gauche dans le vestibule pour s'engager dans un couloir qui aurait fait bonne figure à Buckingham Palace, avec son parquet en tek couvert de tapis persans poussiéreux, ses murs tendus de soie moirée et ses alignements de tableaux aux cadres tarabiscotés, chacun éclairé par une applique. Les toiles, toutes européennes, représentaient pour la plupart des scènes de bataille où des chevaux chargeaient, regard fou et narines dilatées par l'odeur du sang frais, tandis que leurs cavaliers se taillaient mutuellement en pièces à coups de sabres courbes.

Ils passèrent devant des portes qui semblaient être celles d'un ascenseur et pénétrèrent quelques pas plus loin dans un salon d'allure confortable que meublaient des canapés et des fauteuils disposés devant une cheminée de taille relativement modeste. Le manteau de cette dernière s'ornait d'un tableau sobrement encadré figurant un petit chien en pleine course.

« Un Gala Creek Feist, expliqua d'une voix de grande fumeuse une vieille dame élégante assise dans un des fauteuils, comme Holliday regardait la toile. C'est avec ce genre de chien que Daniel Boone, l'explorateur, allait chasser l'écureuil. Celui-ci s'appelait Langford's Rowdy. C'était mon préféré. »

Holliday remarqua que l'arche, toujours dans sa caisse en bois, était posée sur la table basse devant elle.

« Vous êtes la mère, je suppose ? dit-il.

— Je m'appelle Katherine Pierce Sinclair, répondit la femme, qui désigna un fauteuil de l'autre côté de la table. Asseyez-vous, colonel Holliday. Vous devez être très fatigué de votre voyage. »

Elle adressa un regard à l'ange gardien. Celui-ci se retira en refermant la porte derrière lui, mais Holliday eut le sentiment que ce n'était pas pour aller bien loin.

« Vous avez dit à Meg que je ne me laisserais pas abuser par votre histoire de coffret…

— Il n'était pas nécessaire que vous y ajoutiez foi, colonel. Nous avions placé Mlle Blackstock sous surveillance dès le début. J'ai toujours cru en la vertu des moyens de pression, voyez-vous.

— J'ai averti Meg de ce que je ferais s'il arrivait quoi que ce soit à Peggy ou à Raffi.

— Pourquoi ces menaces, colonel Holliday ? »

Katherine Sinclair alluma une cigarette et souffla une volute de fumée vers le plafond. Elle tenait sa cigarette comme un homme, entre les premières phalanges de l'index et du majeur.

« Aucun mal ne leur sera fait du moment que vous acceptez d'authentifier l'arche.

— Quand l'avez-vous cachée sur l'île ?

— Il y a plus d'un an. Entre autres choses, Margaret est une archéologue confirmée. Il n'y avait donc rien d'étonnant de votre point de vue à ce qu'elle soit capable de déchiffrer elle-même les indices qui conduisaient à l'arche. Malheureusement, ces indices devenaient confus sur l'île d'Iona. À partir de là, ils pouvaient mener n'importe où, l'île de Sable n'étant qu'une des possibilités. Nous avons donc fabriqué de toutes pièces des signes susceptibles de vous aiguiller dans cette direction plutôt qu'une autre. Le choix de cette île était en effet le plus séduisant, car il permettait de donner corps à la thèse de Rex Deus, selon laquelle ces fameuses reliques avaient été transportées jusqu'au Nouveau Monde. Nous avons fait confectionner le coffret dans les règles de l'art médiévales et avec des outils d'époque, puis nous l'avons enterré au bord du lac Wallace. Margaret possédait les coordonnées GPS exactes de l'endroit. Elle savait où creuser.

— L'inscription en grec était une idée astucieuse.

— N'est-ce pas ? C'est Margaret qui l'a eue : elle a étudié les langues mortes à Columbia.

— Une véritable érudite digne des génies de la Renaissance.

— Une fille dont une mère peut être fière.

— Et habile au maniement du pistolet, avec ça !

— Elle pratique la chasse depuis l'enfance, à Poplar Hill. Elle tire mieux que son frère.

— Le futur président des États-Unis ?

— Tout à fait.

— Pourquoi m'avoir choisi moi ? Il ne manque pas de médiévistes plus réputés.

— Je m'intéresse à vous depuis votre déplacement aux Açores, il y a quelque temps, répondit la matriarche avec un sourire qui évoqua dans l'esprit de Holliday l'image d'un serpent dévorant une souris. Outre mon désir de vous entendre authentifier votre trouvaille, que vous voyez là sur la table, j'aimerais beaucoup feuilleter le petit carnet que vous a remis le père Rodrigues en rendant son dernier soupir sur l'île de Corvo. Je présume que vous l'avez mis en sûreté ?

— Vous présumez bien, confirma Holliday, sans la moindre intention de révéler que l'objet se trouvait dans le coffre d'une banque genevoise.

— Alors tout va pour le mieux ! Vous pourrez aller nous le chercher après que vous aurez authentifié l'arche pendant le conclave, demain.

— Qu'est-ce qui vous permet de croire que je vais obtempérer ? » demanda Holliday, bien qu'il connaisse déjà la réponse.

Katherine Sinclair sourit de nouveau avant de tirer une profonde bouffée de sa cigarette. Lorsqu'elle répondit, la fumée jaillit de sa bouche comme l'haleine d'un dragon – un dragon décharné et flétri arrivé au terme de son existence racornie.

« Vous le ferez parce que votre vie en dépend, ainsi que celles de Mlle Blackstock et de son mari tout neuf. »

31

Après sa brève conversation avec Katherine Sinclair, Holliday fut conduit jusqu'à une chambre au deuxième et dernier étage d'une des tourelles dominant le porche principal et les somptueux jardins à la française qui s'étendaient en terrasses successives devant le château. La vue était aussi grandiose que l'édifice lui-même. Depuis la causeuse placée devant les fenêtres bombées de la pièce circulaire, on découvrait toute la ville de Frankfort, nichée au fond de la vallée, au pied de la propriété, et les collines environnantes couvertes d'épaisses forêts. Le dôme du capitole de l'État était bien visible, ainsi que les méandres de la Kentucky, qui coulait paresseusement vers le nord pour rejoindre le cours plus large de l'Ohio.

Tapis persans jetés çà et là sur le parquet, vaste lit à baldaquin contre le mur, grande cheminée surmontée d'un tablier de marbre délicatement ouvragé, gigantesque téléviseur à écran plat devant un confortable canapé moelleux, la chambre était luxueusement meublée et décorée. Près du lit, une porte donnait accès à une salle de bains contiguë et une table ronde ancienne flanquée de deux chaises assorties trônait près du canapé. Il y avait même un réfrigérateur de bar rempli de bouteilles d'alcool telles qu'on en sert dans les avions, de boissons gazeuses, de sodas en boîte et d'un grand pot de noix de macadamia. Tout le confort d'un vrai chez-soi… à condition que le chez-soi en question se situe dans un hôtel Hilton.

Après avoir vérifié si la lourde porte de chêne était verrouillée – ce qui était bien sûr le cas –, Holliday passa un long moment à arpenter la pièce en tous sens tout en examinant les choix qui s'offraient à lui. Il ne doutait pas de pouvoir forcer la vieille serrure de la porte, mais où cela le mènerait-il ? Même si personne ne montait la garde devant la chambre, la propriété entière devait grouiller de nervis en armes.

Le dernier étage des châteaux de ce genre était généralement dévolu aux logements des domestiques, mais pouvait tout aussi bien servir de casernement pour des agents de sécurité. « Casernement » serait en l'occurrence le terme approprié, tous les gros bras qu'il avait vus jusque-là étant de toute évidence d'anciens militaires, des vrais, et non de prétendus mercenaires comme ceux qui constituaient le personnel hétéroclite de la société Blackhawk.

Las de faire les cent pas, il se laissa tomber sur le canapé, prit la télécommande de la télévision sur la table basse et alluma. Après avoir zappé quelque temps d'une émission de téléréalité mettant en scène une *rock star* à une autre montrant une succession de miséreuses enceintes exigeant des tests ADN, en passant par quelques rediffusions des *Experts* et de *New York, police judiciaire*, il regarda pendant dix minutes sur Turner Classic Movies la version 1934 de *Cléopâtre*, avec Claudette Colbert dans le rôle-titre et

Henry Wilcoxon dans celui de Marc-Antoine. Puis il se décida pour CNN. La chaîne d'information continue ne faisait aucune allusion à un enlèvement en Israël, mais cela ne signifiait pas grand-chose. D'ailleurs, CNN semblait considérer que les seuls événements internationaux dignes d'être rapportés étaient les épidémies, les inondations, les séismes et les guerres. Dehors, dans le soir qui tombait, une étrange luminosité jaunâtre annonciatrice d'orage remplissait l'air chargé d'ozone.

À 18 heures précises, il entendit une clé tourner dans la serrure et, un instant plus tard, deux des gorilles de Kate Sinclair firent leur entrée, le premier portant un grand plateau d'argent. Meg Sinclair les suivait en grande tenue d'amazone, avec jodhpurs et bottes noires montantes, les cheveux tirés en arrière et retenus par un nœud de velours, noir lui aussi. Après avoir posé son chargement sur la table ronde, l'homme au plateau dressa deux couverts entre lesquels il disposa les plats et une Thermos de café.

« Vous venez savourer votre triomphe ? demanda Holliday à la jeune femme.

— Ce n'est pas mon genre. Je pensais simplement que vous aimeriez un peu de compagnie pendant le dîner.

— Vous avez un sens aigu de l'hospitalité.

— Écoutez, Doc, nous n'avons pas vraiment de raison de nous montrer hostiles l'un envers l'autre.

— Oh, que si ! Votre mère a fait enlever Peggy et son mari. Je suis retenu ici contre mon gré. On peut difficilement faire pire en matière d'hostilité !

— Il ne leur sera fait aucun mal, pas plus qu'à vous, affirma Meg, qui s'assit à la table.

— Non, bien sûr ! À condition que je fasse exactement ce que vous et votre mère voulez…

— Venez donc dîner, vous devez avoir faim.

— Vous ne m'avez pas répondu », insista Holliday, s'asseyant à son tour.

Le repas était digne d'un restaurant quatre étoiles : bisque de homard servie dans un bol de céramique blanche – sans doute une allusion ironique de la part de Meg –, filet mignon de veau cuit au vinaigre balsamique et fourré aux cèpes avec accompagnement de pommes de terre au four et de champignons grillés, crème caramel pour finir.

Holliday goûta la bisque, à laquelle il ne manquait rien pour être parfaite, ni le discret arrière-goût de cognac, ni la cuillerée de crème fraîche, ni les feuilles de persil plat décorant la surface rose pâle du potage.

« Pourquoi vous serait-il si difficile de faire ce que nous attendons de vous ? dit Meg.

— Parce que c'est une escroquerie fondée sur un mensonge et un faux.

— Mais pour une bonne cause…

— Une bonne cause ? Selon qui ? répliqua Holliday en coupant son filet mignon, dont s'échappa un peu de farce onctueuse.

— Selon moi.

— D'après ce que j'ai compris, vous comptez utiliser les objets contrefaits que contient le coffret pour aider votre frère à prendre le commandement de votre petite coterie ? s'enquit Holliday en regardant la jeune femme entamer son repas.

— La "petite coterie", comme vous l'appelez, est à la tête d'un actif net de cinq cents milliards de dollars, et cela commence à poser des problèmes. “Le pouvoir tend à corrompre…”

— “Le pouvoir absolu corrompt absolument”, dit Holliday, complétant la citation. La seule phrase remarquable que le premier baron Acton ait jamais prononcée. En réponse à la bulle d’infaillibilité pontificale de Pie IX, en 1871.

— Eh bien, c’est ce qui est en train de se passer au sein de Rex Deus. L’ordre concentre tant de pouvoir entre si peu de mains que la corruption s’y est installée. Certains de ses membres en sont venus à considérer l’organisation comme un moyen au service de leur but personnel, qui est de s’enrichir. Ces gens ont perdu de vue les principes qui ont fait la grandeur de cette nation. Ce sont des dévoyés, dans un pays dévoyé.

— Et votre frère, bien sûr, va remettre de l’ordre dans tout ça.

— Absolument.

— Qu’est-ce qui vous fait penser qu’il serait mieux placé pour cette mission que n’importe quel autre membre du Sénat ou du personnel politique ?

— Doc, si le Président actuel est réélu, ce sera trop tard. Le pays deviendra un enfer socialiste où le gouvernement fourrera son nez partout, dans les affaires, le système de santé, l’industrie, Wall Street. Un second Kremlin !

— Vous croyez vraiment ça ?

— Non seulement je le crois, mais je le sais ! répondit Meg, le regard étincelant. Seulement, certains membres de Rex Deus le savent, eux aussi, et ils sont en train de manœuvrer pour tirer avantage de la situation.

— De quelle façon ?

— S'ils parviennent à convaincre les autres membres de l'ordre, les cadres concernés ont l'intention de provoquer un nouveau krach boursier. Quand les effets de la tempête se seront dissipés, ils seront devenus encore plus riches et le pays entier agonisera. L'Amérique pourrait ne jamais s'en remettre ; nous deviendrions une puissance de troisième zone du jour au lendemain. Nous ne pouvons pas laisser faire, Doc ! *Vous* ne pouvez pas laisser faire ! »

Holliday hocha pensivement la tête. Cela faisait trois fois qu'elle l'appelait « Doc » depuis qu'elle était entrée dans la pièce, un surnom qu'elle utilisait rarement d'habitude.

« Donc, vous voulez que je mente pour vous… dit-il.

— Un mensonge véniel à propos d'une chose qui n'a sans doute jamais eu d'existence réelle. À propos d'un mythe, non d'une réalité. Est-ce si difficile ?

— Qui a dit que je souhaitais voir votre famille prendre la barre de l'État ?

— Ce sera toujours mieux que de le voir sombrer.

— En fait, il n'a été question que de mensonge dès le départ. Vous avez commencé par me mentir, et maintenant vous voulez que ce soit moi qui mente.

— Je mentirais, moi, si la vie de mes proches était en jeu.

— Bon… Si vous promettez de relâcher Peggy et Raffi dès que j'aurai fait ce que vous me demandez…

— Vous avez ma parole. »

Une parole à laquelle Holliday n'attachait aucun crédit, mais il s'abstint de tout commentaire. L'important était de vivre et de se battre une journée de plus.

« Alors, d'accord, dit-il en reposant sa fourchette, l'appétit coupé.

— De quoi aurez-vous besoin pour ouvrir le coffret le moment venu ? »

Holiday réfléchit un long moment, puis :

« Il me faudra un microchalumeau à butane et un gros cutter.

— Un gros cutter ? Pour quoi faire ? demanda Meg d'un air soupçonneux.

— Mais pour enlever votre mère et filer avec elle à Cuba, pardi !

— Je vous en prie, je parle sérieusement.

— Le chalumeau me servira à chauffer le joint en plomb et le cutter à le couper une fois ramolli.

— Je vois… »

La jeune femme dévisagea un moment Holliday par-dessus la table avec une expression étrange.

« Les choses auraient pu se passer différemment entre nous, vous savez, Doc, déclara-t-elle enfin.

— Ce n'est pas mon avis », répondit-il, mettant un terme à la conversation.

Se levant sans ajouter un mot, Meg Sinclair alla jusqu'à la porte. Elle frappa trois coups, puis deux. L'un des gardes qui avaient apporté le plateau lui ouvrit aussitôt et elle quitta la pièce sans se retourner ni dire bonne nuit. La porte se referma.

Quand il fut seul, Holliday réfléchit à ce qu'il venait d'entendre tout en se forçant à achever son repas. Règle numéro 1 du soldat : mange quand tu le peux ; l'occasion ne se représentera peut-être pas de sitôt. Après avoir avalé les deux assiettes de dessert, il but presque tout le Thermos de café, ce qui ne l'empêcha pas de s'endormir tout habillé sur le grand lit alors que les premières gouttes de pluie frappaient les hautes fenêtres de la chambre comme en écho à l'ouragan de l'île de Sable.

Il était un peu plus de 7 heures du matin quand il se réveilla d'un sommeil sans rêves. Il pleuvait toujours – un déluge ininterrompu tombant d'un ciel aux tons d'ardoise. L'eau s'égouttait du toit et dégoulinait sur les vitres des fenêtres en longues larmes ondulantes et capricieuses. Le panorama avait disparu. La vue s'arrêtait aux taches de couleurs vives des jardins, au-delà desquels tout se noyait dans une grisaille uniforme.

Se détournant de la fenêtre, Holliday se déshabilla et alla dans la salle de bains. Là non plus, comme dans un hôtel de luxe, rien ne manquait : shampooing, savon, serviettes, rasoirs, déodorant, brosse à dents, dentifrice… Il y avait même un grand peignoir blanc en tissu tout moelleux. Il se lava les cheveux deux fois sous la douche chaude pour en enlever tout le sable puis se savonna et se rinça à deux reprises. Enfin, propre comme un sou neuf, il s'enveloppa dans le peignoir et passa le quart d'heure suivant à se raser de près. Il se demanda si les Sinclair allaient lui fournir des vêtements propres. Ils n'avaient sans doute pas envie de le voir débarquer au milieu de leur « conclave » habillé comme un SDF. Il s'aperçut ensuite qu'il avait faim et s'interrogea : aurait-il droit au dernier repas du condamné ?

Quand il sortit de la salle de bains, rafraîchi et tout à fait réveillé, il vit que les Sinclair avaient devancé tous ses désirs. Pendant qu'il faisait sa toilette, les couverts du dîner avaient été remplacés par un plateau de petit déjeuner. Sur la couette du lit, qui avait été fait au cordeau, étaient étalés un costume, une chemise de soie blanche, une cravate, des chaussettes noires, des chaussures de ville, noires également, et même des sous-vêtements.

Le costume à rayures, sombre et classique, venait de chez Zegna ; les chaussures de chez Crockett & Jones. La cravate, faite à la main, était en soie bleu marine, ses rayures constituées d'un motif vieil or répété représentant la minuscule croix engrêlée des Saint-Clair. Les chaussettes elles aussi étaient en soie.

Toujours drapé dans le peignoir, il prit place à la table et souleva la cloche d'argent qui coiffait l'un des plats, découvrant des œufs brouillés cuits à la perfection. Les autres plats contenaient du bacon croustillant, des saucisses, des pommes de terre sautées, et des tomates vertes grillées. Il n'y avait pas de toasts, mais des petits pains de maïs frits. Il remplit son assiette, se versa du café et se mit à l'ouvrage.

Après avoir déjeuné, il s'habilla avec soin, prenant plaisir au contact du tissu neuf sur sa peau et même au léger pincement des coûteuses chaussures anglaises. Tout était exactement à sa taille.

L'attente qui suivit fut à l'image d'un soufflé qui retombe. À 9 heures passées, personne n'était encore venu le chercher. À 9 h 30, une première voiture surgit des vapeurs de pluie et vint se ranger sous le porche, à l'aplomb de sa fenêtre. C'était une limousine Lincoln noire à six places.

Ce fut ensuite pendant deux heures un luxueux défilé de Town Cars, Escalades, Mercedes et autres Jaguar. Une douzaine de véhicules en tout, y compris une Bentley et une Rolls Royce, tous d'un noir de bon ton. Comme Holliday les regardait arriver l'un après l'autre depuis son observatoire privilégié à la fenêtre de la tour, il lui vint à l'esprit qu'une telle concentration de voitures haut de gamme avait des chances d'attirer une attention non souhaitée, puis il écarta l'idée.

Il se trouvait au Kentucky, pays des pur-sang vainqueurs des plus prestigieuses courses hippiques et des saillies à plusieurs centaines de milliers de dollars. Des voitures comme celles qu'il voyait devaient pulluler dans les environs, transportant sans doute plus d'émirs du pétrole que de riches Américains. Le monde avait tellement changé en quelques dizaines d'années. Meg Sinclair avait-elle raison ? Les États-Unis avaient-ils perdu le nord, ou étaient-ils seulement en train de s'adapter à une réalité nouvelle ? Un concept comme celui de puissance mondiale était-il encore d'actualité ? Il n'en savait rien, mais, quoi qu'il en soit, il était bien décidé à satisfaire les demandes des Sinclair si cela avait la moindre chance d'empêcher qu'il arrive malheur à Peggy et Raffi. Pour le reste, il verrait bien. Après tout, s'il avait survécu jusqu'ici, cela pouvait continuer.

32

On lui apporta une salade composée pour le déjeuner, puis on vint le chercher à 12 h 55. Deux des gorilles de Katherine Sinclair le conduisirent à la grande salle à manger du rez-de-chaussée, une immense pièce tout en longueur et haute de plafond qui ressemblait davantage à une nef de cathédrale qu'à un lieu où l'on fait bonne chère.

À l'extrémité arrondie de la salle s'ouvraient trois hautes verrières cintrées devant lesquelles était disposée une longue table de réfectoire pouvant accueillir au moins vingt personnes, mais préparée pour seulement seize.

Le vitrail central représentait saint Michel, épée en main ; les vitraux latéraux des chevaliers en armure du XIIIe siècle portant des écus ornés de la croix engrêlée des Saint-Clair. La salle à manger faisait pour l'occasion office de salle de conférences et, à la place des couverts, on avait installé des verres et des carafes d'eau ainsi que des blocs-notes.

Quand Holliday fut introduit dans la pièce, tous les regards se tournèrent aussitôt vers lui. Katherine Sinclair présidait à un bout de la table, à droite, flanquée de Meg Sinclair d'un côté et d'un bel homme aux cheveux auburn de l'autre. À en juger par sa ressemblance frappante avec Katherine et Meg, ce dernier devait être le frère de Meg, Richard Pierce Sinclair, l'aspirant à la présidence.

Si c'était bien lui, il avait au moins la tête de l'emploi avec son expression empreinte de gravité et ses tempes grisonnantes. Les gardes accompagnèrent Holliday jusqu'à la seule chaise vide, à la droite de Meg, puis se retirèrent. Il s'assit et parcourut l'assemblée du regard.

Sur les douze personnes présentes hormis lui-même et les Sinclair, il en reconnut quelques-unes, mais pas toutes. Il y avait là un général quatre étoiles qu'il avait croisé à l'époque où il était affecté au Pentagone et qui faisait maintenant partie de l'état-major interarmées, plusieurs membres du Congrès des deux sexes. Il reconnut également Miles Bainbridge, avec son postiche à la Ronald Reagan passé au cirage, et son épouse Beth, au visage en lame de couteau et aux allures de star vieillissante, tous deux propriétaires et franchiseurs de l'Église des Bénédictions divines, sectatrice de la Théologie de la prospérité.

L'Église des Bénédictions divines était une entreprise pesant un milliard de dollars, avec des filiales dans vingt-sept pays et sept cent cinquante mille « associés » fidèles au credo très simple qu'elle professait : si vous voulez que Dieu vous donne des sous, donnez-en un peu aux Bainbridge pour commencer. Une observance qui avait permis aux intéressés d'acquérir une demi-douzaine de propriétés aux quatre coins du pays ainsi qu'un Cessna Citation XLS pour se rendre de l'une à l'autre.

À côté des Bainbridge était assis un magnat de l'immobilier bien connu, propriétaire, entre autres, du plus grand casino de Las Vegas, et, près de lui, la dirigeante de la plus importante affaire mondiale de transformation de produits agricoles, dont les activités allaient de la fabrication de cigarettes à celle de boissons sans alcool. Connues ou inconnues de Holliday, toutes les personnes présentes se signalaient par un même trait distinctif identifiable entre tous : elles respiraient l'absolue confiance en soi des gens assurés de leur propre valeur et de la pérennité de leur pouvoir.

Ce n'étaient pas de bonnes vieilles Timex qui ornaient les poignets, mais des Rolex, Omega, Patek Philippe ou au moins Cartier. La palme allait à Miles Bainbridge et sa femme, qui portaient des montres assorties Jules Audemars-Piguet Grande Complication avec boîtier en platine à sept cent mille dollars l'unité. Il fallait croire que Dieu avait entendu leurs prières.

Quand Holliday fut assis, Katherine Sinclair fit taire les conversations feutrées en frappant quelques coups de ses doigts pliés sur le plateau balafré de la vieille table en noyer.

« Avant d'ouvrir la séance, commença-t-elle, je tiens à adresser mes condoléances aux proches de notre regretté frère en dévotion et dirigeant de l'ordre, William Henry Adams, dont la disparition constitue pour nous tous une perte immense.

« Dans ces tristes circonstances, le règlement et la constitution de l'ordre font obligation à ses membres de se réunir immédiatement en conclave afin d'élire un nouveau maître. C'est pourquoi nous avons été conviés à cette assemblée en notre qualité de responsables de toutes les familles composant Rex Deus encore de ce monde.

« Avant de lancer la procédure de vote, toutefois, j'aimerais vous présenter ma fille, Margaret Sinclair, qui, comme vous le savez, jouit d'un certain renom en tant que spécialiste en archéologie biblique. Depuis deux ans, et plus récemment avec l'aide du colonel Holliday ici présent, médiéviste bien connu, Margaret, vous ne l'ignorez pas, s'était assigné pour mission de retrouver rien de moins que l'Arche authentique… Mais je lui laisse le soin de vous annoncer elle-même la nouvelle. »

Meg se leva. En costume pantalon sombre, ses cheveux flamboyants coiffés en chignon, elle faisait très femme d'affaires. Des lunettes rétro de bibliothécaire suspendues à son cou par un cordon de velours achevaient de lui donner un air de sérieux et de professionnalisme qu'elle aurait eu même sans cet accessoire.

« Ce n'est un secret pour personne dans cette salle, dit-elle, que l'Arche authentique – entendez le reliquaire contenant le Saint-Graal, la couronne d'épines, le saint suaire et l'anneau du Christ – constitue un élément essentiel de la mythologie de Rex Deus. Pour certains d'entre vous, je n'en doute pas, l'arche n'est qu'un mythe. Pour d'autres, elle existe bien, mais est elle-même enfermée dans un autre reliquaire, plus grand, la châsse en or des Rois mages, conservée dans la cathédrale de Cologne et réputée contenir en outre les ossements des trois rois venus apporter à l'enfant Jésus leurs saintes offrandes de myrrhe, d'or et d'encens.

« Les plus cyniques d'entre vous peuvent même penser que l'Arche authentique et son transfert jusqu'au Nouveau Monde ne sont qu'une invention, une mystification montée par Jonathan Edwards, le fondateur de notre organisation, représenté à cette table par notre sœur en dévotion Jane Campbell Edwards, sa descendante… »

Meg salua de la tête la patronne de la multinationale des sodas et cigarettes assise à côté du gros promoteur immobilier rubicond à l'ineffable moumoute.

« Eh bien, en un mot comme en cent, reprit-elle, toutes ces thèses sont erronées. Et si je puis affirmer cela avec force, c'est parce que, au terme d'une longue et parfois périlleuse odyssée, mon collègue et ami, Peter Holliday, anciennement professeur d'histoire militaire à l'académie de West Point, et moi-même avons localisé l'Arche authentique sur l'île de Sable, au large de la Nouvelle-Écosse. Nous l'avons exhumée de la cachette où elle avait été enfouie voici près de sept cents ans par messire Jean de Saint-Clair et la bienheureuse Juliana de Navarre, abbesse du couvent Sainte-Agnès-de-Bohême, à Prague. Pour l'anecdote, j'ajouterai que nous avons effectué cette opération sous la menace d'un épouvantable ouragan… mais cela est une autre histoire. »

La jeune femme s'interrompit un instant pour laisser l'assistance saluer de ses rires complaisants son petit trait d'humour.

En arrière-fond sonore, étouffé par le vacarme incessant de la pluie battante, Holliday crut entendre les pulsations d'un rotor d'hélicoptère. Un accident à Frankfort nécessitant une évacuation sanitaire ? Pas vraiment surprenant par un temps pareil. Il fixa de nouveau son attention sur Meg, qui continuait son numéro par la narration dûment expurgée de leurs aventures, où ses propres recherches sur la bienheureuse Juliana se conjuguaient avec l'intérêt que le « cher Pr Holliday » portait à Jean de Saint-Clair.

À la fin de son discours, elle éleva légèrement la voix pour annoncer avec un vibrato dramatique :

« Et maintenant, mesdames et messieurs, cette Arche authentique enfin restituée à ses légitimes héritiers et propriétaires, les frères et sœurs de Rex Deus, derniers descendants des Desposyni en Amérique, cette arche, la voici ! »

Soit qu'ils aient écouté à la porte, soit que la salle ait été truffée de micros, ce qui semblait plus vraisemblable, deux nervis en costume sombre entrèrent à cet instant précis, portant le coffret drapé dans une couverture de déménagement bleu ciel. Un troisième homme suivait avec le cutter et le microchalumeau qu'avait réclamés Holliday.

Les trois gorilles déposèrent les objets sur la table, devant Meg et Holliday, puis quittèrent la salle en silence. Après en avoir ôté la couverture, Meg inclina la boîte revêtue de plomb de sorte que tout le monde puisse la voir.

« Comme vous pouvez le constater, dit-elle en ajustant sur son nez ses lunettes d'intellectuelle, le couvercle de l'arche est encore scellé. Il porte la croix engrêlée, antique emblème des Saint-Clair, ainsi que l'inscription grecque signifiant “Par ce signe tu vaincras”, qui était la devise des chevaliers du Temple. »

Elle jeta un regard circulaire sur l'assistance avant de préciser :

« Nous avons laissé le couvercle soudé de sorte que vous puissiez tous assister en personne à son ouverture. »

Sur ces mots, elle adressa un signe de tête à Holliday, qui se leva docilement. Sous l'œil de Meg, toujours debout, il prit le chalumeau – un petit BernzOmatic dont la buse ressemblait à un pistolet de pompe à essence miniature.

Tenant l'appareil entre le pouce et l'index de sa main droite, il tourna de la main gauche le minuscule robinet du gaz et pressa la commande de l'allumeur automatique incorporée au manche. Il y eut un sifflement, puis une flamme bleu vif jaillit aussitôt.

Il ramassa le cutter et se mit à l'ouvrage, faisant fondre la soudure tronçon par tronçon avant de passer la lame tranchante dans le métal ramolli. Il lui fallut dix minutes pour dégager les quatre côtés du couvercle. Son travail achevé, il reposa les outils avant de se tourner vers Meg.

« Ouvrez vous-même ! ordonna-t-elle avec un sourire en complète discordance avec la dureté de son regard, qui n'annonçait rien de bon. Vous êtes le codécouvreur, après tout. »

Holliday acquiesça. Tous les yeux étaient braqués sur lui. Quelqu'un toussa discrètement. La descendante d'Edwards signalait son incrédulité par une expression distante tandis que Miles Bainbridge levait un sourcil aussi condescendant que sceptique. À côté de lui, son épouse se contentait d'afficher un sourire de fairevaloir de série télévisée. À voir le visage rectifié au Botox de la blonde sexagénaire en robe écarlate, on aurait pu penser que le ciel l'avait décérébrée pour exaucer une prière de son mari.

Holliday crut percevoir un vague mouvement au-delà des verrières, mais il n'y prêta pas attention. Dans un silence absolu, il souleva le couvercle du coffret et le posa à côté. Quelqu'un toussa de nouveau. Holliday se pencha au-dessus de la boîte ouverte et faillit éclater de rire.

Dans le genre supercherie, le contenu du coffret était un véritable chef-d'œuvre. Il s'écarta pour ne pas voler la vedette à Meg, qui était manifestement à l'origine de cette manipulation de génie. À tout seigneur, tout honneur ! Il y eut un nouveau toussotement et cette fois Holliday se rendit compte qu'il provenait de l'extérieur de la salle, mais toute l'attention de l'assistance étant concentrée sur Meg, personne n'y prit garde.

La jeune femme sortit un à un les objets de l'arche avant de les poser doucement sur la couverture. Le Saint-Graal correspondait exactement à la description qu'elle en avait faite : une grossière écuelle de bois qui semblait avoir été façonnée sur un tour antique – ce qui était probablement le cas. Les Égyptiens ayant utilisé des tours à archet mille ans avant la naissance du Christ, il n'avait pas dû être trop difficile de s'en procurer un sur le marché parallèle des pièces archéologiques.

La couronne d'épines, un instrument de torture déjà courant à l'époque des premiers Romains, était en fer rouillé. Elle comportait à l'origine un sac de toile – bien sûr absent du coffret puisqu'il était censé s'être désagrégé avec le temps – dans l'ourlet duquel était cousue une lourde chaîne. On en coiffait le supplicié de sorte que le poids de la chaîne lui enfonce le sac jusqu'au niveau des sourcils, des oreilles et de la nuque. À l'intérieur, l'ourlet était garni d'épines de fer inclinées légèrement vers le bas qui pénétraient dans les chairs, perçant parfois la boîte crânienne pour atteindre le cerveau. Le dispositif, encore en usage en plein Moyen Âge, était très prisé par les inquisiteurs espagnols.

L'anneau du Christ était tout aussi impossible à dater et à authentifier que le calice et la couronne. Il s'agissait d'une simple bague en bronze ternie par le temps, comme il se devait, et surmontée d'une sorte de pièce de monnaie. Il était tout à fait plausible que des ornements de ce genre aient été portés par les Romains du Ier siècle ou par les habitants de la Galilée conquise.

La monnaie décorative figurait un chrisme – le monogramme en forme de X formé des deux premières lettres du mot « Christ » en grec ancien, X (khi) et P (rhô). Entre les branches du X étaient représentés les signes *alpha* et *oméga*, symbolisant le début et la fin. Le chrisme était utilisé par les premiers chrétiens comme un sceau auquel ils attribuaient des pouvoirs magiques. L'anneau rappelait quelque chose à Holliday, qui se souvint soudain en avoir vu un presque identique dans un petit musée de Kourion, sur l'île de Chypre.

Gardant le meilleur pour la fin, Meg Sinclair présenta avec vénération le saint suaire, qui n'était à vrai dire rien d'autre qu'un grand lambeau d'étoffe pourrissante.

Holliday ne put s'empêcher de sourire. Il ne doutait pas qu'un examen approfondi de la guenille révélerait la présence de tissus humains et de diverses traces d'origine organique qu'une datation ferait remonter à l'époque du Christ. L'étoffe devait être du byssus, le tissu de lin blanc très fin dans lequel on enveloppait les défunts aux derniers temps de l'Égypte pharaonique.

Ceux qui avaient fabriqué ces reliques méritaient vraiment un coup de chapeau.

Meg regarda une dernière fois dans le coffret et en sortit encore un objet : deux lattes de bois – sans doute du cèdre des montagnes de Syrie – qui s'emboîtaient l'une dans l'autre pour former l' « instrument de Dieu », le bâton de Jacob primitif qui avait permis à Jean de Saint-Clair de traverser l'océan et dont lui-même, Holliday, avait trouvé un exemplaire exactement semblable dans la tombe d'Imhotep, en Libye, l'année précédente.

Meg se tourna vers lui, sourit, et lui adressa un clin d'œil. Prenant conscience de ce que cela signifiait, il se sentit pâlir. Si Meg connaissait dès le départ l'existence de l'instrument de navigation, cela voulait dire que Bernheim, le spécialiste français de l'histoire maritime, était à la solde de Rex Deus, et ce, bien avant leur entrevue à la brasserie Le Malakoff.

Or, c'était justement Bernheim qui lui avait suggéré de s'adresser au frère Morvan, ce qui l'avait à terme conduit au Mont-Saint-Michel, où il avait comme par hasard rencontré Meg. Il se traita intérieurement de tous les noms. On s'était joué de lui dès le début et il ne s'était rendu compte de rien. Il aurait pourtant bien dû se douter que cette rencontre dans la chapelle Saint-Aubert n'était pas plus une coïncidence que celles qui avaient suivi. Et maintenant, son manque de clairvoyance allait lui coûter la vie, ainsi qu'à Peggy et Raffi.

L'opération *Assyriens* débuta comme l'attaque des mêmes Assyriens décrite dans le poème de Byron, *La Défaite de Sennacherib*, « les loups fondant sur la bergerie » – les moutons étant en l'occurrence les membres de Rex Deus. Il n'y eut pas d'autre coup de semonce que les détonations des trois Galil ARM 5,56 millimètres tirant des grenades à fusil, suivies d'un bruit de verre brisé. Holliday eut immédiatement le réflexe de se jeter au sol, de fermer les yeux en serrant bien les paupières et de se couvrir les oreilles. Il n'avait pas besoin d'un dessin pour savoir ce qui allait suivre.

Trois soldats lourdement armés, portant gilet pare-balles, cagoule et lunettes de protection noirs, plongèrent dans la salle à travers les verrières brisées alors que les trois projectiles roulaient encore sur la table.

Deux des grenades étaient des incapacitantes, la troisième un fumigène. Les premières éclatèrent d'abord, aveuglant tous les gens assis à la table en court-circuitant leurs récepteurs rétiniens tandis qu'une explosion assourdissante à cent quatre-vingts décibels achevait de les désorienter. L'engin fumigène sauta une fraction de seconde plus tard et la salle commença à se remplir d'un épais nuage jaune.

Holliday se remit debout au milieu des cris et des gémissements tout en essayant de discerner quelque chose à travers la fumée et la bousculade. Comme il commençait à se frayer un chemin vers la porte, il entendit celle-ci s'ouvrir avec fracas et une voix hurler :

« *Sa'al* Holliday ! Par ici ! »

Sa'al signifiait « lieutenant-colonel » en hébreu. Holliday avança vers la sortie en luttant contre les membres de Rex Deus hébétés qui se tenaient encore debout.

L'un de ces derniers était le général du Pentagone.

Tout robuste qu'il était, le coup de coude que Holliday lui décocha dans la gorge l'envoya tout de suite au tapis. L'ultime obstacle entre lui et la porte était maintenant la silhouette titubante de Miles Bainbridge, le télévangéliste tous-modes-de-paiement-acceptés, qui frottait ses joues dégoulinantes de larmes en gémissant. Holliday lui expédia un magistral coup de poing en plein sur la bouche et sentit craquer sous l'impact les couronnes dentaires à douze cents dollars pièce du bonhomme. Comme il atteignait enfin la porte, un homme en noir lui empoigna le bras.

« Colonel Holliday ?

— Oui.

— Content de vous revoir, mon colonel ! Venez vite avec moi, il n'y a pas de temps à perdre ! » ordonna le commando tout en le traînant littéralement hors de la salle.

Il tenait un Glock 17 équipé d'un silencieux et Holliday vit un des gorilles de Katherine Sinclair affalé sur le sol, son propre Glock près de lui, sa cervelle répandue sur un mur.

« Il a dégainé en me voyant, expliqua l'homme. Dépêchez-vous, s'il vous plaît, mon colonel ! »

Ils gagnèrent en courant le bout du couloir, puis dévalèrent un étroit escalier, rejoints par plusieurs autres soldats en tenue noire.

« Vous êtes du Shaldag, l'unité 5101, c'est ça ? » demanda Holliday.

Le Shaldag, une composante des forces spéciales israéliennes, s'était entre autres faits d'armes illustré, croyait-on, dans le marquage des objectifs lors de l'opération *Babylone*, la destruction du réacteur nucléaire irakien Osirak, en 1981.

« Nous n'existons pas, mon colonel. D'ailleurs, vous ne nous avez pas vus », répondit son nouvel ange gardien en lui reprenant le bras comme ils débouchaient dans la vaste cuisine au sous-sol.

La voix n'était pas inconnue à Holliday, mais il n'était toujours pas parvenu à la situer quand ils atteignirent l'entrée du tunnel qui menait aux écuries.

« Encore un qui a dégainé quand il vous a vu ? » demanda-t-il en désignant un deuxième gorille étendu par terre, sans doute victime lui aussi des curieux « toussotements » entendus avant l'assaut.

Le soldat l'entraîna dans le souterrain maçonné.

« Non, mon colonel, celui-ci m'avait tiré dessus. On ne tire jamais le premier, sauf en cas de nécessité absolue, mais on riposte toujours quand on essuie des tirs.

— Une phrase que j'aurais pu prononcer, commenta Holliday avec un sourire.

— Mais vous l'avez fait, mon colonel ! Cours de tactique militaire romaine, UV 301. *Boum, Ah, USMA-Rah-Rah, USMA-Rah-Rah, Hourrah, Hourrah !* »

Le cri de ralliement de West Point. Qui pouvait bien être ce garçon sous sa cagoule noire ?

Ils étaient arrivés au pied d'un escalier de pierre qu'ils escaladèrent quatre à quatre pour aboutir dans les écuries.

« Je vous connais ? » demanda Holliday.

L'un derrière l'autre, ils traversèrent au pas de course la partie des écuries transformée en garage et sortirent du bâtiment sous la pluie battante. La visibilité était proche de zéro, mais l'ancien cadet semblait savoir où il allait. Ils pénétrèrent dans un bosquet de peupliers en suivant un sentier à peine tracé.

Des coups de feu résonnaient derrière eux. Holliday se retourna et vit qu'une douzaine d'hommes en noir les talonnaient à présent.

Ils atteignirent une clairière où deux hélicoptères UH-1 Iroquois attendaient, rotors brassant l'air. Bizarrement, les deux appareils arboraient la livrée rouge et blanc des forces de police du comté de Franklin, dans l'Ohio. Leurs portes coulissantes, ouvertes, étaient gardées chacune par une sentinelle cagoulée.

« Par ici ! » ordonna l'escorte de Holliday, lui agrippant une fois de plus le bras dans une poigne de fer pour le faire monter avec lui dans un des hélicoptères, où six des autres soldats les rejoignirent. Ils décollèrent avant même que la porte ne soit refermée. Un homme assez âgé qui occupait le siège du copilote ôta son casque de radio et tourna vers eux un visage tourmenté, boucané par le soleil et sillonné de rides.

« Des pertes, Menzer ? s'enquit-il.

— Aucune, monsieur. Personne ne manque à l'appel.

— Excellent ! » commenta le supérieur avant de remettre ses écouteurs.

Le jeune soldat retira sa cagoule.

« Misha ? Misha Menzer ? s'exclama Holliday, stupéfait, reconnaissant aussitôt à ses épais sourcils, à son menton pointu et à son nez aquilin l'ancien élève qu'il avait connu binoclard et couvert d'acné.

— Lui-même, mon colonel, répondit le jeune homme avec un large sourire. Thayer Hall. Classe 2005. Vous me disiez que je finirais laveur de voitures dans le parc automobile de mon régiment si je ne changeais pas de conduite. »

Menzer était venu à West Point dans le cadre d'un

programme d'échange. À l'époque, Holliday avait estimé son sens de l'humour bien supérieur à ses aptitudes militaires.

« Eh bien, je suis toujours ravi que la réalité démente mes *a priori* sur quelqu'un. Surtout quand ce quelqu'un me sauve les fesses !

— Tout le plaisir est pour moi, mon colonel. Le sauvetage de fesses est notre spécialité. Il fallait quelqu'un pour vous reconnaître. Je me suis porté volontaire. Ordre du chef », dit Menzer en montrant l'homme assis près du pilote.

Il lança à la cantonade une phrase en hébreu qui déclencha l'hilarité générale dans l'hélicoptère. Holliday regarda machinalement le paysage de collines boisées qui défilait sous lui, l'esprit ailleurs. Enfin, il tapa sur le bras du « chef », qui ôta de nouveau son casque et lui fit face.

« Les gens qui me détenaient ont menacé de tuer ma cousine et son mari si je refusais de coopérer. Il faut les retrouver avant qu'il ne soit trop tard, cria-t-il pour couvrir les hennissements des rotors et le mugissement de la turbine.

— Pas nécessaire, répondit l'homme en forçant sa voix de la même manière. Nous avons été avertis qu'ils allaient être kidnappés. Un tuyau du Vatican, ironiquement ! D'un certain père Thomas Brennan, chef des services secrets du Saint-Siège. »

Sodalitium Pianum… Holliday avait déjà eu l'occasion d'affronter Brennan une fois, là encore à l'occasion d'un rapt.

« Que s'est-il passé ? demanda-t-il.

— Nous avons coupé l'herbe sous le pied des ravisseurs en enlevant nous-mêmes vos proches. Ils sont sains et saufs, en sécurité sur la base aérienne Ramat-David d'Haïfa, dans le nord, en attendant de prendre l'avion pour vous rejoindre ici. »

Un sentiment d'immense soulagement et de gratitude submergea Holliday.

« Merci, dit-il.

— *Tsu gezunt*. Il n'y a pas de quoi.

— Je suppose que vous appartenez au Mossad ? Misha n'a pas voulu me le confirmer.

— Misha est un bon élément, un bon tireur, aussi. Nous avions infiltré quelqu'un dans l'équipe de M. Coing. Il s'est révélé que la CIA sous-traite à ces gens-là ses opérations de renseignement dans les pays prétendument amis. Notre agent a placé une puce GPS dans vos chaussures et dans le portable de la jeune Sinclair. Nous vous suivions à la trace depuis ce moment-là.

— Vous n'avez pas répondu à ma question.

— Il y a des questions qu'il vaut mieux ne pas poser…

— Ah, c'est vrai : vous n'existez pas ! » commenta Holliday en souriant.

L'homme lui rendit son sourire.

« Vous comprenez vite, mon garçon », dit-il.

Et ils poursuivirent leur vol à travers la pluie.

33

Peggy Blackstock, son mari, Raffi, Doc Holliday et Arnie Gallant pêchaient à la ligne dans les eaux tranquilles du bassin de Bedford, au fond du port d'Halifax. Un grand soleil rayonnait dans le ciel bleu sans nuages d'une parfaite journée estivale. Gallant avait fourni le canot, mystérieusement baptisé *Geoffrey G.*, et assurait l'ambiance avec ses monologues sans fin sur le folklore local, ses histoires à dormir debout inventées de toutes pièces et ses interminables discours sur les mérites comparés des différents appâts. C'était « congé de retour de mission » pour tout le monde, mais surtout pour Peggy, qui avait malheureusement fait une fausse couche, sans doute consécutive aux événements récents.

« Qu'est-ce que nous cherchons à attraper, au juste ? demanda-t-elle.

— Surtout des dahus de mer et des maquereaux, répondit Gallant. Peut-être aussi des anguilles.

— Pas terrible, commenta Peggy.

— Ça se mange ? » s'enquit Raffi.

Gallant eut une moue dubitative.

« Le maquereau, pourquoi pas ? Le dahu de mer

si on n'a vraiment rien d'autre à se mettre sous la dent. L'anguille, oui, à condition d'aimer ce genre de bestiole.

— Et le dahu de mer, là, ça a quel goût ? demanda Peggy.

— Le goût du dernier truc qu'il a mangé, dit Gallant.

— Et ça mange quoi ?

— Des *chaetognathes sagitta elegans*.

— Flèches élégantes, dit Holliday distraitement, le regard perdu dans le vide.

— Pardon ?

— C'est ce que signifie *sagitta elegans* si on traduit.

— On dit aussi "vers sagittaires", précisa Gallant en agitant légèrement sa ligne. Ça ressemble à un pénis de cheval tout poilu avec une grande paire de mâchoires au bout, et c'est gluant. Il y en a des millions, au fond, par ici.

— Et nous pêchons au-dessus de ces trucs ? Beurk ! C'est dégoûtant ! »

Gallant rit, puis se tourna vers Holliday, qui fixait toujours l'eau calme sans la voir.

« Vous pensez à quoi ? s'enquit-il.

— Au contre-amiral Pulteney Malcolm, de la Royal Navy.

— C'est qui, ce type ?

— C'est lui qui commandait le *HMS Royal Oak*, le bateau qui a débarqué le général Robert Ross et ses troupes sur les côtes du Maryland en août 1814. Ross a mis les Américains en déroute à la bataille de Bladensburg, ce qui lui a permis de marcher sur Washington et d'incendier la ville. Il est la première personne à avoir eu l'honneur de défaire une armée américaine entière sur le champ de bataille. Un mois après sa victoire, il s'est fait descendre par deux *snipers* âgés respectivement de dix-huit et dix-neuf ans. Son corps a été immergé dans un baril de rhum de la Jamaïque et ramené à Halifax à bord du *Royal Oak*. Le bateau devait être ancré par ici, dans le bassin de Bedford.

— Et c'est pour ça que le homard est si cher ? »

Peggy et Raffi avaient cessé de surveiller leurs lignes pour ouvrir grand leurs oreilles. Ils connaissaient assez Doc pour savoir qu'il avait flairé quelque chose d'autre que l'odeur du poisson.

« Mais il n'y avait pas que la dépouille de Ross marinée dans le rhum sur le *Royal Oak*, reprit Holliday, continuant sa leçon d'histoire sans réagir à la plaisanterie de Gallant. En mettant Washington à sac, Ross visait surtout trois objectifs : le Capitole, la Maison-Blanche et le Trésor. Dans les locaux du Trésor, les Anglais ont mis la main sur vingt mille pièces d'un dollar en argent qui n'avaient pas encore été mises en circulation et sur une quantité indéterminée de pièces de dix dollars en or.

— Et alors ? demanda Peggy.

— Quand j'effectuais mes recherches, en Écosse, je suis tombé par hasard sur un paquet de lettres envoyées par un jeune aspirant nommé Cameron McLeod. Ce garçon était une des estafettes du contre-amiral Malcolm, qui l'avait pris en amitié. Dans une des lettres à sa mère, il raconte que Malcolm lui a donné une pièce d'or de dix dollars en souvenir du pillage de Washington. Il mentionne également le nombre de pièces constituant le butin rapporté sur le *Royal Oak* : dix mille.

— Et que vaudraient ces babioles sur le marché actuel ? s'enquit Gallant.

— D'après mes calculs, les pièces en argent partiraient pour à peu près quatre millions de dollars et celles en or pour dix.

— Pour l'ensemble ?

— Chacune.

— Sainte Marie mère de Dieu ! murmura le pêcheur, le regard plein d'une convoitise on ne peut plus païenne.

— *Ongeshtopt mit gelt*, souffla Raffi. Un sacré magot.

— La vache ! s'exclama Peggy à mi-voix.

— Vous avez une touche », prévint Holliday en regardant la ligne de Gallant.

Katherine Sinclair était assise dans son bureau, dévasté à l'image de sa vie et du reste de sa maison. Il n'y avait plus rien à sauver après la débâcle infligée à Rex Deus par Holliday et les mécréants qui l'avaient libéré. En bonne garce qu'elle était, la descendante d'Edwards avait lancé une offensive de grande envergure visant à mettre en doute la crédibilité de Margaret et l'authenticité de sa découverte, si bien que les chances de voir Richard élu à la tête de la secte s'amenuisaient de jour en jour. Il semblait désormais évident que le poste reviendrait à Jane Campbell Edwards elle-même ou à ce prêcheur débile de Bainbridge.

Elle prit le téléphone devant elle et composa le numéro direct de Joseph Patchin à la CIA. Celui-ci répondit à la seconde sonnerie.

« Oui ?

— Vous savez qui appelle ?

— Oui.

— Déclenchez immédiatement l'opération *Croisade* ! Nous n'avons plus d'autre choix.

— Compris », acquiesça Patchin avant d'interrompre la communication.

Katherine Sinclair raccrocha. Tout retour en arrière était maintenant impossible. Les États-Unis d'Amérique ne seraient plus jamais comme avant.

Composé par FACOMPO, LISIEUX

Imprimé en France par CPI
en octobre 2015

POCKET - 12, avenue d'Italie - 75627 Paris Cedex 13

N° d'impression : 3013979
Dépôt légal : novembre 2015
S25094/01

Paul Christopher

Né en 1949 à Ottawa, au Canada, Paul Christopher est le pseudonyme de l'écrivain Christopher Hyde. D'abord scénariste et producteur pour la Canadian Broadcasting Corporation (CBC), il se consacre à l'écriture à plein temps depuis 1977. La série *La Légende des Templiers* est publiée aux Éditions du Cherche Midi et les trois premiers tomes sont disponibles chez Pocket. Elle est composée de *L'Épée*, *La Croix*, *Le Trône*, *La Conspiration*, *La Légion perdue* et *La Clé*.